古田武彦
歴史への探究
1

俾《ひ》弥《み》呼《か》の真実

古田武彦［著］
古田武彦と古代史を研究する会［編］

ミネルヴァ書房

「論理の導くところ」——新しいシリーズに寄せて

青年の日、わたしは聞いた。「論理の導くところへ行こうではないか。たとえそれがいかなるところに到ろうとも。」と。この一言がわたしの生涯を決定した。

ところは、広島。あの原爆投下の前、一九四三年（昭和十八）、皆実町の旧制広島高校の教室の中である。岡田甫《はじめ》先生はこの一言を、黒板一杯に大きく書かれた。そしてコツコツと生徒の席の間をゆっくりと歩いてゆき、わたしたちに問いかけた。「この中で、一番大事なところはどこか、分るかい。」みんな、沈黙していた。先生は、その沈黙を見定めるようにして言葉を継がれた。「たとえそれがいかなるところに到ろうとも、だよ。」と。そのときは、もとの教壇へ帰っていた。その黒板の最後には、「ソクラテス」と書かれている。

後日、調べてみたけれど、プラトン全集には、直接このままの表現はなかった。先生が全集の中の師弟の対話篇の中から、その真髄を趣意された。まとめたのである。それはどこか。もちろん、あの『ソクラテスの弁明』だ。わたしの生涯の、無上の愛読書である。

だから、一冊の本から「抜き書き」して引用したのではない。己がいのちを懸けて、真実を未来の人類に向けて静かに語りかけて、ためらうことなく死刑の判決を受け入れて死んでいった、そのソクラテスの精神を、右の一言として表現したのであった。

やがて広島を襲った、一九四五年の原爆も、この一言から脱れることはできなかった。誰が投下したのか。誰が被害を受けたのか。彼等が人類の悠大な歴史の中で下される、真実の審判は何か。ソクラテスはすでにそれを見通していた。未来の人類に警告したのだ。

それはわたしの生涯をも決定した。学問のありかたをハッキリとしめしたのである。いかなる地上の権力も、「時」の前では空しいのである。それは倫理（「道義」と改称）の一時間の教育、忘れることができない。

二〇一三年一月

古田武彦

はしがき

単純な真理は、一つだ。

「公的な歴史は、そのときの権力を合法化するために造られている。」

と。学界の、いわゆる「定説」も、学校の教科書も、すべてこの一大目的を〝守ろう〟としているのである。当然のことだ。

だから、たとえそれが真実の歴史に反していようとも、「当事者」たちには対応できないのである。

たとえば、「日出ず（づ）る処の天子云々」の「名文句」は、男性の（妻をもつ）王者、多利思北孤（たりしほこ）が中国側（隋朝）に贈った「国書」の自署名である。それを眼前においている、歴史官僚（隋・唐初）の魏徴が書いた。それが隋書俀（たい）国伝である。第一史料だ。

だが、わが国の教科書や学界の「定説」では、この「名文句」は女性の推古天皇の言葉とされている。「男女、同一人説」だ。聖徳太子は「摂政」であって「天子」と称することはできない。

しかし、それらの決定的矛盾を意に介せず、明治維新以降の学界、そして公的な教科書はすべて全国民の歴史知識の基本を〝狂わせ〟てきたのである。もちろん、それは「天皇家中心」の政治体制を「万世一系」の名のもとに〝合法化〟し、「象徴」として〝美化〟するためだった。

しかしながら、今、人類の歴史は「一変」すべきときを迎えている。各国家や各宗教など、それぞれが〝自家に好都合な〟歴史を造り、それらに所属する人々が、一種の「知的ロボット」と化しているとき、その結果は何か。当然「絶えることなき対立」だ。そして「くりかえす戦争」以外への道はない。各集団の「頭脳」はそれに向って〝造られ〟てきたからである。そのような事態は避けることができるのだろうか。

未来は、簡明である。人類が「害をなす国家体制」や「害をなす宗教体制」への依存を止め、真に、人類のための国家や人類のための宗教の「創出」に対して自信をもつこと、本気にそれを望むことだ。そのための真実の歴史を、迷わず、新たに求めるべきあかつきがついに来たのである。

それが、今だ。

平成二十四年十一月三十日

古田武彦

卑《ひ》弥《み》呼《か》の真実

目次

目　次

第一篇　卑《ひ》弥《み》呼《か》のふるさと

閑中月記　邪馬壹国の場所

一

この四月は、鶯の声に悩まされた。朝から夕方までひっきりなしに鳴いている。かなりかん高い音程で、しかも間近くの竹林から鳴きつづける。風流どころか、いささか耳が痛くなってくるようだ。三十代、神戸の鶯町に住んでいたときも、鶯の谷渡りの声を三月から八月頃まで半年近くも耳にしていたけれど、あのときはまだ、多くは鶯町を囲む山々からだった。ゆっくりと鑑賞できた。でも、こんなに近くでは。

何とも、ぜいたくな悩みだ。だが、ここでは五月の声を聞くと、やや下火になったようで、あたりはやっと静けさをとりもどしてきた。

「忙中、閑日月あり。」の故事があるけれど、毎日日曜の身は「鶯声中、閑あり」の恵まれた身分だ。だが、本当に「閑」かと聞かれれば、実は逆だ。「忙」の一語である。

東京から引き上げてきたら、「やり残した研究にとりくんでみたい。」と思っていたけれど、これが全くの錯覚だった。思いちがいもいいところである。

落着いて考えてみれば、「やり残し」だらけ。というより、今はじめて研究生活のスタートラインについた。そういう感じだ。今までは、何もかもなまけて、中途半端にしかやっていなかった。一つの問題に対面するごとに、この一事を痛感させられているのである。

でも、明日をも知れぬこの老残の身だから、「何億乗分の一」以降の探究は、いずれ後生に托する他はない。そのために、日々の率直な所感をしるさせていただくこととする。「研究日記」ならぬ、二ヶ月間に一回の「月記」だ。「閑中、忙日月あり。」の意をこめ、題して「閑中月記」という。

＊

一九九九年（平成十一）五月十五日
先日、興味深い記事に接した。一九九九年五月六日の朝日新聞夕刊の文化欄だ。
「注目の九州・平原遺跡
　年代、邪馬台国論争に影響」
と題する、五段に渡る記事だ。
原田大六氏が生涯の情熱を傾けて発掘したことで知られる、福岡県前原市の平原遺跡をめぐる「年代比定」の問題である。その主旨は、次のようだ。
その「比定」には、多数派（A）と少数派（B）がある。
（A）――三世紀
（B）――二世紀以前

その多数派に属する研究者として、高倉洋彰《ひろあき》（西南学院大学教授）・柳田康雄（福岡県文化財保護課長）の名があげられている。高倉さんは、九州大学の考古学研究室在任（助手か）中から、おかげをこうむってきた、なつかしい方だ。今は九州を代表する考古学者となっておられる。柳田さんは、「公職（課長）」にありながら、陸続と論稿を世に問うておられる方として著名だ。

これに対して、少数説。渡辺正気《せいき》（九州考古学会会長）・岡村秀典（京都大学人文科学研究所助教授）の名があげられている。

わたしは驚いた。「三世紀」説が多数説なのである。この説そのものに〝驚いた〟わけではない。わたし自身、早くからこの立場に立っていた。しかし、それはほとんどわたしひとりの「孤立説」のつもりだったのである。それが、いきなり。この驚きだった。

その上、今は「九州考古学会会長」の顕職につかれた渡辺正気さんや樋口隆康さんの愛弟子として、「主流中の主流」の座にあり、と思ってきた岡村秀典さんが「少数説」とは。かつて一九九一年、信州の白樺湖で行われた「シンポジウム『邪馬台国』徹底論争」のさい、当時九州大学の助教授だった岡村さんのお宅におうかがいし、御説（「邪馬台国」近畿説。鏡の研究）をビデオ録音し、六日間の会期中、連日ビデオ放映させていただいたのも、なつかしい思い出だ（同名、単行本収録。新泉社）。

この方々が、今、「少数説」とは。信じられない思いだった。時の流れの速さと共に、わたし自身の「学界情報知らず」が身に沁みた。

二

この記事のしめす情報が正しいとすれば、これは大変な記事だ。もちろんそれは、朝日新聞の「文化欄」記者名付き（「宮」）の記事であるから、〝裏付け〟のない、いい加減な記事とは思われない。その上、この記者は福岡県の学界消息通のようであるから、

「（高倉さんや柳田さんら）多くの考古学者は、三世紀とみる。」

という判断そのものは、おそらく正鵠をえているのであろう。

とすれば、（ここから先は、わたしの判断だが、）倭人伝に言う「邪馬壹国（いわゆる邪馬台国）」の中心位置、すなわち「都」のありかは、すでに（多数説にとって）きまりではないか。なぜなら、日本列島全体を見渡しても、この平原王墓（一号墓）ほどの質・量をもつ「墓」は存在しないのであるから。「弥生墓」であれ、「古墳」であれ、この平原の王墓に比肩しうる出土物は一切見出すことはできないのである。とすれば、三世紀における「倭国の都城」は、この糸島・博多湾岸しかありえないこととなろう。吉武高木《よしたけたかぎ》（福岡市）・三雲《みくも》（前原市）・須玖岡本《すぐおかもと》（春日市）・井原《いわら》（前原市）・平原《ひらばる》（前原市）という、「最古の三種の神器群の分布地帯」こそ、「倭国の中心領域」と見なす、わたしの立場へと、結局帰着する他ないのではあるまいか。

三

しかしながら、この多数説の方々が、今やわたしの「糸島・博多湾岸説」へと、〝公然〟と、「宗旨変え」（正確には「所説変更」）されたとは見えない。なぜか。

思うにそれは、「命名論の魔法」がなお人々の脳裏を束縛しているからではあるまいか。たとえば「三雲・井原・平原は『伊都国王』」「吉武高木は『早良国王』」「須玖岡本は『奴国王』」といった「命名」だ。これらの「命名」が、もし正しければ、いわゆる「邪馬台国」は、ここ以外に求めなければならぬ。しかるにそれが、ないのだ。

「いや、将来きっと出てくる。未発掘の天皇陵がある。」

と言ってみても、駄目だ。なぜなら、もし近畿の天皇陵や箸墓などを「邪馬台国の王者（俾弥呼）の墓」に当ててみよう。とすれば、同時代（三世紀）の「平原王墓（一号墓）」は、その（近畿の王者の）家来の墓となってしまう。では、近畿には「家来」はいないのか。近畿の天皇陵や箸墓は、身の廻りには「家来なし」の王なのか。まさか、近畿では「家来の墓」まで、天皇陵に比定されて、すべて未発掘だ、と言いはるわけにはいかない。ところが、近畿で、あれだけ「墓の発掘」がつづいていながら、「弥生墓」にも、「古墳」にも、平原王墓を上廻る、否、「比肩しうる」墓すら、出ていないのである。近畿は、家来不足だ。最近の黒塚古墳に対する周到な発掘は、逆にこのことを裏付け、証明したのである。

糸島・博多湾岸の「三種の神器、王墓群」から、一つひとつ「伊都国王」とか、「早良国王」とか「奴国王」とかいう、刻印の名標が出土したわけではない。ただ、考古学者たちが「名をつけてみた」

だけのことだ。「事実」ではない。あくまで「説」なのである。これが肝心のところ、ことの急所だ。「いや、金印がある。」と人々は言うだろう。しかし、あの志賀島の金印を「奴（な）国王」と訓んだのは、「説」なのだ。明治の考古学者、三宅米吉《よねきち》の「説」である。その「説」には、中国の印文解読上、矛盾の多いことを、わたしは二十余年前、『失われた九州王朝』で詳細に力説した。代って、中国の印制のルールである「二段国名」として訓み、これを「漢の委奴（ゐど）の国王」と解したのである。後漢の光武帝の終生のライバルだった「匈奴（たけだけしい部族）」に対し、「委（＝倭）奴（従順な部族）」の二字を当てたのである。

けれども、学界はこの問題に対して「風馬牛」をよそおった。無関心をきめこんだ。そして「奴（な）国」訓みを「説」ではなく、動かせぬ「事実」であるかに〝詐称〟してきたのであった。

「伊都国に到る。（中略）世〻王あるも、皆女王国に統属す。」（倭人伝）

とあるように、「伊都国王」は、「統一の王者」ではなく、「被統一（統属）の王者」であった。「属国の王」なのである。その「属国の王」を、あの晴れやかな、比肩するものなき「三雲・井原・平原」の王墓群に当てるとは。これら伊都国王という「属国の王墓群」それはわたしの理解では、同じ糸島郡内にある「志登《しと》支石墓」群がこれに当る。そしてこの「被統一地」すなわち征服地たる糸島の地（現、前原市）に、誇りやかに「統一王者の墓」を世々建てつづけていたのは、他でもない、「歴代の倭国王たち」以外にはないのである。決して「伊都国王」墓ではない。

もし、後代の考古学者が、昭和天皇の陵墓に対して「多摩国王墓」と「命名」したとしたら、世の識者の失笑を招くであろう。現代の考古学者の「常識」としての「命名」も、ほぼこれに類しているのではあるまいか。

四

以上は、多数説の場合だ。では、少数説の場合は大丈夫か。

今までの、原田大六さんの場合のように、一世紀末か二世紀初頭というのではなくて、二世紀半ばとなれば、かなり「忙がし」い。平原の王墓を埋葬し終るや直ちに、「近畿遷都」の準備にかからねばならぬ。倭人伝の時代、「三世紀前半」以前には是非とも、「遷都」を完了していなければならぬからだ。その〝忙がしさ〟は、遷都準備の人たちにまかせるとしても、幾つかの難点が現われる。今、その中の二つを「特記」しよう。

第一、三国志の魏志倭人伝に「遷都記事」がないことである。三国志が先行史書としての漢書を〝承け〟て書かれていることは確実だが、その間に、もし倭国の中で「遷都」が行われたとしたならば、必ずその旨の一文があるべきだ。一句でもいい。その「実在した遷都」記事を〝見のがした〟上で、麗々しく倭人の習俗や倭国の物産や倭国王に関する、あれやこれやを書きつらねてみても、無駄だ。「軍事用の目途」を第一義とした、中国の史書として考えられない「大ポカ」だ。しかし、真の「大ポカ」は、実は現代の研究者の方の「目くばり」にあるのではないか。

漢朝が朝鮮半島に「楽浪郡」をおき、やがて「帯方郡」をおいたのは、何よりも「軍事用の目的」によったものであること、自明だ。何の疑いもない。

そして、魏朝が、国号は「漢」から「魏」へと変っても、要は「禅譲」、天子一人（献帝）を〝とり代えた〟だけだ。国家の体制としての「朝鮮半島への軍事的関心」には何の変化もなかった。むしろ、ライバルとしての「呉」の存在によって、その軍事的緊張はさらに高まったと見ていい。その現われが「張政の（長期）倭国派遣」だ。そのような魏朝が、軍事的にも肝心かなめの「倭国の遷都」記事を書き忘れたり、書き落したりするものだろうか。自分の都合で、他（ひと）を「大ポカ野郎」に仕立て上げてはならない。

従来の、いわゆる「邪馬台国、東遷」論者には、この初歩的な原点への注意が不足していたようである。

もし「俾弥呼以後」の「東遷」を説く場合にも、問題の本質は変らない。なぜなら三国志は「魏朝の作製」による史書ではなく、「西晋朝の作製」による史書だ。だから、もし西晋朝期における「東遷」があったとしたら、倭人伝の末尾は、同じ理由（軍事上の配慮）から、その「遷都」記事を以て結ばれていたはずである。現に、倭人伝の末尾は、魏朝ではなく、西晋朝に対する壱与の壮麗な貢献記事を以て結ばれている。

考古学者たちは、このような「文献のもつ道理」に対しても、〝目をつむらない〟でほしい。

（三国志の著者、陳寿は元康七年〈二九七〉没。四世紀初頭〈三一六以前〉に西晋朝によって「正史」と認定されたのである。）

第二、銚子塚古墳の「黄金鏡」の問題だ。「邪馬台国、近畿説」にとって、デッド‐ロックをなしているもの、それはこの「黄金鏡」だ。後漢の「方格規矩鏡（ＴＬＶ鏡）」の全面に「黄金」が塗布されている。十面の中の一面だ。他には、勾玉・管玉・素環刀大刀・鉄刀・鉄剣・槍・鏃等を出土している。「三種の神器」型だ（福岡県糸島郡二丈町大字田中[1]）。

先ず、「後漢鏡」の意義。後漢朝で創始されたスタイルであり、ことに「方格規矩鏡」というのは、この天地・宇宙を〝形象化〟したものとされる。その中心は、当然中国（漢・魏・西晋・東晋朝等）の天子だ。従ってこの鏡を所持する、ということは、すなわち「後漢朝以来の、中国の天子の配下に立つ」という意志表示と見るべきであろう。

その中で「黄金鏡」というのは、「その配下の中の、夷蛮（倭国）の王者」をしめすもの。そのように解すべきであろう。ただ「黄金好き」だったから、というのでは、説明にならない。

これに対して、「倭国の中の一豪族の墓」と見なした場合、これも「家来の墓が『黄金鏡』をもっている」こととなってしまう。奇態だ。

この銚子塚古墳は、小林行雄氏によって報告書が出されている。その結果、「四世紀末から五世紀前半」の間として「年代比定」がなされた。その判定の基礎には、この古墳出土の八面の三角縁神獣鏡の問題がある。氏は著名な「三角縁神獣鏡、魏鏡説」の有力な提唱者であるから、「国産」と見られる、当古墳の三角縁神獣鏡を以て、右のような〝遅れた〟年代に「比定」されたのであった。

ということは、「全三角縁神獣鏡、国産説」のわたしの場合、この古墳の「年代比定」は、四世紀前半へと〝早まって〟ゆく可能性が高いと思われる（近年の「年輪測定法」からも、一〇〇年ぐらい早まる可能性があろう）。

ともあれ、この銚子塚古墳が、今問題の平原王墓よりあとであることについては、疑いがない。どの考古学者にも、異論はないであろう。

とすれば、この銚子塚古墳の時代、それが四世紀前半であれ、五世紀前半であれ、同時代に「比肩」するもののない「三種の神器」をもつ王墓だ。なぜなら、卓抜した「黄金鏡」をもっているからである。

その「量」においては、先述の五王墓（三雲から平原まで）には及ばないけれど、それらの五王墓にも、

「黄金鏡」はなかった。すなわち、その「質」においては、右の「五王墓以上」と言っても、不当ではないのである。

　この事実を、従来の考古学者はあまりにも、不当に「軽視」していたのではあるまいか。「弥生時代」とか「古墳時代」とかいう呼び名もまた、現代の学者による「命名法」の一つだ。「説」である。

　だが、五王墓と指呼の間の地、元来は同じ糸島郡内に「黄金鏡が存在する」。現在のところ、他に例はない。正確には「六王墓」だ。これはまさに「事実」であって、決して「説」ではないのである。

五

　一九八五年（昭和六十）四月、わたしは志登（現、伊都国歴史資料館、糸島市）で平原遺跡出土の「擬銘帯鏡」を実見した。原田大六さんの『実在した神話』においてその鏡の記載を見て以来、実物に接することを、絶えず求めてきた。そしてこの日、宿願を達したのであった。

　長時間、精視し、熟視し抜いた結果、確かに原田さんの書かれた通り、それは「漢字に似て、漢字に非ざる」ものだった。「大宜子孫」の四文字を刻字したらしいのだけれど、まともな「漢字」の態をなしていなかったのである。

「これは、中国製ではない。」

　これが結論だった。中国人の技術者が、こんな〝変〟な文字を書く、こんなもので満足するはずがない。上司たる監督官なら、なおさらだ。気づかぬはずはない。何しろ「小銅器」としての鏡だから、簡単に〝溶かし〟て、やり直せるのだ。それをしなかったのは、鋳造技術者も、その上司も、共に「漢字認識に甘かった」つまり倭人だったからに他ならない。これが結論だった。

けれども、結論はここで「止まら」なかった。なぜなら、その日、同じ会場に並べて展示されていた、平原王墓（一号墓）出土の数種の後漢式鏡を、右の「擬銘帯鏡」と比較してみると、銅質において色やさび具合など、見て見抜き、比べて比べ抜いてみても、その間に「差異」はついに認めることができなかったのである。

〝「擬銘」なら倭人〟とは言えても、〝倭人は必ず字をまちがえる〟とは言えない。逆、必ずしも真ならず、だ。第一、「原鏡」があった場合、パタン・パタンと「砂型」にとり、同一型鏡を作ることこそ、一番たやすい。この場合は、決して〝変〟な、「擬銘帯」などにはならないのである。むしろ「擬銘帯」は、「〝手作り〟の倭人製」の、光栄ある証拠なのだ。

ともあれ、「国産鏡である点は、この擬銘帯鏡に限らない。他の後漢式鏡群も、同一線上の問題をもつ。」――この命題が確定した。わたしにとって記念すべき日となったのである。その日、当資料館の前で、バッタリと原田さんにお会いしたのが、わたしにとって、お会いした最後だった。その一月余りあとの五月二十七日、原田さんは永眠された。

六

わたしはこの経験に立ち、「平原王墓の年代比定は（二世紀初頭より）ずっと下る」ことを確信した。なぜなら、従来の「年代比定」は、当遺跡の後漢式鏡を「舶載」（中国製）と見なした上での「判断」だった。それが「すべて、あるいは、その多くが国産鏡」となった場合、「年代比定」が同一だったら、おかしい。〝二世紀から、三世紀へ〟と下りざるをえないのである（その上、須玖岡本の王墓における「夔鳳」問題があり、この王墓が「三世紀」となれば、やはり平原はこれよりさらにあととならざるをえない。この点、今回は略する）。(2)

以上のような認識に立って、右の経験の年（一九八五）以来、各地の講演会や学校の授業でも、そのように話してきた。だから、昨年（一九九八）の『週刊朝日』（五月二十九日号）に、この「擬銘帯鏡」問題が「新発見」乃至「スクープ」のように報道されているのを見て、「苦笑」せざるをえなかったのである。

今回、平原遺跡の二号墓（東古墳）から三世紀の土器が発見され、その墓と王墓（一号墓）との〝時間的関係〟（周濠を共有）から、改めて「平原王墓の三世紀説」が有力となったようであるけれど、ことの論理性はすでに十余年前から明晰だったのである。

七

「女」という字を三つ重ねて「かしまし」と読む。ふとどきな文字だ。もちろん、造字者の気持は分らないではないけれど、ではなぜ、「男」を三つ合わせた文字がないのか。もちろん、中国の「造字時代」が「男尊女卑」の時代だったからだ。もし女性中心の縄文時代だったとしたら、きっと「男」三つの文字を造っただろう。ただ、それはどう訓むのか。女の人に考えてもらわねばなるまい。とりあえず、わたしは「嫐」という字を三つ重ねて「かしまし」と訓む、そういう風流な造字者となってみよう。さわやかな、五月の風の中でそう考えた。

風の流れのように「時の流れ」も遠く、「邪馬台国のありかは分らない。」と言っていた時代も、やっぱり過ぎ去ろうとしているようである。さわやかな風が吹いている。

注

（1）『九州の真実 60の証言』（かたりべ文庫）四二ページ（カラー写真）。『古代史60の証言――九州の真実』（駸々堂出版）は復刊。

（2）『古代史徹底論争――「邪馬台国　シンポジウム」以後』（古田編著、駸々堂出版刊）六四九ページ参照。

一九九九年五月　記了

（「閑中月記」第一回、『東京古田会ニュース』第六七号）

「筑紫、正倉院」の発見

九月十三日

東京から京都へ帰って以来、大きな発見が相次いでいる。いくら「毎日日曜」のおかげと言っても、とてもそれだけでは言い尽くせぬ、予想もしなかった大収穫が連日連日、相次いでいる。なぜだろう。

そう考えてみると、一つ、ハッキリした答が見えてくる。「若い研究者のおかげ。」この一言である。「若い」というのは、七十三歳の、わたしより〝若い〟という意味だ。あるいは、わたしより「研究生活」に入ったのが〝新しい〟。そういう意味だ。八十代前後の方もある。その方々が、次々と新しい「発見」や新しい「局面」を教えて下さるのである。その導きによって、朝に夕に、わたしは新しい探究に向うことができる。何たる、望外の幸せであろう。

今回も、そうだった。はじめ、高木博さんから「久留米における研究調査」のプランをお聞きしたとき、果してどのくらいの成果が期待できるか、疑問だった。疑問だったけれど、「せっかくの、この御熱意にこたえなければ。」その思いに導かれて、そのプランに協力させていただいた。

とんでもないこと。その成果は、絶大だった。

「祝詞の中に実用されていた、九州年号（原本）」（正徳年間、大善寺玉垂宮文書）「祭神変換文書」（慶応三〜四年。明治初年。同右）「鬼夜行事と鬼会記録」（大善寺玉垂宮）など、大善寺玉垂宮関係、また高良大社関係文書等もふくめ、多大の収穫を手にしえたのであった。

今、その一つとして『久留米市史、第七巻、資料編　古代・中世』（一九九二年六月三十日）の中から、次の史料をあげてみよう。

「生葉郡
　正倉院
　　崇道天皇御倉一宇
　　西二屋一宇五問《ママ》
　　　前帳云、無実者、今検同前、」（同書、四八八ページ）

右の末尾の「前帳……同前、」の注記は、次の意義ではあるまいか。

〈その一〉生葉郡に「正倉院」の地名が残されている。

〈その二〉これに対してこの地に、崇道天皇が居られ、そのために、この「正倉院」という名がその倉に名づけられた、という見解があった。

〈その三〉しかし、前帳（書写原本）では、「その事実（崇道天皇の駐留）を調べたけれど、その実はなかった」旨、書いている。

〈その四〉今回、もう一回検してみたが、右と同じ結論（崇道天皇の駐留、無根）に達せざるをえなかった。

右のようだ。つまり「正倉院」という地名に対する〝理解〟は、不明に終った、というのである。

以上の「帰結」に対し、わたしたちには、当然別の理解がある。

いる。

「寧楽遺文」の「正倉院文書」中にある「筑後国正税帳」には、異例の「貢献物」が続々記載されている。

（A）造銅竃工など（造轆轤雑工三人と共に）が「献上」されている。

（B）「鷹狩り」の技術者や技術犬が「献上」されている。

（C）「縹玉《ひょうぎょく》（ガラス製の玉）、九百三十三枚」や「紺玉、七百一枚」や「白玉、百十三枚」「緑玉、四十二枚」その他の、大量の、最高峰の宝玉類が、「買」の名目で「献上」させられている。

それでは、これらの、おびただしい宝玉類は、この天平十年（七三八）の「献上」以前には、「筑後国」の中のどこにあったのであろうか。それは、一個人や一地方豪族の所有物のスケールをはるかに上廻る、質と量だ。その「所蔵場所」の一つこそ、ここに残された「生葉郡の正倉院」なのではあるまいか。

なぜなら、この「天平十年の献上」後、これらの宝玉類が「寧楽（奈良）の正倉院」に内蔵せられたこと、ほぼ疑いないところ、と思われるからである。

わたしたちにとって、あまりにも有名な、あの「寧楽（奈良）の正倉院」は、実は「筑後の正倉院」を〝中味〟共に、その〝名前〟をも「移し変え」た、

「第二の正倉院」

だったのではないか、という、衝撃的な「問い」がここに誕生することとなったのである。

もちろん、これは「ことの結着」というより、真否検証を含む「ことのはじまり」であろう。確かにそうではあろうけれど、わたしには、研究史上の新たな扉が「ギーッ」と開く音をようやく聞いた思いがするのである。

この史料事実を「発見」された、高木博さんと今回の研究調査と研究旅行に御協力下さった、多くの皆様方に対して、心から深く、厚い感謝の念をささげさせていただきたいと思う。

追記

今後各地の「正倉（院）」群との比較が必要となろう。

一九九九年九月　記了

（「閑中月記」第三回、『東京古田会ニュース』第六九号）

筑後礼賛――正倉院と鬼夜

一

二〇〇〇年（平成十二）の初頭、ふたたび久留米へ向った。昨年の九月、懸案となった大善寺玉垂宮の「鬼夜」の火祭を拝観するためだ。

だが、その前に、もう一つ、たずねたい場所があった。前（第三回〔第一篇「筑紫、正倉院」の発見」〕）にふれた「筑後の正倉院」の現場である。

もちろん、鎌倉時代（仁治二年、一二四一年）の報告で「無実」とされているところ、今すぐ見つかるとは思っていなかった。いくら何でも、虫がよすぎる。そう思っていた。いたけれど、やはり、現場にふれたい、そうしなければ。その思いだった。

もっとも、昨年の九月以来、わたしの「歴史認識」は相当、前進をとげていた。少し、気どって言えば、〝昔日のわたし〟ではなかったのである。その要点は、四つだ。

第一、高木博さんの「発見」された「正倉院」記事のもつ文書性格を確認したこと。

〈その一〉この文書は「筑後国交替実録帳」と呼ばれ、「書陵部所蔵諸官符□官舌宣命等古文書」二十二に収録されている（それを『久留米市史、第七巻、資料編　古代・中世』四八六～九四ページに収載）。

〈その二〉この文書は、仁治二年六月一日に太宰府の役人から発信された、公的報告書である（正二位権帥従藤原朝臣〈資頼〉以下、六名の連署あり）。

〈その三〉その内容としては、法華寺・善導寺・放光寺については、その堂舎状況が簡単に報告されているが、そのあと、問題の「無実」項目が並んでいる。

「一国府院雑舎并諸郡正倉官舎無実破損事」の題目で、先ず「無実」として、次の五項目があげられている。

国府院・駅館一院・修理所・正倉院・正院

さらに「破損」として、次の四項目があげられている。

国府院・後庁一院・□□（館）一院・駅館一院

〈その四〉次いで、左の「無実」項目が並ぶ。

一　国庫諸郡戎具器仗無実破損事（一脱カ）田図戸籍雑公文并僧尼度縁戎牒無実□□□（破損事カ）
一　駅伝馬無実事
一　池溝堤無実破損事
一　鞮燧無実事
一　未弁済前司以往雑怠事
一　宮城大垣無実事

〈その五〉右は、中世文書だ。だから「仁治二年、現在」において「無実」といっているのは、それ以前の「有名」の事項についての調査報告だ。逆にいえば、「現在は、無実」だが、記録上は「有名」（伝承や記載があった）のものについての調査報告なのである。

その中に、問題の「正倉院」と「正院」がある。この時点では「国府院」にふくまれているけれど、その内実や由緒の異なること、その項の記載通りだ。

〈その六〉その項の記載は、次のようである。

前項「「筑紫、正倉院」の発見」にある「生葉郡、正倉院、崇道天皇御倉一宇、西二屋一宇五問《ママ》　前帳云、無実者、今検同前」に続いて

□（竹カ）野郡
　正院
　　崇道天皇御倉一宇
　　東三屋一宇

とある。わたしの好きな「中世文書」だ。親鸞研究で〝昔とった、きねづか〟、ながながと転載してしまったけれど、要するに「中世文書に〝残存〟した古代」の報告なのである。

役人の〝習性〟か、自己の「責任に非ず」として、「無実」の術語を連発しているけれど、逆にいえば、「そこに正倉院はあった」「そこに正院はあった」という「名」を記載してくれていたのである。

第二、問題の「崇道天皇」は、あの早良《さわら》親王（七四九〜七八五ごろ）ではなかった。「同名異人」だ。なぜなら親王は、京都にあり、罪を問われて淡路島へ流される途次、没した。淡路島にその社が作られたが、後に奈良に移置された。これが親王の生涯だ。九州とは、縁がないのである。とすれば、この崇道天皇とは。当然「九州王朝の天子」となろう（筑後に多い「九躰の皇子」の祭神名は「〜天皇」の形で呼ば

れている。「天皇の杜《もり》」〈朝倉〉も、ある）。到底、「中世」などの名称ではない。在地の〝伝承〟名なのである。その「天皇」の所在地、宮居として、この「正院」や「正倉院」はあった。だから「宮城」という「名」も、伝えられていた（「有名」）のである。その「宮城」の中心にあったのが、これらの「正院」や「正倉院」だった。中世はもちろん、天平時代（八世紀）の「国府の長官」レベルの名前では、当然、ない。七世紀以前だ。例の「七〇一」以前の痕跡なのである。

第三、この地帯（生葉郡、竹野《たけの》郡。現在の浮羽郡、田主丸《たぬしまる》町近辺）は、軍事的要塞に囲まれた枢要の地だった。六〜七世紀、高良山と杷木《はき》、二つの神籠石《こうごいし》山城に包まれている。さらに、その北には、鹿毛馬・御所ヶ谷・中津（新発見）と神籠石山城群が、二重に設置されている。太宰府・有明海周辺・関門海峡などと共に、ここ筑後川の上・中流域もまた、確実に、一中心地の位置におかれている。その中に、「宮城」があり、問題の「正院」と「正倉院」があったのである。

第四、『国史大辞典』（吉川弘文館）によると、最初に〝全国の正倉は、その建物を『院』と呼びうる〟といいながら、最後は〝奈良では、東大寺の「正倉院」以外には、興福寺に記録があるのを除き、他に見当らない。〟と結んでいる（福山敏男）。あいまいな記述だ。あるいは、この筑後の「正倉院」文書も、その「認識」のありかたに影響を与えたのかもしれぬ。

しかし、正倉院文書の正税帳のしめす通り、筑後国の「天平十年の貢献」は、他の国々とは、断然異彩を放っている。千個近い縹玉やおびただしい真珠類が「買」の名目で献上させられている。縹玉は、当代最高技術の工芸品であり、真珠は、有明海の特産品ではない。おそらく七世紀以前における、他地方（たとえば、三重県の英虞《あご》湾など）からの「貢納品」だったのではないか。それらの収蔵所、それが「筑後の第一正倉院」だ。従って東大寺は「第二正倉院」として、右のおびただしい「貢納品」を〝買い上げ〟て、そこに再収納したのである。これが、現在の、有名な「奈良の正倉院」なのである。

二

一月六日の午后、わたしたちは久留米を出発し、田主丸町へ向った。教育委員会の丸林禎彦《さだひこ》さんの御案内で、「井の丸、井戸」を見た。案内板に、ここは筑後第一の名井《めいせい》とあり、ここに「正倉」があったこと、その礎石が残っている旨、記されていた。確かに、すぐその裏の民家には、庭石として点々と、中・小の礎石が使われていた。

「再利用」だ。さらに、そばのバス停（三明寺）近くの四辻の一角には、大きな礎石が石垣として「再利用」されていた。これらによって、ここを「正倉、跡」と判断されたのであった。確かに現代の〝通念〟に従えば、そうだ。

しかし、先の「筑後国交替実録帳」と対照すれば、ここは「旧、竹野郡」だから、これは「正院」だ。崇道天皇の「宮居」なのである。人間の〝すまい〟だから、井戸のそば、だ。それも権力者だから、筑後最高とされる「名井」を占拠したのだ。「倉」なら、そんなもの、（第一義的には）不要である。

この地帯（田主丸町）には、整然たる条里制の跡が残されている。山上から見れば、今も、歴然。小泉都の一角、といった感じだ（報告書の写真による）。これも、八世紀初頭、道臣《みちのおみ》が国府の長官として滞在中の造成と（現代の報告では）見なされている。

しかし、今は例の「年輪年代測定法」によって、考古学年代が二〇〇年程さかのぼることとなった。すなわち、右の遺構は、「七世紀前半」とならざるをえなくなったのである。

これは当然だ。なぜなら、右の条里制（実は、条坊制）といい、この「正院」や「正倉院」といい、さらに「宮城」など、「一、国府の長官」などの〝手〟には、「あまる」存在だ。やはり、近畿天皇家成立（七〇二）以前の「九州王朝」の四字なしには、「理解不能」なのだ。この「倭国の歴史」を無視しては、日本国の歴史も、国民の歴史も、到底成立不可能なのである。

三

さらに大きな衝撃は、一月七日に来た。「鬼夜」だ。やはり、というより、わたしの「想定」以上に、すごいお祭だった。悠遠なる日本列島の歴史を「投影」させた祭だった。来て、よかった。つくづくそう思った。

御神体は「鬼の面」だ。黒ぬりの箱に収められ、午后一時、本殿から鬼堂《おにどう》へ移される。もちろん、厳粛な祝詞と行列によって、だ。午后四時、鬼堂から本殿へ、ふたたび、もとへもどされる。そのときの祝詞は、最初は「イザナギ・イザナミ」の名による通例の祝詞。本番の方は、何と「鬼面尊神《きめんそんしん》」の名による祝詞なのである（田島芳郎さんによる）。

夜の八時前からはじまって十一時すぎに至る、あの「鬼夜」。これはもう、筆舌に尽くしがたい。事実、「鬼夜のことは、書いてはならぬ。言葉で伝えるのみ。」との不文律があるそうだ（火祭保存会の光山利雄さんによる）。

もちろん、学問上は、改めて書かせていただく機もあろうけれど、今、そのポイントのみをのべさせていただこう。

〈一〉祭神の玉垂命は、「鬼面尊神」その方である（「鬼、玉垂命」——古田）。

〈二〉「鬼夜」の表現するところは、〝縄文・旧石器へとさかのぼるべき、悠久の世界〟である。当然、九州王朝の「前末・中初（前二世紀）」以来の「三種の神器」（三種の宝物）をシンボルとするような、後代（前二世紀以降）のものではない。

「鬼夜」とは、「鬼世の復活」の儀式だ。

〈三〉国（文化庁）の「重要無形民俗文化財の指定」とされた（理由の）「籐《とうの》大臣による、桜桃沈淪《ゆすらちんりん》（輪）退治」の話など、右のような、真の「鬼夜」のいわば〝前座〟（中・近世の解釈）にすぎないようである（「鬼会《おにえ》」は七日間）。

〈四〉右のしめすところは、おそらく紀元後四〜五世紀の「史実」を背景として成立した説話であろう（古田の理解）。

〈五〉同月日の、ほぼ同時間帯に行われる太宰府天満宮の火祭では「天神側の軍が鬼側の軍に打ち勝つ」ことを基本定式としているようである。この点、大善寺玉垂宮の火祭とは、同じ火祭でも、全く異なる。

天満宮の方は、「九州王朝側の勝利」という状況をシンボライズしているのだ。

〈六〉大善寺玉垂宮の場合、一見はなやかな「火」はむしろ、脇役であり、真の主人公は「鬼面尊神」と「鬼」と「赫熊《しやぐま》」（「みの」状のものをかぶる子供）である。「火」が退き、出店の屋台の電灯も（協力して）消されたあと、主人公の側の「出番」となる（二回）。

〈七〉鬼堂を、外から「棒でたたく」所作が行われる（「赫熊」によって）。これは「地の精霊」や「古き祖先の死者」を〝呼びさます〟行為ではあるまいか。そのあと、鬼堂を周回七回半（インドネシア等、南方にも類似の神事があろう。――藤沢徹さん等及び古田)。

〈八〉「鬼夜」中、火祭の全時間、かん高い半鐘を鳴らすような基調音が絶えず鳴りひびく。これも、南方の神事と共通しよう。

〈九〉最後に、「鬼」や「赫熊」は、川に向い、「みそぎ」と称する行動(川岸に、集団でうずくまる形)で終る。おそらくこれは、本来は「川」(もしくは海)の中に入って「みそぎ」を行ったものであろう。すなわち、一月七日(原型は、旧暦)に「水中に入る」ことの可能な地域、南方の島々(広く赤道近辺)における習俗だったのではあるまいか。

〈十〉「鬼夜」の各パート(役割)は、各家(特定のお家)に、それぞれ昔から定められている。御神体の「鬼の面」は、赤司《あかし》家の人でも、見ることが許されない。

〈十一〉「大善寺玉垂宮では、よそとは異なり、鬼は悪者ではありません。」という光山さんの言葉(九月)は、まことに、ことの本質を突いていた。

〈十二〉各地の「鬼の祭」を歴訪し、細かに蒐集し、これを「編年」すれば、「鬼の歴史」が明らかとなり、「表の歴史」(古事記・日本書紀など)の「虚と実」が反対から照らし出されよう。

見終わって、帰りつつ、わたしは思った。「日本に生れて、本当によかった。」と。なぜなら、すっかり「多神教の墓場」となってしまったヨーロッパなどに生れていたら、このような「祭の中の祭」に遭うことなど、到底不可能だったであろう。そう思ったからである。

問題提起の言葉を投げかけて下さった福永晋三さん(「多元的古代研究会」)・福田健さん(「東京古田会」)をはじめ、藤沢・田島・高木さんたちに深い感謝の言葉をおくりたい。そして誰よりも、光山さんはじめ、大善寺玉垂宮関係の方々に対して心から頭を垂れさせていただきたい。

＊

続・鬼夜のサブノート

一番大松明が方向を変え、向こうへ去ってゆく。二番、三番、四番、五番と続き、我々の眼前にあった六番大松明も向きを変えた。突然、寒気が戻ってきた。大松明が去ると暗くなる。六本の大松明は境内を一周すると聞いていたが、一番大松明はまだ戻ってこない。寒い。

二〇〇〇年一月十四日　記了

（「閑中月記」第五回、『東京古田会ニュース』第七一号）

難波の源流

一

今年は鶯が鳴かない。三月二十四日と四月二日に聞いた。それ以後、五月中旬まで聞いていない。何か理由があるだろう。

桜が十日近く遅れた。東京が満開とのニュースを聞いても、ここ洛西の地はまだだった。繊細な小鳥は南へとエリアを広げたのかもしれぬ。

「植生」つまり〝植物のエリア〟から、思いがけない発見が展開してきたのである。懸案の「仁徳天皇の歌」だ。古事記の仁徳記に出ている。

『新・古代学』第一号で、富永長三さんが先鞭をつけられた。仁徳が淡路島に坐して作った歌のように〝語られ〟ているけれど、この地からは「おのごろ島」は見えない。

おしてるや　難波の埼よ　出で立ちて　我が国見れば　あはしま　おのごろじま　あじまさのしま

も見ゆ　さけつしま見ゆ（原文は表音）

そこでわたしが『盗まれた神話』で博多湾岸の能古島に比定した命題を基点とし、富永さんはこれを博多湾岸の作歌としたのである。

これを強力に〝裏づけ〟たのは、青山富士夫さんによる「あじまさ（＝びんろう）の植生」論証だった。この熱帯原産の植物は、九州の北部（玄界灘上の小呂島《おろの》・沖の島）を「北限」とする。九州の東岸や瀬戸内海領域には分布しない。もちろん淡路島周辺も、同じだ。だから、この歌は「仁徳の、淡路島における作歌」などでは、ありえないのであった（「多元的古代研究会」）。

この問題を、さらに強力に、執拗に、そして精力的に推進された人、それは高木博さんだった。当誌にくりかえし連載された「難波論」がそれだ。わたし自身、昨年の九月、博多へ行ったとき、高木さんに〝拉致〟されるようにして、「灘波（なんば）池」（福岡市城南区南片江一丁目）へと連れてゆかれた。今は住宅建設による埋め立てで、やや大きめの「池」にされてしまっているけれど、地形上、そして地名（「堤」など）上、かつては、現在の博多湾からもう一つ、南へ入りこんだ旧海岸部、そこが「難波の埼《さき》」だった、と言われるのである。この「灘波池、現地訪問」が、わたしの研究の出発点となった。

二

高木さんはすでに、次の点を確認していた。

「この作者は、博多湾岸から出発し、玄界灘上でこの歌を作った。」

と。

「ただですねえ、本土、つまり九州本島のことが出ていないんですよねえ。」

この運転席での〝嘆き〟が、わたしにとって肝要のヒント、あまりにも重要なサジェスチョンとなったのである。先導者の声だった。

もちろん、「あじまさ（＝びんろう）の島」は小呂の島だ。西北方に、それが見えるのだ。「さけ（放）つ島」とは、壱岐や沖の島などであろう。とすると、〝残り〟は一つ。「あは島」しかない。地図で探した。どこにもなかった。博多湾の周辺に「あは島」という島は、見つけることができなかったのである。

「だが、聞きおぼえがある。いや、見おぼえもあったような気がする。」

そう思って、くりかえし考えた。思いをめぐらしつづけた。そしてある日、今年の三月のおわり、それが判った。「神社名」だった。粟島《あわしま》神社だ。神社名鑑で、また現地探訪の旅の中で、たびたびお目にかかっていたのだった。各神社内の〝摂社〟にも、しばしばそれはあった。いわば〝なじみ〟だったのである。

そこで探した。あった。福岡県の宗像《むなかた》の近く、福間町。そこに粟島神社があった。祭神はむろん、少名彦名命だ。日本列島中、各地の「あは島神社」とも、祭神はすべて一致し、この神名だったのである。

三

わたしにとってこの神名は、早くから関心の的だった。もちろん出雲神話。大国主命と共同経営で統治に当ったという。あの加茂岩倉には、二人が並んで腰かけて国見をしたという巨岩が鎮座している。

本来は当然、旧石器・縄文の巨石信仰の対象（神聖なる石神）であろう。

「この少名彦名は、博多湾岸の王者。」

これがわたしの年来の見解だった。「すく（A）名、ひこ（B）名」という「名」のダブリ名称だ。「ひこ」は彦、長官、豪族の長である。「すく」は、有名な「須玖岡本」（春日市）の須玖。今は博多のベッドタウン、春日市を中心とする王者だったのである。彼は、大国主との共同経営に成功したあと、常世国へ去ったという。新天地を志したのであろう。故国たる博多湾岸は、大国主に（「留守」を）托して。

（これが、出雲に『国ゆずり』を求めて筑紫《博多湾岸》へ侵出したという、いわゆる『天孫降臨』という名の歴史的事件の背景だ。壱岐・対馬の海人族の首長だった天照大神と孫のニニギノミコトが、少名彦名という強烈なリーダーの「留守」を〝狙った〟こととなろう。）

かつて荒神谷から出土した大量の「出雲矛」（通説では「剣」）と十数本の「筑紫矛」のセットは、右の「共同経営」を裏づける。

ともあれ、わたしにとって少名彦名は、博多湾岸の筑紫の地を「我が国」とする王者だったのである。

四

少名彦名は、難波の埼から博多湾岸を出発した。玄界灘に出た。ふりかえれば、「オノコロ島」（能古島）が見える。右手（東）には、なつかしき粟島（あはしま）の地、九州本土の一角だ。

前方左手（北西）には小呂島が見える。「あじまさ（＝びんろう）」の生い育つ島だ。ここから海流（対馬海流）を遡行すれば、この植物のおびただしく生い繁る島々、「常世の国」へと至れよう。赤道の地、熱帯だ。人が「植えず」とも、すばらしい速度で、果実などの豊富な食料が自生する、楽園がある。そこを新たに目指した、旅立ちの詩（うた）だったのである。

五

わたしはかつて書いた。古事記の中の大国主説話は、ひときわ異彩を放っている。その周辺の記事とはちがう。歌と男女の愛の説話だ。おそらくこれは、「大国古事記」と呼ぶべき説話がすでに成立していて、これをここに〝はめこんで〟構成したものであろう、と（『盗まれた神話』）。

同じく、そのセットとして「少名彦名古事記」もまた、存在していたのではないか。その一節、「常世国への出立の段」の中の歌謡が〝引き抜かれ〟て、ここにあたかも「仁徳の歌」であるかのように挿入されたのではないか。やはり「盗用」だ。

六

「博多湾岸の難波（α）と大阪湾岸の難波（β）と、どちらが古いか。」

つまり「本流」と「伝播」の問題である。

（α）の場合

〈甲〉——那（な）の津

〈乙〉——難波（なには）

「には」は「庭」、広い場所、祭りの場所を指す。

（β）の場合

右の〈乙〉のみ。〈甲〉はない。

すなわち、〈甲・乙〉ワンセットとなっている（α）から〈乙〉のみの（β）への伝播だ。逆は、考えにくい。

七

もう一つの論証が見出された。

「波」には、①なみ（名詞）②なみ立つ（動詞）の二つの用法がある（諸橋、大漢和辞典）。

ところが、「難」は〝（し）がたし〟という助動詞の用法に使われる。従って「難波」とは「なみだちがたし」の「表意」をもつ。「なには」という「音」を字に当てるとき、右の表意をもふくませた、絶妙の文字構成なのである。

ところが、（α）の博多湾外は玄界灘。有名な、怒濤の海だ。これに対し、袋の海のような博多湾内に入ると、志賀島や能古島にさえぎられて、あまり波は立たない。ましてさらに内側の難波あたりとなれば、一層だ。だから「なみだちがたし」という字面とピッタリなのである。

これに反し、大阪湾の場合、湾外は瀬戸内海だ。内海だから、「怒濤の海」ではない。だから、これに対し、湾内をことさらに「なみだちがたし」と「表意」するような、〝いわれ〟はない。あまり、ふさわしくはないのである。

この点から見ても、この地名は「表記」ともども「博多湾岸」↓「大阪湾岸」という矢印の伝播と見なす他はないであろう。

明治前期の「字、地名」記録では、博多湾岸（筑紫）は「なには」とされている。現在は「灘波（なんば）池」と呼ばれる（入口に「難波商店」があった）。

「なんば」は、漢字の「音読み」であろう。これもまた、大阪湾へと「移入」されたもののようである。

八

ふりかえれば、読者の会の方々の中で「難波」をめぐる研究史は、鋭く深い流れを形造っている。

早くも、『市民の古代』（第二集）の時代、記・紀の「難波津」の本源地を九州東岸（豊前）に求める説が出された（大芝英雄氏）。最近では、室伏志畔《しはん》氏（『大和の向こう側』）がこの系統に立つ（「古田史学の会」）。

反面、今はなつかしき『「邪馬台国」徹底論争』、あの信州白樺湖畔、昭和薬科大学の学舎において、「博多湾岸に難波あり」の一石が投ぜられた（灰塚照明氏）。その波紋は拡がり、先の富永・青山さん、さらに今回の高木博さんの熱烈なる先導をうることとなったのであった。これに比すれば、わたしなどは、文字通り、その驥尾《きび》に付したにすぎないのである。

このような経緯をふりかえれば、あまりにも一種の感慨が深い。すべての「研究史」は、ここ十年前後の「読者の会」の会誌・書籍・シンポジウム等の「内部」で拡がり、深められ、進行してきた。これに対し、大学などの、いわゆるプロ、すなわち「専門学者」たちは、一切「風馬牛」をきめこみ切って、きたのであった（右のシンポジウムの三冊の本は、各大学の国史・日本史学科等に広く寄贈された）。

後代の学者は、このような「研究史上の事実」に対し、必ず注目し、正当な評価を下すことであろう。その日はいつか。

今年は鶯の声を聞かない。それには理由があることであろう。竹林の道を歩みつつ、わたしはそう考えた。

二〇〇〇年五月十四日　記了

（「閑中月記」第七回、『東京古田会ニュース』第七二号）

待望の一書

一

八月に入ってすぐ、東北から北海道へ旅した。京都は連日三十数度の、うだるような暑さだったから、青森から札幌への道は有難かった。

青森は、ねぶた祭の初日だったけれど、久しぶりにお会いする方々（「市民古代史の会・青森」）は、皆親切だった。熱意が身に沁みてきた。鎌田武志さんの蒔かれた、一粒の種子は着実に緑蔭の蒼樹となっていた。

札幌の朝の街路の散歩、それは最高だった。地元の方々が、短い夏の一週間か旬日に期待される〝暑熱〟とは程遠かったけれど、わたしにとっては何よりのプレゼントだった。

待ちかまえておられた会の方々、そして一般の参加者のたぎる熱意が、二日間にわたって、わたしに疲れを忘れさせた（「古田史学の会・北海道」）。

今年の三〜四月の富士市、藤沢市（江の島）の日々（「東京古田会」）をなつかしく思い浮べながら、帰途についた。千歳から伊丹への飛行機の中で、わたしは多くの人々に支えられる幸せをかみしめていた。本来、たったひとりの探究だった。今も、それに始まり、それに終っているのだけれど、まことに望外の幸せとわたしには言う他はない。

二

この五月下旬、ようやく待望の一書を入手した。『検証、日本の前期旧石器』（春成秀爾編、学生社、五月三十日刊）だ。出版社から直送してもらったのである。

前々々回［第四篇「転用の法隆寺」］から、この件につき予告してきた通りだ。今年の一月二十一日、「シンポジウム、前期旧石器問題を考える」が開催された。東京一ツ橋の日本教育会館である。毎日新聞社後援だ。

この会の出席者から、レジメ（小冊子）をいただいた。冒頭に、国立歴史民俗博物館長の佐原真《まこと》氏の「学問の客観性」と題する一文がある。

その中に、布目順郎《ぬのめじゅんろう》さん、森浩一さん、そしてあのメガーズ・エヴァンズ夫妻の縄文人南米渡来説への攻撃がなされ、その一端にわたしの名前が出ていたからである。

けれども、当日は、佐原氏の講演では、時間のためか、メガーズ・エヴァンズ説にはふれられなかった、という。

そこでわたしは、二月二十五日に行われるという、佐原講演（東京、上野）を待ったのである。

その当日、確かに、前回（一月二十一日）ふれなかった、メガーズ・エヴァンズ説批判は行われた。

しかし、出席者によると、先のレジメの趣旨につけ加えるところはなかったようである。

わたしは、失望した。なぜなら、一月二十一日のレジメがあまりにも簡単だった。ハッキリ言えば、論旨粗放であったから、佐原氏単独講演では、当然、より立ち入った論及がある。そう、期待していたからである。

三

しかしわたしは、再び待った。なぜなら、右の一月二十一日のシンポジウムが早速単行本として学生社から刊行される旨、聞いたからである。学生社に電話し、さらに国立歴史民俗博物館の春成研究室に電話し春成さん御自身から、それが三月末の刊行予定であることをお聞きしたのである。

けれども、予定は延期された。四月末へ、さらに五月末へ。わたしの期待は、むしろふくらんだ。先の「論旨粗放」が補充され、研《と》ぎすまされ、今回は精緻な批判が内蔵されている。そのような単行本公刊の姿が見られるのではないか。そう考えたからだ。

だが、佐原氏のメガーズ・エヴァンズ説批判は、最初（一月二十一日）のまま、何の補充も、加削もなかったのである。

四

わたしの期待には、理由があった。佐原氏の従来の業績を評価していたからである。

第一は、氏の研究業績として著名な、銅鐸の鈕の分類による型式編年である。現在では批判が現われているようであるけれど、弥生時代の考古学的研究に一時期を画したものと言いえよう。

第二は、吉野ヶ里遺跡に対する評価と紹介である。「邪馬台国、近畿説」に属する氏であるけれど、当遺跡の重要性を理解し、保存に協力された。氏の言説の〝公正さ〟が印象づけられたのである（もちろん、氏の持説そのものに変更はない）。

第三は、江上波夫氏との対談である。佐原氏が「反、騎馬民族渡来論者」であることは著名だ。だが、当の江上氏との対談『騎馬民族は来た？　来ない？』（小学館、一九九〇年刊）は、一種の〝名著〟である。天衣無縫、もはや学問や論理の区々たる世界を超越したような、江上氏の放談に対して、佐原氏は根気よく応待された。大先輩に対して、失礼にならず、阿諛せず、の態度を持して、一巻の「時間」を終えられた。そこから確たる結論が見えた、とは言えないものの、よく応待された、とは言いうるであろう。

以上、はなはだ部分的、印象的な受けとめ方にすぎないけれど、わたしには、「あの佐原氏なら、メガーズ・エヴァンズ説に対して、遠慮なく、そして周密な論理を以て批判してくれるのではないか」。そういう期待が、この五ヶ月間のわたしを常に導いてきたのであった。

五

先ず、布目・森批判。佐原氏は次のように書いている。

「古代織物研究者の布目順郎さんは、弥生絹の出土例が北部九州に集中し、他の地方には実例のない事実から、魏志倭人伝の絹の記事に対応するのは、北部九州だけであるとし、邪馬台国は北部九州にあった、とします。さらに、古墳時代の絹は、近畿地方など他の地方にもみることから、『絹の東伝』を考えます〔布目、一九八八〕。布目さんは、考古学の専門家ではありませんから、こう考えることは無理がないかもしれません。ところが、考古学の森浩一さんも、布目さんの『絹の東伝』説を支持していま す。

『ヤマタイ国奈良説をとなえる人が知らぬ顔をしている問題がある』と書き始めて、布目さんの説を紹介し、『このじじつは論破しにくいので、つい知らぬ顔になるのだろう』と森さんは結んでいます〔森、一九九五〕。」

右のように「布目—森説」を紹介した上で、佐原氏はこれを批判する。

「北部九州の弥生絹は、かめ棺の中に残っているか、青銅武器・鏡などを包んでいたきれが金属の銹につつまれて残っていたかのどちらかです。

かめ棺に遺体を葬ると、土と遺体が直接触れ合わないため、骨にくっついた状態できれが遺存する幸運があります。また青銅の武器や鏡などをきれで包むと、さびを生じて、きれもさびをかぶった状態で遺存する幸運があります。このような幸運に恵まれた北部九州と、かめ棺が無く、青銅の武器や鏡を死者にそえて埋める風習の無かった近畿地方などとを比較すること自体が考古学的には誤っています。」〔五ページ〕

右の論点は、佐原氏年来の持論だ。だが、その「論法」には、かなり無理がある。

〈その一〉「かめ棺」の有無によって、「絹の遺存」の有無を説明する方法。すでに黒塚のような、「かめ棺」ならぬ「古墳」からも、かなりの量の「絹の存在」の検出されている現在、再考慮もしくは〝より周密な論拠〃が必要となっているのではあるまいか。

〈その二〉「かめ棺」という存在が、「絹の有無」を分ける程の、厳密な〃密閉性〃や〃保存性〃をもつか否か。このこと自体に対する、自然科学的実験とその詳細なデータが存在するのであろうか。

この問題点を、佐原氏が提起されてから、年すでに久しいから、その実験とデータをしめす自然科学的報告が〔〇〇、一九□□〕という形で示されていないのは、不審である。あれば、今回、貴重なデータとなったことであろう。

〈その三〉もしかりに、右のような報告によって、佐原氏の提起されたケースの可能性が裏付けられたとしても、真の問題はその次に来る。

「弥生期の近畿の遺跡から、絹が出土しないのは、『保存の不完全性』のためか、それとも、最初からそれがなかったためか。」

この判別こそ焦点をなす課題となる。思うに、その帰結としての回答はそれほど容易ではないことであろう。

〈その四〉従って佐原氏が一研究者として、右の観点に立つ論文を物されるのは、まことによい。自然科学的な「保存報告」つきならば、さらによい（この類――紙など――の「保存」問題の研究は、欧米がすでにすぐれた先進性をしめしている。故、大沢忍氏による）。

しかしそれは、あくまで一研究者として、フェアーに反対研究を待つ、一個の学問探究者としての話だ。

それを「国立歴史民俗博物館館長」としての冒頭講演で、

「資料があるがままを、すぐ事実（「と」脱か。古田）とらえてしまうことによる誤り」

として論断されているのは、いささか、ことの「筋道をとりちがえている」のではあるまいか。なぜなら、一研究者の「問題提起」なるべきものを、あたかも「権威者の御託宣」のような形で論述しているからである。

本書の中で、馬場悠男《ひさお》さんが、「先輩たち」の「権威者」のおち入りがちな、一定の傾向に対して鋭くこれを批判しておられる（四一ページ）けれども、わたしは失礼ながら、右の佐原論断においてその実例を見るのである。

〈その五〉その上、もし佐原論定のような論法を用いるのならば、「かめ棺」や「金属や骨への付着」問題など、もち出さずとも、端的に「弥生の近畿では、絹を地下に埋納する習慣がなかった。」と言えば、それですむ。多言を要しない。これは、例の「三角縁神獣鏡」問題で愛用された論法だ。だが、一般の人々の普通の理性には、容易にうけ入れがたい論法である。

たとえプロの考古学者が〝先輩に遠慮して〟口をつぐんでいても、一般の中にはすでにうなずかざる人々が着実にふえつづけて、今に至っているのではあるまいか。

〈その六〉当項は「弥生絹の北部九州集中から邪馬台国が北部九州にあったとする説」と題されているように、真の主題は「絹」ではなく、いわゆる「邪馬台国」である。そして周知のように、「絹が集中出土している」のは、筑後山門（中心）でもなく、朝倉や筑後川流域でもない。糸島・博多湾岸（前原市・福岡市近辺）を中心とする地域だ。吉野ヶ里も、その周辺部の一端に属しよう。

何よりも、「倭国製の絹」ではなく、「中国製の絹」を出土したのは、九州のみならず、日本列島全体の「弥生遺跡」中、須玖岡本（春日市）のみである（布目順郎氏）。

これに対し、今回、佐原氏から〝表面の刃〟を向けられた森浩一さんは、一回も「糸島・博多湾岸説」を表明されたことはない。ただ「筑紫平野（筑後川流域か）説」を〝俾弥呼段階〟（壱与を除く）として示唆されたことがあるにとどまっている。[1]

これに対し、わたしの場合は、この三十年間、終始一貫して「糸島・博多湾岸、中心説」（邪馬壱国）だ。この中心領域は、中国錦の出土地（春日市）をふくみ、今問題の「弥生絹の分布図」とピッタリ重なっている。この点も、わたしがわたしの多くの本の中で飽くことなく、くりかえし主張してきたところである。[2]

「佐原さんは、わたし（森）の本や論文を実によく読んでくれている。」

これは、かつて森さんの研究室で、わたしが直接聞いた言葉だ。だから、その佐原氏に「森説は『弥生絹の分布図』を以てストレートに『邪馬台国』と見なす立場ではない。」という事実に関し、大きな錯覚や決定的な錯認があろうとは思われない。

表面の「森攻撃」の背景には、実は、他ならぬわたしの説が隠され、次の本来のテーマへの伏線とされているかのようである。

再三待ちつづけた、佐原氏のメガーズ・エヴァンズ説批判については、詳細に次回にのべたい。（十月八日の「『「邪馬台国」はなかった』発刊三十周年記念講演会」においても、機を得て、その一焦点にふれたい〈午前の対談、もしくは午后の講演において〉。）

今は、夏も盛りであるけれど、すでにその中に秋のしのびよっている気配を感ずる。先人の歌のようだ。この秋は『壬申大乱』（東洋書林）と著作集（第三巻〈親鸞関係〉を筆頭とする。古代史は第四巻以降。明石書店刊）が刊行されはじめる予定である。

竹林の朝夕を大切にしつつ、毎日の一日をいのちの限りとしたい。

注

（1）『This is 読売』一九九八年二月号。

（2）『失われた日本』（原書房、一九九八年刊）など。

二〇〇一年八月十三日　記

（「閑中月記」第一四回、『東京古田会ニュース』第八一号）

吉山旧記

一

その年の一月七日だった。私は初めて「鬼夜」の火祭りを見た。福岡県の久留米市にある大善寺玉垂宮に伝承された、壮大な火祭りである。

前年の大晦日にはじまり、年明けて七日に至り、その日に大団円を迎える。その日も、昼過ぎ、神社の奥宮からご神体の「鬼面《きめん》」を奥殿に移し奉り、そこから夕方へ向けて徐々に夜祭の時間帯へと緊張感が高まってゆく。

その大体の進行は、すでに本誌でも紹介されたから、今あらためて再説する必要もあるまい。要するに、夕方から真夜中の十一時頃に至るまで、延々と繰り広げられるその火祭りの全貌は、私の見た火祭りの中でも類を見ない。

その上、社中の各地域ごとに、昨年の火祭以後、準備のととのえられてきた数々の炬火《たいまつ》の巨大さ、そして何よりも長時間の火祭の進行のスケジュールと、それぞれのパートの役割とプログラムが、社中の各家々ごとに伝統され、今も守りつづけられている。その見事さは言葉に尽くしがたい。

最後に、残された炬火のグループが社前の川の岸へと向かい、ようやく「祭の終り」を迎えたとき、私の胸中には、ざわざわとうごめき鳴りひびくものが宿されていた。それは宿に帰ってすごした一夜の後にも、なお消えることがなかったのである。

二

思わぬドラマは次の年に来た。研究上の不可解な問題意識によって、私の心はしっかりとつかまれてしまったのである。

午前中だった。この前、数々の御好意を得た御礼を申しのべると共に、この火祭をめぐる由来などお聞きしたいとお願いしてあったところ、それまでのお疲れにもかかわらず、鬼夜保存会会長の光山《みつやま》利雄さんが時間をとってくださった。近隣の小室だった。当方は私の他に福永、福田さん達を含むグループである。

お互いの挨拶のあと、私は言った。

「お祭を拝見して、私の感じたところを申させていただいていいですか。」

「どうぞ。」

と光山さん。そこで私は言った。

「前に、お祭を拝見して、私は深い感銘を受けました。これは何とも、大変なお祭だ、と思いました。」

「そうですか。」

穏和な顔つきで応待される。

「私の率直な印象を申させていただければ、これはもう、縄文にさかのぼる淵源をもつものではないか。そう思いました。」

「そうですか。」

と、光山さん。私には、研究上の経験、あるいは記憶があった。——それは北陸、能登半島の御陣乗太鼓を見た、否、「聞いた」ときの印象である。

際限もなく打ちつづくその太鼓の音は、人間が鳴らしている、と言うより、大自然の声のようだった。大海原が呼び、咆吼している。それを感じさせた。体内にじんじんと響き入ってきた。——私はそれを「縄文の声」と感じた。観光の解説に云う「上杉謙信の軍勢の襲来に対し、これを打ち鳴らしたところ、上杉勢は〝敵は大軍〟と錯覚して引き上げた」ことなどが淵源とは、とても思われない。私には何としても信じられなかった。それはたかだか「御陣乗」という〝名前の由来〟にすぎない。私にはそう思われたのであった。

幸いにも、その後、確証が得られた。証拠が見つかったのである。——真脇《まわき》遺跡だ。そこから「鬼の面（土製）」が現れた。縄文時代の土面である。

従来の芸能史はこもごも記していた。この御陣乗太鼓は「中国」など、大陸の仮面劇の伝播である、と。その模倣と見なされていたのであった。けれども、それは全くの「まちがい」だった。縄文以来の伝来だったのだ。

当然、御陣乗太鼓そのものも、縄文以来の伝統に立つひびきだったのである。想起したのは、このときの記憶だった。

三

その時、横合から声がかかった。

「古田さん、これはどうも違うみたいですよ。」

と、福永さん。今、光山さんから頂いた史料（コピー）の「吉山旧記」を読まれたようだった。それであわてて、私の「誤認」を訂正しようとされた。もちろん、好意からであろう。

「ここには、籐《とうの》大臣が異国に通謀した桜桃沈淪《ゆすらちんりん》を討った。どうも、それがこのお祭の始まりみたいに書いてありますよ。」

私は答えた。

「そうかもしれませんが、私は自分が拝見したお祭に対する、自分の印象を申し上げているだけなのですから。」

そばから、福田さん。

「でも、ここにちゃんと、そう書いてありますよ。今、福永さんの言った通りですよ。」

私はさらに答えた。

「その文書は後で拝見しますが、今は私が自分の感想を申し上げているので。」

三人の〝トラブル〟を前にして、穏厚な光山さんは〝困って〟おられたようだった。御礼を申し上げて私達は退散した。

四

この日の〝トラブル〟が、私の探求の出発点となった。二回、三回と、当地のお祭に足を運び、この壮大な祭の始終を観察し、黙想し、この祭の本質を見定めようとしたのであった。そのような数年を閲《けみ》したあと、ようやくこのお祭の大体がつかめてきた。やはり、私が最初に直観した通り、この祭の淵源は〝只物〟ではなかった。

「異国通謀」だの、「沈淪征伐」だのといった、新しい話ではなかった。

日本の祭では、「鬼」は貴重な存在である。いずれの祭でもきまって姿を現わし、きまって討たれる。敵役《かたき》なのである。そして同時に人気のある存在だ。「鬼」がなければ格好がつかぬ。そういう祭も少なくない。

だが、ここでは違った。永遠にして、神聖な存在だ。それは祭の冒頭から存在し、祭の終わりにも〝消え去り〟はしない。翌年はまた復活し、依然、主役の座に存在しつづけているのである。

確かに祭の中で「敵の襲来」を告げるようなひとこまがある。外部からの〝圧力〟を感じさせる物音が鳴り響く。また「鬼の退去」を暗示させるような所作も、幾つかおりこまれている。

しかし、そのさいも「しゃぐま」と呼ばれる〝子供〟の群れは、「鬼の行く末」を護ってゆくように見える。

さらに、祭の大部分をつらぬく、〝一種、金属性的な音（〝半鐘〟風）〟はあたかも、あの「金鐸」（中国）のように、ここに危急が迫っていることを告げ知らせているかのようだ。

祭としては「異例」であるかもしれないけれど、ただ〝内部の者が内部だけのスケールで行う〟形の進行ではなく、外部からの襲撃を予感させる、そういう雰囲気を持っているのである。

では、これは果たして「吉山旧記」に言う「桜桃沈淪、討伐」の歴史、あるいは挿話が劇化され、さらに祭礼化された姿なのであろうか。――問題は、そのように突き詰められてきたのであった。

五

今年（二〇〇三）の五月二十三日、私は久留米市へと向かった。文化財収蔵庫で「吉山旧記」の原本（草稿本）に接したのである。

光山さんからお見せ頂いた古写本（浄書本）が第八十二代に終わり、明治五～六年（一八七二～七三）の記事を末尾近くに持っているのに対し、この原本は第七十六代に終わり、元禄元年（一六八八）の記載がある（〝書き継ぎ〟か）。
（A）原本（草稿本）
（B）古写本（浄書本、コピー）
右の両本を比較し、検討を加えていった。その詳細は改めて機を得て明かにしたいが、今はその要点を述べよう。
第一、原本は慶長六年（一六〇一）八月の序文をもち、著者は、
七十三代、吉山清満
誉田栄次　謹誌

とされている。これに対し、古写本（B）は、「序文略」とあり、慶長九年（一六〇四）八月とされ、
七十三代、（同右）
となっている。十七世紀初頭、徳川家康の晩年時点の成立である。
第二、古写本（B）には、（第二、序文）が付せられている。
昭和二十九年一月　第八十三代　薬師寺　悟　謹誌
すなわち、古写本（B）は単なる「浄書本」というよりは、これを「薬師寺本」と呼ぶほうが、より正確であろう。
第三、（B）には冒頭部に年表が付せられ、「（二十三代）薬師寺の姓の始まり」「（二十五代）大善寺と改号」などが記せられ、当神社の由来を知る上で貴重である。
第四、（A）の序文は、（B）では「序文略」とあり、確かに（A）の一部（たとえば冒頭部）が（B）では省略せられている。
けれども、反面、かえって（B）の方が新たに増文し、詳記せられている面も、存在する。たとえば、当本の成立について、
①本来、中興十一代吉山啓道までを「旧記神代之巻」としていた。
②しかし、「焼失」と「蟲損」の害に会うている。
③そこで、「御宮旧記」「同由来記」などでこれを補った。ただ「蟲損、不分」の分はみだりに記すことはしなかった。
④に注目すべきは、次の一節であろう。
「国所家滅亡せしは姓名ありといへとも全からされは記せず。唯吉山家一筋に心を尽くし小書と為

しぬ。」(B)

すなわち、本来〝主柱〟をなしていた「国所家」に関してはこれを削除し、「吉山家、関係」のみを残して、当書にまとめた、と言っているのである。

当書の性格を知る上で、肝心の一文である。その理由は、当「国所家」が「滅亡」しているから、というのである。

私達はここに「筑紫の主柱」としての中心権力、すなわち「九州王朝の残像」らしきものの存在を見ることができよう。

六

(A)(B)両本とも、本文の冒頭は、

人皇十三代成務天皇三十四年

に始まっている。「第一代喜多来(「きたらい」か)」の項である。

この「成務天皇、起源系譜」には、多くの先例がある。『新撰姓氏録』では、各氏にこの形式が多いのである。

一見、これは不思議だ。なぜなら、古事記、日本書紀とも、この「成務天皇」にはさしたる〝治績〟がない。ないにも関わらず、なぜここに「各氏の起源」がいっせいに集中しているのか。この根本の疑問だ。

この疑問を解くには、「近畿天皇家一元」の内部理解のみでは不可能である。実はこの「成務天皇の

時代」はいわゆる「皇暦」でＡＤ一三一〜一九〇の長き（六十年）に及んでいる。この時期は、後漢書倭伝によると、
（一）建武中元二年（五七）――後漢の光武帝の金印授与。
（二）安帝の永初元年（一〇七）――倭の国王、帥升等、生口百六十人を献じ、請見を願う。
とある事項のほぼ「直後」に近い（安帝の在位はＡＤ一〇六〜一二五）。

これにつづく、有名な、

「桓・霊の間、倭国大いに乱れ、更に相攻伐し、歴年主なし。」

の桓帝（一四七〜一六七）と霊帝（一六八〜一八八）が、右の「成務の時代」に当たっている（この「桓・霊の間」問題については、既述〔『邪馬一国への道標』講談社、一九七八年刊、参照〕）。

今の視点から言えば、倭国の君主が中国の天子と交流して〝直後〟ともいうべき時代に、「すでにその当時、わが祖先の初代がその歴史を始めていたのだ。」との主張、これが右のような、

「成務天皇の時代に起源あり。」

という系譜のもつ意味なのである。「倭国王の権威確立の始源期」だ。

右の「倭国の君主」とは、近畿の天皇家ではない。（一）の記事がしめしているように、志賀島（の金印）をふくむ「筑紫の王者」こそ、「倭の国王、帥升」の身元なのである。――「九州王朝」だ。すなわち、

「九州王朝中心の歴史を、後の近畿天皇家中心の歴史へと〝書き換えた〟証拠」

それが、あの『新撰姓氏録』と同じく、この『（慶長六〜七年成立の吉山旧記）』、いわば『新撰吉山旧記』のもつ、基本の史料性格なのである。

七

この点、当本に（A）（B）とも現れている「神功皇后─武内（宿禰）臣」の両者も、本来は「倭国（九州王朝）」の「卑弥呼─難升米」といった記述からの〝書き換え〟である。そういう可能性の高いこと、特に注意しておきたい（あるいは「壱与」か）。

また問題の「桜桃沈淪《ゆすらちんりん》討伐」譚において、討伐側の主体として登場する「籐大臣」もまた、近畿天皇家の人物ではなく、「倭国（九州王朝）」の人物である点も、当然ながら、わたしたちの視野に入れておかねばならぬ。

この事件自体は、「倭国（九州王朝）」が大陸側（朝鮮半島）で高句麗・新羅と激戦していた「四～六世紀間」の歴史事実の反映なのではあるまいか。この事件は、仁徳五十三年（三六七）、第六代の葦連《あしのつら》の時とされている（古事記、日本書紀の方には「桜桃沈淪」の名は出現しない。「倭国」が百済と盟友関係にあったこと、高句麗好太王碑の記す通りであるが、これに対し、「桜桃沈淪」は、高句麗・新羅側と提携しようとしたのであろう〈もちろん、歴史事実の反映とみられる〉）。

この「桜桃沈淪」の史的探求もまた、今後の興味深い研究テーマの一つであろう。

八

「吉山旧記」(A、Bとも)にとっての最大問題点、それはこの祭の「最高の中心者」である「鬼面尊《きめんそん》」自身の伝来に関して全くふれることがない、この一点である。

一月七日の昼、この祭(の最後の日)の開始に際して、奥宮(奥殿か)から鬼殿へと御神体が移置される。この御神体は「鬼の面」が箱に収められている、という。

この〝移置の儀〟が終了して、いよいよ当日の祭が開始されるのである(昨年〔二〇〇二〕末よりつづく)。

このように、右の儀式はこの祭の「出発点」として、もっとも注目すべき儀礼であるけれど、当「吉山旧記」は、一切この「鬼面尊の由来」についてふれることがない。

この一点をとっても、この「吉山旧記」のみを以って、この祭の「本質」にせまることの不可能であること、遺憾ながら、これを認めざるをえないのである。

なお、右の「移置の儀」を以って、宮司さんは退き、以降の〝壮大な祭の展開〟にはタッチしない。「関与せず」の立場をとっているとのことである。この点も、重大な注目点であろう。

宮司の代表する「公」の立場、その「目」の外において、この〝壮大な祭〟は展開されている。「公の目」はそれを〝黙認〟する。そういう形式をとっているのである。

そしてこの「吉山旧記」は「公の目」の眼前に提出されたものであろう。慶長九年(一六〇四)、徳川家康の時代にこれが作製されたこと、その「時代の意義」を抜きにして、この「吉山旧記」のもつ文書性格、その意義を語ることは不可能である。

もしこの「吉山旧記」の語るところによって、この大善寺玉垂宮の火祭の由来を知ることができる、と考える人がいたならば、それは「公の目」で見た、その〝建前〟と、真の火祭の抱きつづけてきた貴重なる伝統の内なる真実とを漫然と「混同」するもの、そのように言う他はないであろう。

徳川家康が江戸城（あるいは駿河城）の中で、〝認識した〟〝あるいは（封建体制の中で）認めて許した〟ところ、それを知るためには、この「吉山旧記」は完璧な史料と言わねばならぬ。

しかし、「徳川家康の目」と歴史学探究者の目とは、決して同一ではありえない。もし「明治体制の目」が「封建の目」を継承し、これに添うことを以って〝足れり〟としたとしても、それは、真実探究者の目とは全く関係がない。

なぜなら、それらの「体制の目」とは、所詮「時の流れ」の中で〝溶解〟してゆくべき、はかなき「いっときの目」たるにすぎないからである。

九

二〇〇三年（平成十五）の八〜九月、久留米市におもむき、その所蔵文書を長時間、調査させていただいたことがある。「東京古田会（古田武彦と古代史を研究する会）」「多元的古代研究会」「古田史学の会」等の合同調査であった。

そのとき、刮目した史料群があった。そこには江戸時代末、戊辰戦争直後、大善寺玉垂宮の宮司の「御祭神を取り換える」旨の決意がしたためられていた。従来の「玉垂命」に換えて、天皇家に〝由縁《ゆかり》〟

のある「武内宿彌」を以って、今後の「御祭神」にしたい、という、その決意が「文書」として明記されていた。

そして明治初年に至り、社中の各村の各責任者を召集し、右の決意に対する「承認」を求め、賛成の署名の記された文書である。

この「新祭神」としての武内宿彌の存在は、近年（戦後）までつづいていたようであるが、ようやくこれを廃し、もとの「玉垂命」へと〝返った〟ようである（光山利雄氏による）。

「吉山旧記」（B）の場合、「昭和二十九年一月」の「第二序文」があり、「第八十三代薬師寺　悟、謹誌」となっているけれども、右の経緯はしるされてはいない。「公の立場」を継承したからであろう。

この祭の本質への探究、それは当然「鬼面尊」と「玉垂命」との関係、そしてそれらの悠久なる起源へと向けられることであろう。

そしてそれのみが、このような壮大な祭を悠遠なる古さ、おそらく縄文の、否それをも貫くさらに深い歴史の中から〝祭り、伝えて〟こられた当地の方々への真の報答となるのではあるまいか。詳しくは他の機会をえたい（論語については、次回［第二巻『史料批判のまなざし』第一篇「顔回」］）。

なお、今年の九月二日から九日までウラジオストク（ハバロフスク）への探究の旅に出る。日本の古代史の新局面に今立ち向かうためだ。これに対する皆様方の一人でも多くのご参加を切望し、深く御協力をお願いしたい。これをもって今は筆をおかせていただくこととしよう。

二〇〇三年六月十五日　記

（「閑中月記」第二四回、『東京古田会ニュース』第九一号）

金印の入口

一

十一月一日、西に向った。博多を目指したのである。新大阪駅からレールスターに乗車、八時前に到着。地下鉄に乗り換えて藤崎駅で降りると、力石《ちからいし》巌さんが改札で待っていてくださった。有難かった。お宅の「味の朋友」に着くと、まもなく夕食。女主人の腕前はいつもながら飛びきりだ。

十一月二日、力石さんと福岡市立博物館へ。窓口で来意を告げると、「どうぞ」と奥に案内される。そこには学芸員の赤坂さんが、待っていて下さって、机の上に「目的」の史料、甚兵衛の口上書が拡げられている。準備周到だ。

見ると、やはり「ない」。庄屋と組頭二人、その「署名」の下には「印」がないのである。活字本(B)の方には、三人とも、その署名の下に「印」と印刷されていた。しかし同じ本、「『漢委奴國王』金印展、金印発見二百年(特設展図録、福岡市立歴史資料館)一九八四年十月」の写真版(A)では、そこに〝あるべき〟三人の「印」がなかったのである。向って右側の「甚兵衛」

の署名の下には、しっかりと「印」があるのだ。「おかしい。」そう思った。

「もしかしたら、『写真ミス』かもしれない。」

そう考えた。写真の〝撮り方〟次第では、その「色」が現われない。偶然ながら、そういうケースも「絶無」とはいえない。何しろ、活字の方には〝レッキ〟と「印」が存在するのだから。

「これはやはり実物にあたって、確認しなければならない。」

そう思った。そこでこの前来た、十月二十二日、「実見」と「撮影」の願い書を書き、受領されたのだった。

二

わたしの疑問は次の一点である。

当時（天明年間）、百姓の間で「印」が使われていたことは、よく知られている。たとえば、東北地方、五所川原の石塔山神社で、「金を借りた」農民たちの「印」が各署名の下に、一つひとつ押されているのを見たことがある。

その他にも、享保年間における「農民側の連署」も見た。要するに、江戸時代には、すでに、驚くほど「印の普及」はすすんでいたのである。この点、たとえば鎌倉時代などとは、「時代」を異にしていたのだ。

だからわたしは、この文書に「甚兵衛」の「印」があることに不思議はなかった。そうではなくて「甚兵衛の『印』があるのに、庄屋・組頭たち三人の『印』がない。」

これが不思議だったのである。そして今回その不思議は「再確認」された。やはり、当の三人の「印」はなかったのである。

三

この文書には、もっと根本的な「?」があった。これは「複製」だ。大正年間、黒田家の文書類の保管を担当していた方（中島氏）による複写であるという（塩屋勝利氏）。

「複写になぜ、印が押してあるんですか。」

故森嶋通夫《みちお》氏の奥様（瑤子さん）がこの九月、わたしの家に来られた時、この写真をお見せしたさい、発せられた疑問だ。その通りである。

大正年間の「複写」に、なぜ甚兵衛の「印」が押されているのか。この根源の「?」に、今まで「ふれ」た、あるいは「論じ」た論文を、わたしは見たことがなかった。

これこそ、この文書のもつ「?」にとって、肝心の「入口」となったのである（この点、十一月十日の八王子の古代史セミナーで論じたい）。

四

この志賀島に関し、万葉集の中に有名な歌がある。

ちはやぶる金の岬を過ぎぬともわれは忘れじ志賀の皇神《すめかみ》（巻七、一二三〇）

従来この歌の「金の岬」は「鐘の岬」と解し、

「福岡県宗像郡玄海町の鐘崎（かねのさき）」

と解してきた。しかし、この原文は、

「千磐破　金之三崎乎　過鞆　吾者不忘　壮鹿之須賣神」

であるから、「金之三崎」は「かねのみさき」ではなく、「かなのみさき」であるかもしれない。すなわち、今回「甚兵衛」が金印を発見したという「叶（かな）のみさき」を指す。そういう解釈もまた、成り立ちうるのである（明石散人『七つの金印』講談社文庫、二七二ページ）。

なぜ、甚兵衛の「金印」は〝叶の崎〟に埋められている、とされたのか。この問題に対する解答とも、一種の接点をもつものかもしれぬ。

興味深い一エピソードだ。改めて追求したい。

五

十一月三日、力石さんと共に波止場に向う。快晴である。十時半、船に乗った。先頭を切って坐り、今日の「金印」問題を話し合う。二十分前後で到着。出口に中村通敏《みちとし》さんの御夫妻が迎えに来ておられた。博多の香椎近辺の方。来島は車である。勝馬のレストランで食事したあと、本日のシンポジウム会場、志賀小学校の講堂へ向った。開会前、四分の一くらいの人数だったが、定刻にはほぼ満員の盛況だった。

表題は、

「第一回志賀島歴史シンポジウム——金印、『漢委奴国王』の真実に迫る」（一三：〇〇〜一六：〇〇）

とあった。

開会宣言、来賓挨拶のあと、

①「謎とミステリーだらけの金印〜金印の輝きの向こうにある闇〜」　九州産業大学非常勤講師　岡本顕實《けんみ》氏

②「私の金印物語」　福岡地方史研究会会員　折居正勝氏

③「私の金印物語」　元福岡市教育委員会文化財部課長　塩屋勝利氏

④「私の金印物語」　文学博士・大阪府教育委員会文化財保護課主査　久米雅雄氏

パネルディスカッションの司会福岡市教育委員会文化財整備課長　横山邦継氏

最初の岡本さんは元毎日新聞記者。ジャーナリストだけに研究界の現状を手ぎわよく解説。結局、謎だらけで「よく分らない」ことを率直に述べられた。

次の折居さんは現地出身。それらしく、この志賀島が古来、交通の要地であったことを力説。教科書などで「あんな僻地で」と書いてあるのは不当。実は「金印出土地」として極めて適切。そのようにくりかえし強調されたのである。

六

本日のハイライト、それはやはり塩屋勝利氏である。今〔二〇〇七年〕、六十三歳。氏は九州大学考古学科卒業以来、福岡市の教育委員会の学芸員となった。そしてこの「金印問題」に力を集中してこられた。

特に定年退職前の十数年は、責任者として「金印出土地」の発掘に全力を傾けられたのである。その帰結は、

「甚兵衛の口上書の言うところと現地の発掘結果とは全く一致しない。」

という一点にあった。

口上書の言うところとは、言うまでもない。「叶の崎」がその当地だ。青柳種信はこれを「カナノ浜」という。「叶の崎」なら、現在の「金印発光碑」の公園の近傍である。もし「カナノ浜」なら、もう少し広域だ。もちろん、海岸部である。

これらの地域についての各論者の〝候補地〟のそれぞれを逐い、塩屋さんは発掘された。その結果、到達したところ、それが右の一点だったのである。それを塩屋さんは報告書に明記した（「志賀島・玄界島」福岡市埋蔵文化財調査報告書第三九一集、一九九五年）。

ただそのさい、塩屋さんは「付記」された。「金印の発掘地は、『叶の崎』や『カナノ浜』ではありえない。おそらく『勝馬』あたりではないか。」との旨である。

しかし、わたしはむしろこれを失礼ながら「蛇足」と考えた。

なぜなら、「甚兵衛」の言うところは、あくまで「叶の崎」である。「カナノ浜」ですらない。それなのに、かなり離れた「別地」である「勝馬」を〝第三の候補地〟に擬するのは、いわば恣意的だ。「考古学的事実」に対して、当の考古学者が厳密でなければならないのと同じく、文献の研究者は当の文献に対して厳密でなければならぬ。これは当然である。

塩屋氏は「己が発掘結果」そのものに対して自信をもち、その事実を天下に呈示されれば、それで可なのである。

当日、塩屋氏は自家の「勝馬説」を声高に誇揚されたのであるけれど、わたしには残念だった。

七

わたしがこの日のシンポジウムに来たのは、もう一つ、久米雅雄氏の発表にあった。氏とは早くから「知るところ」あり、多々お世話になったのである。三角縁神獣鏡の優品である、国分神社蔵の三鏡を見たときだ。大阪府教委におられた（今も、同じ）氏の知遇をえて、心おきなくこれら三鏡を観察し、撮影することが許されたのである（三鏡は大阪府の教育委員会側に「委託」されていた）。

すでに久米氏には、金印に関する好論文があった。

「金印奴国への反論」（『藤沢一夫先生古稀記念・古文化論叢』一九八三年七月）である。その手堅い、実証的な手法には好感をもっていた。

今回も、短い二十分間、そしてパネルディスカッションながら、

①金印の「委」は「倭」と（漫然と）同一視してはならないこと。

②金印は墳墓の中から出土すべきものであること。
③その点、天明年間に出土したとされる「井原鑓溝《やりみぞ》遺跡」から、この金印が出土した可能性の高いこと。
④「委奴」は「イト（伊都）」であろうこと。
といった論点が明確だった。「奴（ナ）国王」説の否定である。
①の論点は、その通りだ。「匈奴（フンヌ）」に対する「委奴（ヰヌ）」である。〝たけだけしい部族〟に対する〝柔和な部族〟の意だ。前者は広大なシベリアの原野を支配領域とする。同じく、さらに広大な太平洋（大海）を一大領域とする「委奴」（「倭国」はその一部）に対して、光武帝は「金印」を贈ったのである。それを「漢の配下」と見なしたのである。
「倭国の極南界也。」は〝倭国の南界を極むるや〟と読むべきだ（根岸氏から古田へ）。なぜなら「極」とは三国志の東夷伝で粛慎について「其の北の極まる所を知らず」と言っているように、〝一定方向の極点〟を指す言葉だ。魏使が〝行って帰りうる〟ていいの場所、即ち倭国の中心の「女王国」などの所在ではない。

これに対し、後漢書の倭伝では、

「朱儒より東南船を行くこと一年、裸国、黒歯国に至る。使驛の傳うる所此に極まる。」

とある。ここに問題の「極」字が使われている。「倭国」すなわちその中心の「（のちの）女王国」がこの「裸国・黒歯国」への伝播と報告をもたらしたことを、この一字（「極」）でしめしたのである。

このようにしてみれば、「世々女王国に従属させられていた、伊都国」や倭国中の第三位（七万戸・五万戸に次ぐ二万戸）の「奴国」を以て、この「金印授与の国」に当てることの「非」であることが判明しよう。

久米氏がふれておられたように、後漢書百官志の説くように、「金印」は、その国の「最高位」の王者に対してこそ与えられるべきものだからである。
三時間余り、熱心に「講演」と「討論」を行われた諸氏に対し深く感謝しつつ、志賀島をあとにしたのである。

補

②③の論点については、十一月十日・十一日の八王子の古代史セミナーで詳述する予定。

二〇〇七年十一月五日　記了

（「閑中月記」第五〇回、『東京古田会ニュース』第一一七号）

飛鳥研究実験

一

大成功だった。二〇〇八年（平成二十）十月二十五日。大雨の予想がはずれた。曇り、やがて快晴だった。午前八時過ぎ、軽気球があがった。福岡県立三井高校の校庭、小郡市《おごおり》井上の一画である。その地名は「飛ぶ鳥」の〝アスカ〟だ（三井は「みい」）。

大和の〝アスカ〟を「飛鳥」と書く。これは有名だ。万葉集には、くりかえし出てくる。あるいは〝アスカ〟に、枕詞として「飛ぶ鳥の」がつかわれている。これも、万葉集を読む人には周知である。

だが、「なぜか」。それが分らなかった。なぜ、「飛鳥」が〝アスカ〟と読めるのか。どの万葉学者の説を聞いても、うなずけなかった。理解できなかった。

それが解けたのである。ここ、九州の福岡県、小郡市の井上、その〝突端〟にある〝アスカ〟はあたかも「飛ぶ鳥」のように屈曲した「水路」、その先端にあたっていたのである。

ここでは、一切の〝りくつ〟はいらなかった。井上の本山《ほんざん》から、延々とこの〝アスカ〟に到る「水路」、そしてここ三井高校を囲むところ、それがあたかも「飛ぶ鳥の」形状をしていたのであった。

二

ここの現地名は「飛鳥（とびしま）」だ。「飛ぶ鳥（とり）」ではない。しかし、明治前期（十五年）の「字、地名表」(1)では、

「飛鳥（ヒチャウ）」

と書かれている。

わざわざ「ヒチャウ」と振仮名しているところから見れば、「飛ぶ鳥（とり）」であることは、疑いがたい。

近くの朝倉郡の古社、麻《ま》氐《て》良《ら》布《ふ》神社の祭神に「明日香皇子」(2)があることからも、この「飛鳥」が「アスカ」と読むべきこと、他に理解の道はないのである。

三

左の四点を注意しよう。

（1）現地名の「アスカ」に対して、わたし（古田）などが、「飛ぶ鳥」という文字を当てたのではない。逆だ。明治前期の「字、地名表」に「飛鳥（ヒチャウ）」とあり、これが「アスカ」であること、現地の「祭神」名が〝裏書き〟していたのである。

（2）現地の「アスカ」は屈折した「水路」をともなっているから、その形状が「飛ぶ鳥の」という形容の〝もと〟をなしていること、その可能性は大きい。

（3）その形状は、二〜三キロ程度の距離であるから、当人（たとえば、わたし）が歩いてみれば、容易に判明する。たとえば、自分の宅から〝もより〟の駅までの通路の形状が、平常〝周知〟されているのと同様だ。何も、軽気球や近隣の山頂から〝眺める〟必要はないのである。

（4）けれども、今回の研究実験は目指す。その〝視覚化〟を。あるいは、軽気球の上から、あるいは、近隣の山頂から、この「飛鳥（アスカ）」周辺の地形を〝リサーチ〟しようとしたのである。

これが今回の研究実験、より正確に言えば「予備実験」の目標だった。

四

今年（二〇〇八）の七月五日、わたしは久留米大学の講演で次のように予告した。

（一）目的——小郡市井上の「川」

（二）（A）川の「反射実権」による輝度測定。（B）上記に輝度の銀紙を用意する。（C）高良山《こうら》（もしくは朝倉近辺の山々）からのビデオ撮影（長距離用ビデオを用意する）

（三）時期——①十一月初旬（二〇〇八年は準備）、②二〇〇九年本番（これを本年実施へ）

（四）上記の目的を達する他の方法（たとえば同類の川の観察、撮影等）

二〇〇八、六、二五記、古田

五

右の「予定」は、短縮されたのである。早められたのである。その詳細は次のようだ。

（その一）時期──本年（二〇〇八）の十月二十五日（土）。

（その二）これを、わたしにとって「生涯最後の実験」とする。

（その三）将来の（誰か、志ある人々による）本格実験のための「基礎実験」となるものである。

（その四）具体的な実施方法は左のようである。
①中心点は、小郡市の「飛ぶ鳥の〝アスカ〟」。
②「アスカ」（現、字地名では「トビシマ」）は、かつての城址、現在の福岡県立三井高校の周辺。
③「水路」の淵源は、北方の「本山《ほんざん》」。旧長者屋敷。その周囲は堀に囲まれ、「長者堀」と呼ばれた（現在は、その一部が駐車場として現存）。
④東翼は北大門、南大門。西翼は更川、北吉川、蛭池。「井上」は水源地帯であった。
⑤右の「旧水路」、現在の畑地等に「白い光沢ペンキを塗布（木村賢治氏による）したシート（グランドシートS・ダイオ化成）」を張った。縦三メートル、横一・五メートルの長方形シートを約三十二枚、地上に置いた（上に石などを置き、セット）。
⑥県立三井高校の「校内」から軽気球を上げ、五〇メートル、一〇〇メートル、一二〇メートルの上空から、デジカメ及びビデオで地上を撮影した（三井高校周辺部の撮影のみ）。
⑦同じく、基山《きやま》の頂上点より右の地域周辺を（斜め上方から）撮影した（デジカメ及びビデオ）。

⑧右で使用した「白い光沢ペンキを塗布したシート」に対し、あらかじめ「光度の実験」を行った。将来の「比較」のためである（リコーの坂木泰三氏、金子豊氏による。一九九三年十一月三日の土佐清水市（高知県）の唐人石断片の光度実験と同じ方によった）。

⑨今後に残された課題。筑後川領域の「大・中・小」の各河川、約十例の「川の輝度の測定」である。朝・昼・夕等の「川に対する太陽や月の反射光」を測定。その「平均値」を以て、今はすでに亡びた「飛ぶ鳥の〝アスカ〟」の「水路」の「反射光」の輝度測定値に対し、「比定」するためだ。

将来の「特志」ある方々のために、その「基礎データ」を作りたい。これが今回の研究実験の目途である。

六

さらに、念のため「特記」しておきたい。それは左のような「将来の実験」である。

（Ⅰ）今回と同じような「ペンキを塗ったシート」（場合によれば〝赤〟も、可）を「全水路」に数百個列置する（今回は、三十二個のみ、点在）。

（Ⅱ）飛行機から地上を撮影する（今回も、その「案」は出された。その目的の撮影用飛行機あり）。

この「飛ぶ鳥の〝アスカ〟」問題の歴史的重要性が、さらに広く認識されたとき、それが企画される日が来よう。

七

今回の「予備実験」は、多くの「偶然」の累積に〝恵まれ〟た。さらに、より多くの方々の思いがけぬ御好意の数々のおかげをこうむったのである。

（一）今回使用したシートはグランドシートＳ・ダイオ化成（東京都）の製品であったが、その担当者（部長）の長者原氏は、当地（本山の長者屋敷）をルーツとされるか、と思われる方だった（直接は、広島出身）。

（二）このシートに「白いペンキ」を塗布し、「東京～大阪～三井高校」へと転送して下さった木村賢治氏は、関西切っての「ペンキ塗布の技術者」として名人級の方だった（水野孝夫氏と同じ会社の研究者。日本ペイント所属）。

（三）三井高校から〝上げた〟軽気球の会社（有限会社・空中写真企画）の担当者（代表取締役）、檀睦夫氏は、「都市・難升米」問題を通じて、現在わたしの探求中の姓の方だった（太宰府市在住）。

（四）当の県立三井高校の茶園校長はかつてわたしの在職していた、神戸の湊川高校に対し、「旧知」の方だった（定時制の福地幸造氏の縁による）。国語科担当の辰島秀洋先生と共に、筆舌に尽くせぬ御協力をいただいた（校長室への関係資料展示等。同校の文化祭当日）。

（五）パリ（フランス）在住の画家、奥中清三氏は年来の、わたしに対する支持者であり、「壹」（「邪馬壹国」）の字をテーマとした、数々の画を発表してこられたが、今回折しも帰国中、氏の二作（「空谷《くうこく》の足音」「少年」）を展示させていただいた。

八

研究実験は「一日」のことではなかった。この実験の準備段階で、数々の御協力があった。

（その一）昭和二十二年度及び二十五年度の当地航空写真（正木裕氏〈川西市〉による。アメリカ軍撮影のもの）。

（その二）同じく、昭和二十三年度の航空写真（西坂久和氏による）――右の三者には、現在と異なり、「水路」の状況が〝表現〟されている（現在は、舗装道路、桜並木等に〝代え〟られた）。

（その三）現在時点の「航空写真」（インターネットを通じて探り出されたもの。河原茂氏による）。

右はいずれも、貴重な資料となった。

九

当地研究の「意義」は、さらに次々と進展した。
（一）万葉集の「飛ぶ鳥の」「アスカ」は、本来当地（小郡市）を〝舞台〟にして歌われたものであり、それが「大和の飛鳥」へと〝転出〟させられたものである（古田『壬申大乱』参照）。
（二）いわゆる「大化の改新」において、中大兄皇子（天智天皇）と中臣鎌子（藤原鎌足）の会同し、盟約したとされる「飛鳥（寺）」は、当地であった可能性が高い（「入鹿斬殺」とつづく）。
三井高校から〝車で五分〟の地（太刀洗町）に「正倉院」の広大な敷地跡が発掘された。奈良の「正倉院」と酷似した〝広さ〟と〝規模〟をもっている（先後関係に注目）。

また、近くの久留米大学前には「曲水の宴」の痕跡の出現したこと、著名である。

「三韓の使者」の到来したところ、それは「紫宸殿」の名称の残る、太宰府、そしてこの当地であった可能性が高い。

（三）さらに、今回（本年、十月三十日）、未曾有の「発見」があった。柿本人麿が、「浄之宮＝浄御原之宮」（二六七）と歌ったところ、それもまた、当地ではないか、という問題だ。

これはすでに『壬申大乱』（東洋書林、二四八〜四九ページ）に書いたところである。だが、今回、新たな問題が現われた。ここで歌われた場所、それは他でもない、この〝当〟の、「三井高校」そのものの地ではないか、というテーマである。意外だった。もちろん、現在ではいまだ「学問上の仮説」の段階だ。だが、論理と実証の刃は、わたし自身にも全く予期せぬ姿を、ついに切り開きはじめたのである。

詳細は、他の機会（近くは、十一月八・九日の八王子、古代史セミナーで）の発表に待ちたい。

十

最後に申しのべたいことがある。

今回の研究実験の成功は、わたしなどの力ではない。ひとえに多くの方々の御協力の賜物である。これは決して謙遜の辞ではない。まぎれもない、事実そのものだ。

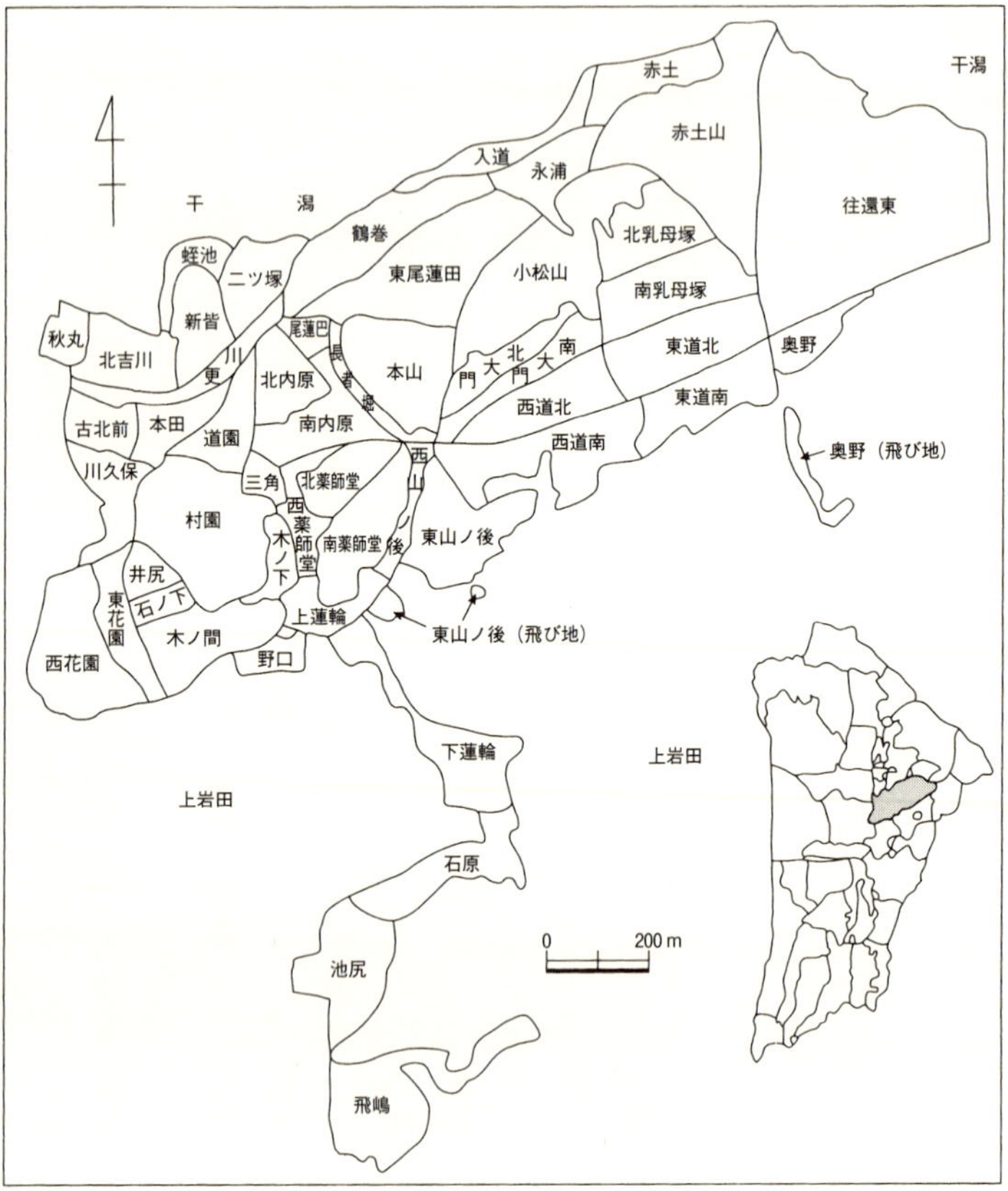
干潟
干　　潟
赤土
赤土山
入道
永浦
往還東
鶴巻
北乳母塚
蛭池
二ツ塚
東尾蓮田
小松山
南乳母塚
新皆
尾蓮巴
秋丸
北吉川
川
長
南
東道北
奥野
更
北内原
者
本山
北
大
屋
門
大
門
東道南
西道北
古北前
本田
道園
南内原
西
西道南
奥野（飛び地）
川久保
三角
北薬師堂
山
西
村園
薬
ノ
東山ノ後
木
師
南薬師堂
後
ノ
堂
井尻
下
東
石ノ下
上蓮輪
花
東山ノ後（飛び地）
園
木ノ間
西花園
野口
下蓮輪
上岩田
上岩田
石原
0
200 m
池尻
飛嶋

井上の小字図

たとえば、西坂久和氏。そのプロとしての技倆でもって、終始リードして下さった（デジカメ・ビデオ・DVD収録等）。日本思想史学会（愛知県）及び研究実験の当地にお出でいただいた。たとえば、上城《かみじょう》誠氏。博多と三井高校の間、また研究実験の地域を何回も、車で運んで下さった。三井高校の校長さんや辰島先生とも、一緒にお会いした（シート配置）。たとえば、大下隆司氏。研究実験の前日から翌日まで、いつも御同行いただき、老年の身をお助けいただいた。研究当日も、われわれが基山へ撮影に行ったとき、三井高校に残り、土地の井上区長さんと共に、「配置したシート」を〝回収〟して下さったこと、忘れがたい。たとえば、朝藤高康氏。甘木市美奈宜《みなぎ》の杜《もり》から応援に来て下さった。その他の方々にも。その上、三井高校の剣道部の生徒（男女）の方々が学校周辺の「シート配置」に御協力下さった。忘れがたい。

土地の方々にも、お世話になった。松崎の三原光氏、上岩田の稲田直彦氏、そして井上の西岡千代次氏等。西岡氏は「シートの配置撤去」に力を尽くして下さった。「井上」関係の「字、地名」は、氏のリードなしには到底不可能だったのである。

小郡市の教育委員会の方々にも、永年御教導いただいた。

十一

以上の研究実験は、『なかった――真実の歴史学』第六号（二〇〇九年一月以降刊行予定〔七月刊行〕）にDVDとして収録する。

注

（1）『明治前期、全国村名小字調査書』ゆまに書房、第四巻、二八九ページ下段、四行目、中項。
（2）麻氏良布神社（朝倉市杷木町志波五四五八）『太宰管内志』（上）筑前之二十（上座郡）「神社志」所収。
（3）本稿は、「生涯最後の実験」（『古田史学会報』第八八号）と関連。実験実施後の起稿。

二〇〇八年十一月二日　記了

（「閑中月記」第五六回、『東京古田会ニュース』第一二三号）

日出ずる処の天子——憲法論

一

現在の憲法の第十九条に、次の一文がある。

「思想及び良心の自由は、これを侵してはならない。」

明治憲法が廃止され、新憲法が発布された（一九四六年十一月三日）。その白眉をなす、中心項目は右の一文にあった。周知の通りである。(1)

だが、今、二〇一〇年（平成二十二）の十二月、この一文を見つめるとき、ここには重大な「問題」が〝こめられ〟ているのを知ることとなった。

以下に、それを述べよう。

明治維新以降、日本の国史、そして戦後の日本史の教科書にも、一貫して次の一句が掲載せられつづけてきた。

二

「日出ずる処の天子、書を日没する処の天子に致す、恙《つつが》なきや、云云」

と。これが七世紀前半の大業三年（六〇七）に、多利思北孤《たりしほこ》が隋の煬帝に送った国書中の文句であることと、今は周知である。

その多利思北孤には妻があり、雞弥《きみ》と呼ばれていた、との記述がある（隋書、俀《たい》国伝(2)）。すなわち、疑いようもなく、この多利思北孤は「一人の男性」である。これが右の一句を記した、隋書の証言するところ。この隋書は、隋朝が唐朝に交替した、武徳元年（六一八）から十八年あとの貞観十年（六三六）に成立した。唐朝の初期に、早くも成立している。右の大業三年から二十九年あとだ。ほぼ「同時代史料」と呼んでいい。そういう史料性格をもっているのである。

あの三国志が、魏・呉・蜀の三国、その魏朝を「中心対象」として記述されていること、著名である。これを記述した陳寿は、魏朝を受け継いだ、西晋朝の史官だった。「同時代史料」である。

これと、ほぼ同類の「同時代史料」、それがこの隋書の記述の史料性格なのである。

三

さらに、念を押しておこう。

右の隋書の成立した時期、当時の唐朝の（大人の）人士は、ほぼすべて「唐朝の生まれ」ではない。明らかに「隋朝の生まれ」だ。なぜなら、もし右の「武徳元年の生まれ」の人は、ようやく十八歳となっていたにすぎないからである。それ以前は「隋朝」だった。

隋書の著者、魏徴は「五八〇〜六四二」の人だ。「五八〇」は隋朝の直前、北周（五五七〜五八一）の最晩年、大象二年である。

すなわち、隋代（五八一〜六一八）の「全体」を、魏徴は「隋の人士」として生きていた。――これが肝要の一事である。

くどくどしい叙述を許してほしい。要は、次の一事を確かめたかっただけだ。

「隋書の記載するところ、それは同時代史料である。」

と。

そして、さらに肝心のキイ・ポイントは次の一点だ。

「魏徴は、隋朝より唐朝へと〝受け継がれた文書〟をもとにして、この隋書を書いた。」

と。もう一歩押しつめよう。

「魏徴は、俀《たい》国から隋の煬帝へと送られてきた、国書を検しつつ、この俀国伝を記した。」

と。

最後の結論は、単純な、次の一点だ。

「『多利思北孤』とは、日本側の国書に記せられた、彼の自署名である。」

と。

これが確認すべき問題の急所、そのゆるがしえぬ到達点である。

四

論じてここに至れば、すでに明らかであろう。

先の名文句「日出ずる処の天子、云々」の一句は、「時間帯」が日本側の「正史」である、日本書紀では、推古天皇十五年（六〇七）に当っている。

たとえば、岩波文庫本（七一ページ）に、

「大業三年《注記》
――隋煬帝の年号、推古天皇十五年（六〇七）」

とある通りだ（『新訂、魏志倭人伝・後漢書倭伝・宋書倭国伝・隋書倭国伝』）。

この推古天皇が「女性」であること、周知の通りである。日本書紀の推古紀を見ればその点、一点の疑いもない。

日本書紀の巻第二十二には、

「豊《とよ》御《み》食《け》炊《かしき》屋《や》姫天皇《ひめのすめらみこと》　推古天皇」

の表題のもと、次のように記せられている。

「豊御食炊屋姫天皇は、天国排開広庭《あめくにおしひらきひろには》の天皇の中女《なかつみこ》なり。幼《わか》くましますときに額田部皇女と曰《まお》す。姿色端麗《みかほきらきら》しく、進止軌制《みふるまひをさをさ》し。年十八歳にして、立ちて渟《ぬ》中倉《なくら》の太玉敷《ふとたましき》の天皇（＝敏達天皇）の皇后《きさき》と為《な》る。（中略）

冬十二月の壬申の朔己卯に、皇后、豊浦宮に卽天皇位《あまつひつぎしろしめ》す。」

（日本古典文学大系、日本書紀下、一七二ページ）

右にしめされているように、推古天皇が「一人の女性」であること、明晰なのである。

五

古代史の文献に親しんできた人には、万人に自明の、右の「史実」を、改めて記したこと、その意図は他でもない。

「多利思北孤は、推古天皇と同一人ではありえない。」

この一事である。

しかも、肝心の点は、次の一点だ。

「『日出ずる処の天子、云々』の一句を、推古天皇ののべたところ、とする、現今の〝明治以降、現在（大正より、昭和・平成）〟に至る、公共の教科書、一般の学界共有の所説が成立することは、全く不可能なのである。」

なぜなら、

「男性と女性が同一人である。」

というようなテーマは、人間の通常の理性による限り、ありえないからである。

くりかえし、言う。

「多利思北孤が男性であり、推古天皇が女性である。」

この事実は、「説」ではない。「学説」の類では一切ない。史料事実そのものである。そこに書かれている「こと」それ自体なのだ。

これに対し、

「『日出ずる処の天子、云々』は推古天皇の言われたことである。」

と、公共の教科書が書くとき、その方が一個の「説」なのである。しかも、世界と日本の万人の理性に反する、〝奇妙な一説〟に過ぎないのだ。

これを、天下の日本国民、一介の生徒に〝信ぜ〟しめることが可能か。学校において、教師が生徒に〝押しつける〟ことが可能か。

わたしはこれに対して「否（ノウ）」と考える。憲法第十九条のしめす「思想の自由」そして「良心の自由」を侵さざる限り、ありえないと思う。

もし、教師自身が右の〝奇妙な一説〟を、みずからの思想、人間としての自明の理性に立って拒否したとき、そしてそれを自己の良心の自由によって拒絶したとき、誰人がこれを「侵すことができる」だろうか。

教育委員会や、文部科学大臣や総理大臣がみずからの権威や権力によって、その教師を罷免できるか。

――「否（ノウ）」だ。

また生徒がみずからの理性によって、右の〝奇妙な一説〟に従うことを拒んだとき、教師は「○」と「×」の判定を、彼や彼女に〝押しつける〟ことが可能か。——やはり、「否（ノウ）」だ。なぜなら、いずれもそれらは、憲法第十九条という、現在の憲法の核心を「否認」する所業だからである。日本国民の中の誰一人、これを〝なしうる〟人間はいない。

もちろん、天皇その人にとってもまた、例外ではないであろう(3)。

六

誰でも知っているように、現在の日本は「建前《たてまえ》、社会」である。表では「建前」を美しく飾り、裏では「本音」によって行動する。二重構造の国家なのである。

敗戦後、日本はやがて「独立国」となった。占領下を脱したのである。けれども、軍事的には世界最強のアメリカ軍の「足下」にあった。ありていに言えば「属国」である。この点、昨年来の「沖縄の軍事基地」問題が明らかにしめした。「民主党」や「自民党」等のレベルの問題ではない。アメリカの世界戦略、そしてアジア戦略下の日本、そして沖縄だったのである。

この点、かえりみれば、江戸時代末期の黒船来航以来、アジア（の中の独立国だった）日本に「軍事基地」という「定点」をもうけること、それこそ黒船来航の「第一目標」そして「究極目標」だった。それが今、達成されているのだ。百数十年来の「成果」である。

けれども、そのような「見通し」のもとに、黒船来航の「未来」を見すえ、深く対応しようとした人、それは坂本龍馬も空しく失われた明治維新以降の日本には、その人をついに見なかったのではあるまいか。

七

ともあれ、日本列島という「不沈空母」（中曽根康弘氏）の中に、彼等は「定点」を獲得した。北に「北朝鮮」、西に「パキスタン」と「ミャンマー（旧・ビルマ）」そして眼前に中国大陸と台湾をひかえた沖縄、この究竟《くっきょう》の「定点」を、彼等は〝手ばなし〟たくない。それは当然だ。少なくとも「アメリカの軍部の「軍事的視点」に立てば、当然至極の「選択」であり、ナチュラルな「軍事的意思」なのである。

八

このテーマは、機を改めて詳述しよう。今の問題は「日本の国内」の思想状況だ。先述のように、敗戦後の、日本の国家は「建前」と「本音」の二重構造社会となって久しいのである。そこに、何が生ずるか。当然「日本国民をおおう、ストレス」だ。〝いい加減〟にすごせぬ生真面目な人ほど、深いストレスにおそわれる。常時その中にいる。

その「表現」が、十年以上（統計上）つづく「自殺大国、日本」の姿だ。現在は「不況」のため、というけれど、バブルの時代も、同じだった。「自殺」は減っていないのだ。すなわち、人間が「自殺」するのは、ただ「金《かね》のみ」のためではない。より深く「精神の病い」に根ざしていたのである。

自分の目の前に、「失敗」や「挫折」が来たとき、それを現代の「社会」や「国家」の〝あり方〟に起因すると思わず、ひたすら「自己責任」に帰し自分を責める。自信を失なう。そしてみずから自己の生命《いのち》を断つのである。

「何でも、社会の責任にする」のが「非」であるように言われる。逆だ。何でも、「自分が悪い」と思うから、みずから自己の貴重無類の生命を断つに至ったのである。

九

わたしは「いじめ」の中で、八十四年の人生を生きてきた。かつて親鸞研究の時代もそうだった。特に、古代史の世界の探究へとすすみゆくとき、学界は、露骨に「無視」しはじめた。公共の教科書も「九州王朝説は、一切なかった」かのような〝建前〟をつらぬいてきた。「シカト（無視）」は〝いじめ〟の一定型であること、周知のところだ。学校の公共の教科書が、その「シカトによって構成され、学校の中でも「シカト」の精神の中で、「日本の歴史」すなわち「日本の国家の成り立ち」が〝教えられ〟つづけてきた。明治維新以来の百三十年の歴史は、まさに「シカト」を根源とした教育だった。

敗戦後の「二重構造」は、先述の通りだ。若者が「日本を真に愛する」魂をもたぬこと、むしろもたぬように導かれていること、明晰だ。「自殺」が消え去らぬこと、それには（幾多の「改善」策にもかかわらず）より深い道理があったのである。そして、今も、ある。

十

さらにいたましい事実がある。小学生の自殺だ。くりかえし報道されている。周知のように、小学校の「場」もまた、「シカト」と「いじめ」の一展示場となっているのだ。

それは「庶民」だけではない。「皇室」の内部もまた、その〝例外〟ではないようである。当然だ。「皇室」の場合なら、海外へと「留学」されることも、あるいは可能であろう。それも立派な〝解決策〟の一つだ。だが、庶民の子弟には、手がとどかぬ方法である。では、それを脱する道は何か。

回答は簡単だ。「建前」と「本音」の二重構造を無くし、真実を真実とのべて断じてたじろがない、それの「許される」教育、本源の教育へと返す。この一点だけが、本来の新出発点となろう。未来は明るい。

十一

わたしは感謝しなければならない。それは、他でもない。日本の学界と公共の教科書に対してである。なぜなら、もしわたしが「弱気」になってゆけば、「いくら言っても、学界や教科書は知らぬ顔をしている」ことにとまどい、幻滅し、日本の古代史への探究を「中止」したことであろう。

しかし、わたしはそれに抵抗した。両足を堅く大地に立て、敢然とこれに対抗し、真実を背景に挑戦しつづける道を選んだのである。それ以外に道がなかった。わたしがその間《かん》「自殺」しなかったのは、おそらく天から与えられた僥倖というべきであろう。

もちろん、わたしをささえて下さった、多くの読者の方々の存在もまた深き「天の声」だったのである。

十二

「日出ずる処の天子、云々」の名文句の直前には、次の一句がある。

「阿蘇山あり、その石、故なくして火起り天に接する者、俗以て異となし、因って禱祭を行う。如意宝珠あり。その色青く、大いさ雞卵の如く夜は則ち光ありと云う。魚の眼精なり、と。」（岩波文庫では「夜は則ち光あり。いう魚の眼精なりと。」と訓読。七〇ページ）

他に、「大和三山」や「瀬戸内海」の描写など、一切存在しない。右の隋書俀《たい》国伝の成立時点（六三六）には、八世紀前半成立の古事記（七一二）、日本書紀（七二〇）はまだ「成立」していない。

隋書の著者、魏徴や当時の読者にとって、多利思北孤の国（俀《たい》国）を「阿蘇山周辺を以て『中心の都』とする王朝」と認識していたこと、先入観に依存せぬ限り、世界の理性にとって明晰なのではあるまいか。

すなわち、「九州王朝」の実在である。

十三

一説に言う。「右の多利思北孤は、推古天皇に非ず、聖徳太子である。」と。この説にも、明白な「難点」がある。

その第一は、中国に送った国書において、「天皇」に非ざる太子が「天皇」を「詐称」したことになろう。ありえない「非礼」だ。聖徳太子とは、そのような一介の「詐術者」だったのか。わたしには、到底、信ずることができない。

その第二は、隋の使者が俀国に至り、多利思北孤と直接「会話」した旨、記されている（岩波文庫本、七二ページ）。それなのに、「天皇」と「聖徳太子」との〝混同〟に気付かない。――そのような「説」は、人間の通常の理性に依る限り、到底受容不可能である。

その第三は、「多利思北孤」という「自署名」、すなわち、もっとも正式の、本格的な「自称」が、日本書紀の推古紀その他に、一切出現していない。この事実ほど、「多利思北孤は、推古天皇にも非ず、聖徳太子にも非ず」という帰結、人間の理性の必然に導くべき当然の「思想」をしめすものはない。

日本の学界と公共の教科書が「奇妙な一説」に依存する限り、日本国家の未来はない。

この一言をもって、本稿の結びとしたい。

注

（1）古田「近代法の論理と宗教の運命――〝信教の自由〟の批判的考察」（『神の運命』明石書店、一九九六年刊、所収。古田史学サイト「新・古代学の扉」収載）参照。

（2）「俀」は「大倭（たいゐ）」の自国号表記に対する、中国（唐朝）側の〝書き変え〟か（「俀」は〝弱い〟の意）。三国志では、新朝（王莽《おうもう》）が「高句麗」を「下句麗」と〝書き変え〟た事例が報告されている。

（3）古田『失われた九州王朝』（ミネルヴァ書房、復刊本、二〇一〇年刊）末尾付載の「日本の生きた歴史（二）」参照。

二〇一〇年十二月十六日　記了

（「学問論」第二四回、『東京古田会ニュース』第一三六号）

第二篇　俾弥呼の時代

狗奴国

一

松本へ行った。八月の末。講演は九月一日である。かねて念願の、文庫本一つをたずさえての旅行スタイルを目指した。だが、果してそうなったか。

講演は盛況だった。浅間温泉の本郷公民館で行われた。現地の歴史研究会の人々、女性の方々も少なくない。前回（安原）は、例の「姥捨て伝説」をめぐるテーマだった。信州で改めて当面した「塩尻」の地名問題の延長、そして展開だった。

「〝塩尻〟は、そこが塩の交換の場だったから。」

半世紀前（昭和二十三年）、当地の松本深志高校（県立。旧制松本中学）に新任したとき、現地から来ておられた先生からお聞きした。いわば「通説」だった。

この「通説」に疑いをもちはじめたのが、二年前、同校の同窓会（三回生）に呼ばれて向う途次である。現地の方々の各説にふれたのち、わたしの新たに到着したところ、それは、

「しほ（塩）は〝し〟プラス、〝ほ〟（秀）である。〝しり〟は、ふっくらした丘陵部の地形名詞。」

という帰結だった。肝心の「し」とは、

「人間の生き死にするところ。（陸上と海上とを問わない。）」

の意義、「しなの・はにしな・さらしな等」また「ふかし・こし・ち（つ）くし」さらに「しほぢ・しま」などの〝し〟である。人が「死ぬ」というのは、この「〝し〟に帰る」ことだ。そういう、思いがけぬ帰結をえたのであった。

このような地名分析の手法が、あの「姥《うば》捨て」に向けられた。これを、従来、

「ばあさんを捨てる」

という意味にとっているのは、おかしい。なぜ、「じいさん」を捨てないのか。

こういう「?」から、到達したところ、これ（「姥捨て」）はやはり「地名」そのものではないか、この問いだった。

その成果、いわば思考の〝いきさつ〟は、今回公刊された『「姥捨て伝説」はなかった(1)』に、分かりやすくのべた。中学生、高校生にも読みやすい会話体の本としたのである。

しかし、今回は一転、三国志の魏志倭人伝の新展開、否、急展開が主題となった。「倭人伝の全貌」がこれだ。

二

焦点は狗奴国である。

倭人伝に登場する。倭国の女王卑弥呼と交戦する敵対国として著名だ。男王を卑弥弓呼という。卑弥呼がこれを魏朝に訴え、ために魏朝は、

①掾史（軍事司令官）の張政等派遣

②詔書・黄幢の授与（難升米）

③檄による告喩

という具体的行為に出た（正始八年、二四七）。「倭種における国家間対立に対する、大国干渉」である。

いわば、倭人伝内で、もっともシビアーな軍事的事件だ。現に、このときの張政は、のち（泰始二年、二六六、神功紀）に、倭国（壱与）の西晋朝貢献に関与しているから、その「二十年間」（二四七〜二六六）の長期にわたる「倭国滞在」もしくは「倭国関与」の導入口となったもの、それは他ならぬこの「倭国、対狗奴国」問題であったことが知られる。重大だ。東アジアの軍事状勢の一環として倭人伝を見るとき、これは避けて通れぬテーマ、いわば不可避の課題なのであった。

三

しかしながら、従来の「邪馬台国論争史」において、この「狗奴国問題」は必ずしもその重要さに「対応」した取り扱いを受けてきたとは言えない。

あの「邪馬台国ブーム」の頃、「邪馬台国」は日本列島内、北海道から沖縄までの各県にその候補地が〝主唱〟された。今は、なつかしい思い出だ。

だが、そのことはすなわち、各県の「近傍」に、その数だけの「狗奴国」の候補地があったこととなろう。では、それぞれの、

（A）倭国（女王国）

（B）狗奴国

との間に、敵対関係のあった証拠、特に出土物などの考古学的痕跡が存在するか、その痕跡が真剣に追跡し、具体的に検証されたか。そのように問えば、残念ながら「否！」と言う他はないであろう。

この点、「邪馬台国論争史」、著名な「井上・上田論争」をふりかえってみても例外ではない。

若き上田正昭氏が、若武者のように颯爽と立ち上り、九州説（と見られた）井上光貞氏に挑戦し、近畿中心説をとなえたこと、その主たる「方法」は倭国の「国家としての構造」の問題であった。その立場から、「九州説」を非とし、「近畿説」を是とされたのである。倭人伝のしめす「国家構造」を、微々たる九州内に跼蹐《きょくせき》（身をちぢめる）せしめることは不可能。そのように論じたのである。

しかし、では、その「近畿説」に立った場合、最大の敵対者たる「狗奴国」はどこか。その「狗奴国」と、近畿なる「邪馬台国」との間に、はたして「シビアーな軍事対立」をしめす考古学的出土状況（遺構）が存在するか。遺憾ながら、そこまでは、論争の「鋒」は十分には未だゆきとどいてはいなかったようである。

四

今回の講演では、ストレートに新たな「狗奴国の発見」についてのべた。その要点は次のようだ。

（1）魏志倭人伝からは、狗奴国の「的確な位置」は知ることができない。
（2）だが、後漢書倭伝には、狗奴国に関し、〝独自の新史料〟がある。
「女王国より東、海を渡ること千余里、狗奴国に至る。皆倭種なりといえども、女王に属せず。」〝文章の表面〟は、類似のものが倭人伝にも存在するが、それは「狗奴国」そのものの位置の記載ではない。

従ってあの「金印の記事」（建武中元二年・AD五七年）や「生口百六十人の記事」（永初元年・AD一〇七年）と同様に、これも〝漢代の独自史料〟からの「引用」である、と見るべきである。
（3）漢代（前漢・後漢とも）の「里単位」は「長里」（一里＝約四六五メートル）であるから、この「千余里」もまた、「短里」（一里＝約七七〜七八メートル）ではなく「長里」と見なさねばならぬ（「後漢書」の著者、范曄《はんよう》は南朝劉宋の人。この時代も、長里）。
（4）「女王国」（糸島、博多海岸、中心）から、東へ「長里」で「千余里」となれば、（短里に換算すれば、六千里であるから）瀬戸内海を〝突き抜け〟て「近畿」に至らざるを得ない。
（5）その中心は東奈良遺跡（茨木市）を中心とする「銅鐸圏」否、「銅鐸国家」である。
（6）小野忠熙《ひろ》氏の研究(2)で有名な「弥生時代の高地性集落の分布図」によれば、瀬戸内海一帯（特に北岸に濃密）に、この〝軍事的避難集落〟というべき高地性集落が分布している。中でも、その東端部に当る「近畿」（大阪府、奈良県、京都府）には、もっともその分布が集中している。少なくともその一有力領域に属する。
右は、この地帯が弥生時代において「一大軍事対立」のさ中にあったことを証言している。
（7）九州の場合、右に先立ち、すでに縄文期において、これらの高地性集落（に近いもの）の存在が見られるという。

（8）右によれば、次の三領域が存在する。

（A）近畿を中心とする「狗奴国」

（B）瀬戸内海を中心とする、「平型銅剣領域」

（C）九州の糸島・博多湾岸を中心とする倭国（「三種の神器」〈宝物〉を権力シンボルとする）

直接には、（A）と（B）の衝突が繰り返され、その（B）の背後にあった中心勢力が（C）の「倭国」だったのではあるまいか。女王国だ。

五

講演会では、右の（B）の存在とその役割については述べなかったけれど、右のような「新たな定置から〝派生〟すべき重大問題は、あまりにも多大である。改めて、機会を得てのべよう。

今は、一つだけ触れておこう。それは現地地名との対応である。倭人伝の「対海国」と「一大国」の「官」（長官）が「卑狗」とされている。「狗」には「コ、コウ」の両者があるけれど、これは明らかに「ヒコ」であって「ヒコウ」ではない（「彦」）。

従って、「狗奴国」は「コノ国」または「コヌ国」であり、「コウノ国」ではない。従来は「河野（伊予）」などにあてるために、「河野」と〝訓まれ〟てきたにすぎない（本居宣長等）。

また「奴」を「ナ」と訓んできた人々も多いが、これは「奴国」を「ナ国」と読み、博多湾岸の「那の津」に当ててきた、悪弊であろう（同じく宣長など）。

倭人伝では、「投馬国」の副官を「弥弥那利」としているように、「ナ」音は「那」であって「奴」ではない。

一方、東奈良遺跡の東側には（枚方市を隔てて）「交野山」があり、現地音は「コノ山」である（交野《かたの》市）。

交野市内部でも、現在では「こうの山」と発音する人々が増えているようであるけれど、右の山の麓の〝古くから住んでいる住民〟の「発音」は「コノ山」であるという（現地の不二井信平氏の調査による）。

六

鋭い質問の続出した講演会を終えた直後、篠井線の聖高原《ひじりこうげん》駅へ向った。坂井村の冠着荘（村営）に宿泊するためである。

翌朝、冠着山へ登った。地図には「（姥捨山）」と書かれている。ために、私は、はじめ、姥捨駅のそば（長楽寺の隣）の当地（姥捨）と〝混同〟していた。

松本では郷土史に精しい桑原良行さん（「古田史学の会・松本」）のご指摘をえた。有り難かった。そこで今回の登頂となったのである。登頂といっても、冠着荘から山の中腹まで、タクシー。それから二十分前後だから、信州では「山登り」には当らない。

しかし、登って良かった。そこから前方、延々とパノラマのように北アルプス一帯が見渡せる。絶景だ。

わたしたち現代人にとっては、絶景。それは古代人にとっては「山岳信仰の聖地」だったのではあるまいか。何しろ、縄文時代。それらの山々は、今とは違い、現に〝火を吹き上げている〟ものも、少なくなかったのではあるまいか。それらへの「鎮火の祈り」だ。ここは、そのための絶好の高地（海抜一二五三メートル）だったように思われる。

　もちろん、ふりかえれば、あの姥捨（駅）の彼方は眼下。その前方の北信の群山もつらなっている。ここは中信の北限地帯なのである。

　ここへくる前から〝予想〟していたことがあった。それは「かむらき山」の名前だ。「冠着山」の漢字面は、もちろん後の表記にすぎない。本来は、日本語（発音）の方だ。最初の「カム」は「神」。「神戸」を「かむべ」と訓む。あれと同じだ（他に「ごうど」、「こうべ」の訓み〈の地域〉もある）。

「り」は、接尾辞。「どがり石」（諏訪）「吉野ヶ里」（佐賀県）「大利」（おおり。太宰府）などの「り」である。

「き」は柵。木柵などで囲った場所であろう。

　つまり、全体としては、

「神のいる場所として、木柵で囲まれたところ」

の意ではあるまいか。すなわち、四辺（北アルプス等）の山々の神々を祭る、神聖な「祭りの場」である。

　これが、この山に対する「古代人の目」だったのではあるまいか。

山頂に「冠着神社」があり、戸倉町の表示板がある（山の七割は戸倉町［現、長野県千曲市］）。

七

「下りなら」と思って歩きはじめたけれど、炎天下の三時間近い行進に〝へばり〟はじめた頃、冠着荘への道を聞いたトラック（長野、アップルランド）の運転者（女性）が、親切にもわたしを助手席へ乗せて下さった。信州の人は、昔も今も、親切だ。

昔風の「村営」のイメージとは、うって変ったクア・ハウス。清潔で広大な温水プールをのぞいたあと、早速、村の故老のお宅へと向った。竹川譲介さん（永井中村）である。八十数歳の方だけれど、至ってお元気。「姥捨て」の話をお聞きすると、

「あんなことはありませんよ。あの話は、言葉のゴロ合わせで作ったもんだで。」

いきなり、わたしの「説」（考え方）と全く一致して、驚いた。念押しに、このあたりで、

「わたしの家では、ばあさんが何歳になったら、山へ捨てに行った。」

という、各個々の家々の家庭内伝承はありませんか、とおうかがいする。

「そんなものは、ない。」

と、一蹴された。これで、この当地へ来た「目的」は達せられたのである。

その上、竹川さんご自身に

〝大麻で作った布を、（害毒を恐れて）一定の場所に捨てていた。〟

そのことの反映ではないか、との「アイデア」があり、それについてもおうかがいした（テープ保存）。

お出しいただいた、土地の〝おやき〟はとてもおいしく、お土産にまでいただいた。お家の奥さん

（老母）のお手製だった。やはり、老母は「家の宝」だ。〝捨てる〟なんて、とんでもない。ここでも、それを実地で「認識」しえたのであった。

八

現地ならではの収穫。

その一つは、冠着荘で食事を運んできて下さった中年の女性がこの冠着山を「姥捨て山」と呼ぶ、ということ自体、一切ご存知なかった。店の御主人に聞いてきて、はじめて「そのようです。」との答え。

その二つは、冠着山の頂上近くへ連れていって下さった、土地の運転手さん自身、

「この土地の人は、そんなことは言っていませんよ。あれは、姥捨駅の方の人が、月の出る、こちらの山を指して、そう呼んだのではないかと思います。」

との説。要するに、地図（『日本大地図』小学館）の上では、自明のように記入されている、

「冠着山（姥捨山）」

は、実は、土地の人ならぬ、インテリの「説」の記入だったようである。

もっとも、わたしの理解では、「おばすて」とは〝神に仕える巫女さんたち（「おば」）が住んでいるところ（その一帯）〟の意であるから、全信州中、一個所である必要はない。むしろ、各地にあったはずだ。とすれば、ここ「冠着山」も、重要な、その聖地の「一つ」、そう考えても、何の不思議もない。

松本市史にもあるように、松本市内にも、「姥が懐（ふところ）」めいた、「姥」地名が何ヶ所とあるようである。

九

次の目的地へ向った。長岡市（新潟県）の歴史博物館を訪問したあと、現地（奥三面遺跡）に近づいた。「縄文遺跡に運河」という驚天動地のニュース、しかし足摺岬周辺巨石遺構群（高知県）を研究調査したわたしには、待望のニュースだった。その現地に接しようと、現地資料館（朝日村茎太《くきた》）から、美しく澄明な三面川に沿いつつ、炎天下の一時間を歩き、上流のダムに到着した。

その間、正面に「鷲《わし》が巣《す》山」がそびえ立っていた。三面川は、あの四万十川（高知県）を思わせる、いかにも清浄・無汚の川だった。それらにつき、改めてのべることがあろう。

長岡で荷物を宅配便に托し、文字通り、文庫本一つの旅となった。岩波文庫の「論語」である。第一章の第一節から、従来の「自分の理解」に大きなあやまり、または〝未想到〟のテーマの深く存在していたことを知ったのであった。(3)

「奥三面展」（長岡）の資料をあらかじめ送付して下さった高木博氏の御好意に厚く感謝したい。

注

（1）新風書房（大阪市天王寺区東高津町五—一七、電話〇六—六八七六—四六〇〇）二〇〇二年七月末刊。

（2）『二世紀の考古学』（森浩一編、学生社、一九八一年刊）中巻、五六ページ。

（3）「古田武彦氏と行く、中国・山東省の古代史跡巡り——漢代の画像石墓と北魏の仏教史跡を中心に」（二〇〇二年十月十六日〜二十一日）の「紹介」参照。

二〇〇二年九月十四日　記

（「閑中月記」第二〇回、『東京古田会ニュース』第八七号）

岩波文庫をめぐって

一

東京大学の図書館に永年勤務してこられた方のエッセイを読んだ（学士会報）。それによると、東大生の読書統計では、岩波書店の出版物がトップを占めているという。「なるほど」と思った。最近の統計である。やはり先輩以来の〝伝統〟であろう。

もちろん、現代の青年だから漫画など、コミック類の愛好者も少なくあるまい。インターネットやゲームなども流行し、質量ともにきわめて盛んであろう。にもかかわらず、〝伝統〟は健在だったのである。

二

わたしも、そうだ。青年時代以来、岩波文庫や一般の岩波の出版物にはお世話になりつづけている。

「枕頭の書」とも言うべき『ソクラテスの弁明』や『古代への情熱』も岩波文庫本が中心だ。いずれも骨身に沁みている。

「魏志倭人伝」も、身の回りにいくつも、積まれている。現在執筆中の『「邪馬台国」はなかった』（朝日文庫本）に対する「補注」作りの作業に必要だからだ。この秋出版予定の、わたしの「古代史コレクション」の第一冊である（『失われた九州王朝』以降も、引きつづき、セットとして刊行予定〔二〇一二年末現在十五巻まで刊行〕）。

「全集」なんて、著者が死んでからの話。そう思い込んでいたから、ミネルヴァ書房の編集部からの依頼を受けたときは、一寸〝面くらった〟。まして自分の書いた本に、自分で「振仮名」や「補注」をつけるなんて、何か〝面映《おもは》ゆい〟感じで、抵抗があったのである。

しかし、やりはじめてみると、編集部の方が正しかった。いや、「達見」だった。きわめて「正解」だったのである。三十数年前には気付かなかったテーマが続出するのだ。

たとえば、「都市牛利」。正始四年（二四三）に、倭国から魏の天子のいる洛陽へ送った使者。正使は有名な「難升米」だ。その副使、つまりナンバー・ツウがこの人物なのである。漢音で訓めば、「としぎゅうり」。一般には「づしごり」などと仮名がふられてきた。

ところが、博多に住む「都市（といち）さん」という方の存在を知った(1)。その〝本拠〟は長崎県の鷹《たか》島《しま》である。松浦湾の海上だ。だが、唐津に近い方が「高島《たかしま》」、玄界灘に近い方が、この鷹島なのである。同音異字だ。鷹島の方は、元寇のとき、元軍に占領された史実が知られている。元軍の銅印も（海底から）出土した。この島に集中して何軒かの「都市家」があるという。その島へと、まもなくわたしは向う。この七月七日である。

その理由は、当然、わたしに生れた新たな「?・」からだ。

一つは、この「都市」という姓は、地名にもとづいているのではないか。

二つは、倭人伝の場合も、もしかすれば、同じく「といち」と訓むのではないか。

これはわたしにとって「驚天動地」のテーマだ。なぜなら「といち」の意味はおそらく、
①「と」は〝戸〟。神殿の戸口。
②「いち」は〝市〟。倭人伝にも、出現している。
であろうけれど、問題は「表記法」だ。何と、「音訓併用」なのである。倭人伝の中に、すでにそんな用法があろうとは、夢想だもしていなかった。現場確認が不可欠だ。

だが、わたしは岩波文庫のページをめくるうち、思考が「中断」した。愕然《がくぜん》としたのであった。

三

今、「愕然とした」と書いたのは、あの「都市」のことではない。身辺に何冊も〝散らばって〟いる、岩波文庫の魏志倭人伝を、改めて「ページを追って」いたときだった。そこに次の一節を見出したのである。


「〈3〉邪馬台の誤とするのが定説であったが、ちかごろ邪馬壱（ヤマイ）説もでた。」

（岩波文庫『新訂魏志倭人伝他』一九八五年五月十六日第四三刷、四二ページ七行目）


本文の「邪馬壱[三]国に至る、」に対する注である。かつては「和田清・石原道博、編訳」となっていたけれど、今は「石原道博編訳」となっている。和田清氏の亡《ぼう》じられたためであろう。

一九八四年（昭和五十九）十月二十七日に石原道博氏（茨城大学名誉教授、文学博士）の書かれた「まえがき」によると、「恩師和田清博士のご高配」によって本書が出版できた旨、書かれている。そして「初刷は昭和二十六年（一九五一）十一月、それから連年版を重ねて昭和五十八年（一九八三）九月現在では四十二刷、発行部数は通計二五五、〇〇〇部に達した。」と報告されている。

四

右の初刷の昭和二十六年十一月、わたしは本書に接した。長野県松本深志高校（旧、松本中学）の教師になって三年目、二十五歳の青年教師だった。

その本文に

「南、邪馬壹国（三）に至る、女王の都する所、水行十日陸行一月。」

とあり、その注に

（三）邪馬臺の誤。

と簡潔に記せられていたが、その五字がわたしの古代史研究の発起点となった。当時は社会科（最初の一年のみ）ではなく、国語（乙）で「ソクラテスの弁明」を主テーマにして授業（一年間の、約十ヶ月）していたが、毎時間のように、授業のはじめに「読書紹介」をやっていた（廊下の黒板には、毎日新紹介に〝書き変え〟て全校生徒に見せた）。

そのさいのことであろう。わたしはこの五字のテーマをとりあげて「長広舌」をふるったようである。わたしは忘れていたけれど、当時の生徒（今は立派な紳士）からこれを聞いた（深志、三回生の同窓会で）。

おそらく「無造作に〝改定〟することの非」を、生意気にも〝論じ立てた〟のであろう。

ともあれ、この五字には、わたしは深い「恩誼《おんぎ》」を有する。

五

今回は、ちがった。わたしを「愕然《がくぜん》」とさせたのは、「邪馬壱（やまい）」の一句だった。これは誰の説なのであろうか。「邪馬壱国」説そのものは、少なくともこの三十数年間においては、わたしの説の〝よう〟である。

東大の『史学雑誌』（七八―九）の「邪馬壹国」（一九六九年）や朝日新聞社から出版された『「邪馬台国」はなかった』（一九七一年）など、くりかえしわたしはこの立場を力説してきたこと、周知のごとくだ。

だが、右の論文では「邪馬壹国」の〝訓み〟は一切ふれていない。もちろん意識的にだ。そして右の本では、

「邪馬壹国は〝やまい〟と読むべきではない」

旨が、延々と三十ページ以上のページ数を費して強調し、力説してある。

従ってここの「邪馬壱」説の人は、わたしとは別人なのではないか。わたしはそのように感じ、いぶかしかったのである。

六

一見、些細な問題に、なぜわたしが着目したか。その経緯は次のようだ。

旧知の言語学者である大野晋さんから何回かいただいたお便りの中に、「邪馬壹（やまい）という言葉は成り立ちえません。」との旨があった。御好意からの御忠告のようであった。しかし、先述のように、わたしも全くその立場に立ち、その一点を論証の出発点としていた。そこで、わたしの本（『「邪馬台国」はなかった』）をお送りした（もう一回、同趣旨のお便りあり）。

この本には「〝前門〟の橋本法則」（朝日文庫本、三二二ページ）として橋本進吉の『国語音韻の研究』を引用して、

「国語の母音は、子音と結合するか、又は音結合体の最初に立たない限り、十分の独立性ある音節を構成しにくい」

と紹介している。

その上で、同じく橋本進吉の叙述した「例外事項」にもふれ、その検証を経て次の帰結に至った。

①本来は「邪馬倭（ヤマヰ）」である。
②「壹」は〝中国の天子に対して、二心なく忠節〟の意。
③「倭」と「壹」は〝異音〟にして〝異義〟である。
④倭国側がこの字面を用いて上表した。
⑤三国志に「高句麗」を「下句麗」と「改記」させた例がある。

以上だ。決してこの「邪馬壹」を「ヤマイ」と読むべし、などと言っていない。むしろ、その〝読み〟に反対しているのである。

七

大野さんだけではなかった。

漢文の音韻学者として、日本書紀や三角縁神獣鏡の銘文等を批判し、学界の注目をあびている森博通氏（京都産業大学教授）も、同一の轍を踏んでおられた。

伊丹のよみうり文化センターの講師として「邪馬台国」問題を論じられたさい、右と同一の点を以て「古田説不成立」の根拠とされたのである。受講者（古田史学の会の方の奥さん）が驚いて、わたしに知らせてこられた。確認すると、事実はその通りのようであった（次回は、わたしも出席）。

やはり、この本（『「邪馬台国」はなかった』）の、

第五章『邪馬壹国』の意味するもの

Ⅰ「邪馬壹国」の読み方

Ⅱ 天皇期文献の批判

あの三十ページ以上にわたる、わたしの執拗な史料批判を「読んだ」上での批判では、残念ながら、なかったのである。

右のような専門家たちの「錯認」の原点とも言うべきもの、それが冒頭にあげた、岩波文庫のこの「邪馬壱（ヤマイ）」

の一句だったようである。(2)

注

（1）上城誠さんのお知らせによる。『なかった――真実の歴史学』に万葉集批判を連載。

（2）親鸞については、明石書店から「古田武彦著作集」全三冊刊行（ただし、今年は重要な、親鸞に関する、わたしの論文〈発表〉が二編相次いだ）。

「古田武彦・古代史コレクション」は、既刊・未刊、そして執筆中のものも含めての〝命名〟のようである。

二〇〇八年七月一日　稿了

（「学問論」第九回、『東京古田会ニュース』第一二一号）

続・岩波文庫をめぐって

一

前回論じた「岩波文庫本」の魏志倭人伝について、さらに考察を深めてみよう。

最初の版（一九五一年十一月五日）は、和田清・石原道博の編訳だったが、新訂版（一九八五年五月十六日）は石原道博氏の編訳である。この点、前回〔第二篇「岩波文庫をめぐって」〕に述べた通りだ。

旧版になく、新訂版にあるもの、それは写真版である。魏志倭人伝・後漢書倭伝・宋書倭国伝・隋書倭国伝等について、いずれも「原文」として掲載されている。便利だ。

二

だが、今回、じっくり見つめてみて、気がついた。「訳注」つきの本文と〝ちがって〟いるのである。

それは次の国名だ。

A　（原文）對海國（一〇五ページ）
B　（本文）対馬国（三九ページ）

実は、この両者、「依存版本」が〝ちがう〟のである。

A　紹熙本《しょうき》
B　紹興本《しょうこう》

いずれも、最古級の南宋本として、重要だ。成立年代はBのほうがやや古い（紹熙は一一九〇〜九四。紹興は一一三一〜六二）。

けれども、紹熙本は「北宋咸平《かんぺい》六年の牒」があるから、いわゆる「北宋本の復刊本」なのだ（咸平六年は一〇〇三。写真は、朝日文庫本『「邪馬台国」はなかった』一三九ページ参照）。

すなわち、形式上の成立年代は、

「紹興本→紹熙本」

だが、その実体は逆。

「紹熙本→紹興本」

なのである。

といっても、倭人伝の〝全体〟は、ほぼ同一だ。当然のことである。ところが、一ヶ所だけ、明白な〝ちがい〟があった。それがこの「對海國と対馬国」だったのである。

三

では、どちらが「本来の原型」なのか。

すでに『「邪馬台国」はなかった』で論じたところだが、ズバリ言えば、Aの「對海國」の方である。

その理由は、

第一、版本の実質は、Aのほうが古い。

第二、南宋時代（十二世紀）は平安時代末だから、中国側は当然「対馬（つしま）」の存在は知っていた。それどころか、唐の時代、阿倍仲麻呂が朝廷の高級官人として存在していたのだから、この島の存在を知っていたことは当然だ。彼は対馬を通って、あるいは廻って朝鮮半島へ至ったのだからである[1]。

もちろん、「対馬」の字面は、もっと古い。なぜなら「津島（つしま）」という日本語を「馬韓にたいする島」という意味の字面で表記したものだからである（この点、尾崎雄二郎氏のご教示による）。とすれば、「三韓」時代の成立による「字面」となろう。

従って南宋時代の「伝写者」が、

「現存の『対馬』の〝あやまり〟であろう。」

と〝想定〟して「意改」した、そういう可能性はありうるのである。

逆に「本来『対馬国』であった」ものを、〝海に対している〟からといって「対海国」と「改定」すべき、理由はない。あるいは少ない。なぜなら、日本列島内のほとんどの国は〝海に対して〟いるからである。

四

以上のような状況から、わたしはこの三字を以て、その版本が「紹熙本」に依拠しているか、それとも「紹興本」なのか、判別すべき一点、いわばリトマス・ワードとしてきたのだった。

ところが、この「岩波文庫」新訂版では、何の「注記」もないまま、「原文」の「対海国」を、「本文の方」では安易にも「対馬国」と〝書き替えていた〟のである。

五

「岩波文庫本」には、依拠版本自体が直接は書かれていない。書かれていないままで、「原文」は紹熙本、「本文」は紹興本となっているのだ。いささかこれは〝不親切〟ではないだろうか。

編訳者の「本文」作製の立場は、

「訳文は、諸版本を比較し、その異同を検討して、書きくだした。」（凡例。七ページ）

というにある。今の問題について言えば、「原文」は「百衲本《ひゃくのう》」（廿四史、三国志の魏志倭人伝は「紹熙本」）に従い、今問題の「対海国」については、編訳者の〝判断〟によって「紹興本」の方を採用した、ということであろう。その判断の根拠はしめされていない。あえて言えば、

「岩波文庫の編訳を任されるくらいの、わたしの判断を尊重すべし。」

という立場となろう。これはいわゆる「合成訂本」主義の立場、もっと言えば、

「自由改訂の権威主義」の立場と言わざるをえないのである。

六

もっとも鮮明な「本文」造成の個所がある。

（A）（原文）當在會稽東治之東（一〇九ページ）

（B）（本文）当に会稽の東治の東にあるべし（四五ページ）

右の（B）に対し、

「会稽の東治《や》（福建閩侯《びんこう》）の東」

とのべている（現代語訳八〇ページ）。

そして「訳注」として、

「県の名。今の福建省閩侯県附近。東治とするものあるは東治の誤。」（四六ページ）

と記せられている。

この問題に対する「?」点は、次のようだ。

第一、三国志の魏志倭人伝に関する限り、紹熙本・紹興本ともに「東治」であり、「東治」とするものは、ない。この点、「東治とするものあるは」の表記は、不正確だ。ハッキリ言えば、「あやまり」である。

この（B）の文章は、三国志ではない。後漢書の倭伝の方だ。そして後漢書の方では、どの版本もすべて「東治」だ。「東治」とするものを、わたしは見たことがない。

ここでは、

(甲) 三国志の魏志倭人伝

と、

(乙) 後漢書の倭伝

とが「ゴッチャ」にされている。その「混線」の中で異同が処理されているのである。

七

要するに、後漢書の方は、著者范曄《はんよう》の責任であり、三国志の著者、陳寿とは関係がない。

そしてこれ(「東治」)の場合、むしろ、これでなければ、前後の文脈と、「通意」しがたいこと、既に『「邪馬台国」はなかった』で詳論した。たとえば、

第一、この一句の前提は「其の道里を計るに」だ。この「道里」を「魏晋朝の短里」(一里が七五メートル強。谷本茂氏の測定では約七六〜七七メートル)に拠って考えれば、「会稽山を中心とする『東治』の領域」として十分に妥当する。

第二、右を「秦漢朝の長里」(右の約六倍)で考えれば、たとえ「東治」(閩侯県《びんこう》)としてみても、全く「意味不明」の一句とならざるをえない。

第三、従って後漢書における范曄の〝書き変え〟は、全く彼の誤断、「改変ミス」であった。他には、多くのすぐれた「編集」(三国志にない、後漢史料の追加(2))があったにもかかわらず、この一点は彼の〝失

点〟と言う他ない。

第四、すなわち、この後漢書倭伝の「東冶」を〝正〟とし、魏志倭人伝の「東治」を〝誤〟としたことと、全く史料批判上、「非」と言う他はない。

第五、さらに追加する。三国志では呉志において次の記事がある。

（永安三年）会稽南郡を以て建安郡と為す。

そこで三国志全体で、これを検した。

A　会稽（分郡より前）　七例

B　建安（分郡以後）　六例

右のすべてが、呉志の「永安三年」記事とピッタリ一致していたのである（朝日文庫本、一〇三ページ）。従って陳寿の「地の文」（西晋期成立）においては、今問題の「東冶」は、

「建安東冶」

とあるべきであり、決して、

「会稽東冶」

などとあるべきではなかった。范曄は、「後漢代」は「建安郡」があったため、三国志における「魏晋朝」の用法を〝見のがし〟たのであった。

以上は、すでにわたしが『「邪馬台国」はなかった』で詳述したところ。読者のすでに熟知するところだ。だが石原道博氏はこれを見のがされたようである。

八

読者に「周知」のところを再説させていただいた。許してほしい。

これは決して、石原氏を難ずるためではない。わたしにとっての先行研究者、敬すべき研究者として、深い敬意を有する。

しかし、世には「岩波文庫の権威」を信ずる人々、少なからず。わが国の出版界の知的レベルをしめす、と称して過言ではあるまい。しかも、それは一般の読者だけではない。いわゆる、言語学や漢文学の専門家すら、同断であること、前回にもしめした通りである。従ってあえてここに、問題点を明記させていただいた。御容赦いただきたい。

注

(1)「天の原ふりさけみれば春日なる三笠の山を（に）出でし月かも」（阿倍仲麻呂）は、壱岐の天の原（壱岐の島北側の海域）における作歌。春日と三笠は共に筑紫の地名（『古代史の十字路——万葉批判』東洋書林刊、参照）。

(2) たとえば、金印問題や「邪馬臺国」問題など（「邪馬臺国」は、「戸七万戸」の女王の都——邪馬壹国——ではなく、「大倭王の居する所」〈宮城〉をしめす。『「邪馬台国」はなかった』補注新版、ミネルヴァ書房刊、また『なかった——真実の歴史学』第六号等、参照）。

補

生涯最終の夢、それを果す日が近い。今年（二〇〇八）の十月二十五日（土）である。ところは、福岡県小郡市。「飛ぶ鳥の〝アスカ〟」確認の研究実験だ。

（一）大和の「アスカ」では、なぜ「飛ぶ鳥」と結びつくか、各学者、各説、真相は不明だった。しかし、この九州の場合、「地形」そのものがそれをしめしている。万葉の歌の「原型」はここにあった（『壬申大乱』東洋書林刊、参照）。

（二）のみならず、日本書紀で有名な「六四五」（乙巳《いっし》の変）で〝入鹿を斬った〟のは大和ではなく、この九州の「アスカ」ではないか、という「驚天動地」の新問題が生じた（『なかった――真実の歴史学』第五号、参照）。

この現地（福岡県立三井高校周辺）で、軽気球を上げ、この地形の様態を確認する。そのための研究実験である。

［第一篇「飛鳥研究実験」参照］

二〇〇八年八月二十九日　稿了

（「学問論」第一〇回、『東京古田会ニュース』第一二二号）

『週刊朝日』の「邪馬台国」論

一

『週刊朝日』に「邪馬台国」問題の特集が掲載された。久しぶりだ。昨年（二〇〇八）の十月三十一日、十一月七、十四、二十一日の四回である。

「姿を見せてきた邪馬台国（古代史最前線への旅）」と題し、ノンフィクション作家、足立倫行氏による紀行文である。

ちょうど映画で『まぼろしの邪馬台国』（宮崎康平）が上映されるのと、〝時期を合わせた〟企画なのであろう。足立氏は大和や吉備・出雲・筑紫と各地を訪れての紀行であるけれど、「用意」の不足か、読了後、物足りなさが残った。〝突っこみ〟が不足だ。「古代史最大のミステリー」と銘打ったわりには、「最近のテーマ」が〝おき去られ〟ているように見えたのである。もちろん、わたし自身の「私見」の立場からであるけれど、あるいは「思い」を同じくされる方々も、すでにこの二〇〇八〜九年の今では少なくないのではあるまいか。

わたしが古代史の世界にはからずも足を深く踏み入れるようになったのは、約三十八年前、当の朝日新聞社から刊行された『「邪馬台国」はなかった』（一九七一年）を出発点とする。角川文庫・朝日文庫を経たのち、今「振仮名」と「補注つき」の新版がミネルヴァ書房から刊行前の時期に当っている。今年の前半には上梓されることであろう。これも朝日新聞社の米田保さんなど、幾多の方々のおかげである。その御霊前にささげたい。

二

本稿では「邪馬台国」という名称をくりかえし使っている。計、三十六回だ。しかしこの国名に対して、わたしは当然、「なかった」と表題した上、この数年雑誌『なかった――真実の歴史学』（ミネルヴァ書房刊）を春秋、年二回上梓し、今第六号の刊行を前にしている。

「否、それは昔の話。今は『あった』ことになっている。ただ、それが〝どこにあったか〟だけが、最近のテーマだ。」と言われるなら、それをしめしてほしい、ただ一～二行でも。率直に言う。それが「朝日新聞社刊行物」としての、最低のルール、読者に対する、基本のエチケットではないか。しかし、それはない。

逆に、わたしの方では、すでに「なかった」史実について、確証が見出された。この数年、それを何回も書き、講演にもくりかえし講述してきた。そのポイントは左のようだ。

「邪馬壹国」が出てくるのは、三国志の魏志倭人伝だ。最古の古版本、紹熙《しょうき》本・紹興本とも、「壹」である。「臺」ではない。

これに反し後漢書倭伝では、「邪馬臺国」だ。「邪馬壹国」はない。

右は、従来とも、明記してきたところだった。その上、三国志の魏志倭人伝では、

「臺に詣る。」

が「洛陽の天子の宮殿に至る」意味で使われている。当時（魏朝）、「魏の天子」のことを「魏臺」と呼んでいたから（高堂隆撰『魏臺雑訪議』）、右は「天子に至る」の意味だったのである。

そのような「魏の当時」に、「魏・晋朝の史官」だった陳寿が、（かりに現地音が「ヤマト」だったとしても）トに「臺」という「魏・晋朝、至高の貴字」を〝当て〟て「邪馬臺国」などと書くことはありえない。――これがわたしの理路だった。この三十八年間、この論理を「否定」しうる反証を、わたしは一回も見出すことができなかったのである。

三

以上は新しい話ではない。だが、わたしにとって最近の「新しい」テーマは次の文脈問題だ。

三国志の場合、その「文脈」は次のようだ。

「南、邪馬壹国に至る、女王の都する所、水行十日陸行一月。官に伊支馬あり、次を弥馬升といい、次を弥馬獲支といい、次を奴佳鞮という。七万余戸なる可し。」

後漢書の場合、次の「文脈」だ。

「国、皆王を称し、世世統を伝う。その大倭王は、邪馬臺国に居る。」

右を比較すれば、ハッキリしている。三国志の「邪馬壹国」の方は「七万戸」の範囲を指す。これに

対して「邪馬臺国」の方は「大倭王」その人「一人」の拠点を指しているのだ。

たとえて言えば、東京都と宮城（旧江戸城）のちがいだ。東京都は広大な人口をもつ。これに対して宮城の方は、天皇とその周辺の人々（配下）の拠点である。宮城の方は、もちろん、一般の都民が〝自由に〟出入できるところではない。別地域を指す、別概念なのである。

たとえば、「自分は東京都に住んでいる。」という文章を、自在に「自分は宮城に住んでいる。」と〝書き変え〟ていいか。とんでもないことだ。両語は〝無関係〟ではないけれど、そのことと、「両語を〝とりかえ〟ていい。」という話とは、全く別の話なのだ。これは小学生にも〝分る〟道理なのである。なぜなら彼等が手紙の「あて名」に「東京都」と書いたとき、相手がこれを「宮城」と〝読み変え〟たら、全員とも「失笑」するであろう。あるいは鋭いクレームを投げつけるであろう。

従来の「邪馬台国論争」は、この基本を〝犯して〟きた。そして今回の足立氏の「最近」の紀行文もまた、この基本中の基本を〝犯した〟まま、「邪馬台国」の四字をくりかえし、使用しているのである。

「単語は文章の一部である。」

この大原則を無視しては、いかなる紀行文も、およそ成り立ちえないのではあるまいか。

四

三十九年前、大阪の朝日新聞本社のそば、中之島の地下道を通っていたとき、出版局次長がわたしに言った。

る。

「今度出す本は『邪馬台国はなかった』という題にしたいと思いますので。」

わたしは驚いた。部厚いわたしの原稿には、ただ「邪馬壹国」という一語が表紙に書かれていた。当然の題だった。次長さんの一言に驚愕した。しかし、その口振りは、

「すでに定《き》めたので、了承してほしい。」

といった感じ。今さら〝あらがえ〟なかった。「本の題」は、本来出版社側の〝権限〟だったからである。

わたしは、たった一つの「抵抗」を試みた。

「『邪馬台国』に「」をつけてくれませんか。三国志はまちがいなく『邪馬壹国』ですが、後漢書のほうは、これも例外なく『邪馬臺国』なのですから。」

「分りました。」

この件は、その場で落着した。わたしは「文献処理」上のルールに立って、右の発言を行った。いまだ「文脈」問題などには気づいてはいなかった。

しかし、最近、この問題のもつ「重大な秘密」の扉が開けはじめたのである。あのとき「」をしていてよかった。この一点から、さらに重要なテーマが〝出発〟しはじめたのである。新版（ミネルヴァ書房版、古田武彦・古代史コレクションの第一冊）で、これをのべたい。

五

今回の第一回（十月三十一日）において足立さんは「縄文水田」の問題にふれている。唐津湾岸の菜《な》

畑《ばたけ》遺跡（佐賀県）や曲田《まがりだ》遺跡（福岡県）、また板付《いたづけ》遺跡（福岡市）等の初期水田は「弥生のはじまり」をしめすものだが、従来は考古学上、BC三五〇年頃とされていたものが、千葉県の国立歴史民俗博物館（歴博）の炭素14年代測定法によって判定した結果、「前一〇世紀頃」とされたのである。これはすでに自然科学者たちによって測定されていたところの追認であった。

ところが、この測定値には「思わざるミステリー」があった。

福岡市の中心的縄文（弥生初）遺跡（紀元前一〇世紀頃）に次ぐ「古さ」をもつのは、大和ではない。「土佐」（高知県。BC八一〇～BC六〇〇）なのである。しかも、「筑紫～大和」の場合、必ずしも〃時間的〃に連続していないのに対し、「筑紫～土佐」の場合は、連続している。それぞれの「時間帯」がダブっている。すなわち、

「筑紫～土佐」

の〃連絡〃が存在しうる形なのである。これは「科学的観測」の結果、その事実だ。しかし、その「理由」は不明だった。

千葉県の佐倉の歴博で担当者の藤尾慎一郎氏（教授）にお聞きしたけれど、

「分りません」

と率直なお答だった。なにしろ、古事記・日本書紀はもとより、考古学者たちも誰一人、このような〃形態〃のグラフを予想した学者はいなかったからである。

この「不可思議なグラフ」は、千葉の歴博に明示されていたから、足立さんはノンフィクション作家という「素人の目」を以て、この不思議の「?」を提示されるべきだった。

しかし、それはない。

六

わたしは三国志の魏志倭人伝のなかで〝思いがけぬ〟問題に遭遇した。土佐の足摺岬問題だ。

わたしの場合、女王国の中心は明快だった。糸島・博多湾岸周辺である。その論証は次のようだ。

第一、倭人伝には「里」という単位が出現している。帯方郡治（ソウル近辺）を出発点とし、女王国に至る間に、その単位が書かれている。すなわち、中国の使者が至ったところを、中国側の単位である「里」で書いているのである。

第二、その「里」表記は、博多湾岸の「不弥（ふみ）国」で終っている。すなわち、ここで「女王国に達した」のだ。

第三、中国の使者は倭国に到着し、倭王（卑弥呼）に会った。

「正始元年（二四〇）、太守弓遵、建中校尉梯儁（ていしゅん）等を遣わし、詔書・印綬を奉じて倭国に詣り、倭王に拝仮し、ならびに詔をもたらし、金帛・錦罽・刀・鏡・采物を賜う。」

右の文面のしめすところ、魏使が倭王に会ったこと、疑いがない。各論者が「自家の議論上の都合」によって、中国の使者が倭王に会わなかったかに「曲論」するのは、不当だ。これほど明快な明文を否定するのでは、およそ史料解読の「意義」がない。

第四、従って倭国、すなわち女王卑弥呼の所在するところは「里」で書かれた「不弥国」のあるところ、すなわち「博多湾岸」がその〝入口〟である。

簡単な帰結だ。かつて『「邪馬台国」はなかった』では、縷々論証を重ねたけれど、今ふりかえってみれば、帰結はあまりにも単純、かつ明快だったのである。

七

しかし、より深い「?」はそこから生じた。右の魏使の「不弥国、到着」のあと、しばらくして〝再び〟あの「里」による記載がはじまっているのだ。

「女王国の東、海を渡る千余里、また国あり、皆倭種なり。また侏儒国あり、その南にあり。人の長三、四尺。女王を去る四千余里。」

わたしの場合、次のように理解した。

(A)「千余里」というのは、「狗邪韓国と対海国」「対海国と一大国」「一大国と末盧国」がそれぞれ、「千余里」と書かれている。

(B)また朝鮮半島の南辺、すなわち「東西幅」が「四千余里」とされている。

(C)右によると、「一里=約七五メートル」となる。

(D)従って女王国(博多湾岸)から東へ「千余里」とは、ほぼ関門海峡あたりとなろう。

(E)その関門海峡の「倭種」の国の南にあるのが「侏儒国」である。

(F)「女王国〜侏儒国」間は「四千余里」であるから、その「侏儒国」は四国、それも「土佐」側とならざるをえない。

(G)「四千余里」から「女王国〜倭種の国(関門海峡)」の「千余里」を差し引くと、「三千余里」となる。

（H）舟で「関門海峡」から瀬戸内海・豊予海峡を通過すれば、「土佐」の足摺岬近辺に至る。
（I）足摺岬は、黒潮が日本列島に〝衝突〟する唯一の領域である。
『「邪馬台国」はなかった』にふれた人々には周知のように、この本の最後の難所、それは当書の最後のテーマ「「未知の世界へ」」でのべたところであった。

米田保氏は最初、このテーマ以降（南米への到達、問題）の削除を求められたのであったが、わたしが「これは、奇をてらうのでなく、自分の方法にとって、論理の必然ですから、削れません。」というお答えをしたのに対し、五日間あと、再び訪れ、

「わかりました。」

と御了承下さったのである。当書が朝日新聞社から刊行されること、その一瞬において決定されたのだった。

八

右の問題は意味していた。

「侏儒国まで、魏の使者は到達した。」

という命題を。なぜかと言えば、そこまで、〝再び〟「里」で書かれていたからである。これ以外の「回答」はない。ではなぜ、魏使はすでに女王国に到着したあと、さらにこのような「辺地」へと足を運んだのであろうか。その理由は、三国志に先立つ漢書西域伝の次の一節にあった。

「安息の長老伝え聞くに、（中略）条支より水に乗じて西行し、百余日なる可し。日の入る所に近しと

云う。」

漢書の著者、班固は、先行史書としての、司馬遷の史記の〝いまだ至らざる〟ところを記述しようとした。史記では、シルク・ロードの行路の「崑崙山《こんろん》」を以て記述は終り、その「先」は書かれていなかったのである。

しかし、漢の使者はシルク・ロードを越え、「安息国」に至った。その長老からの「伝承」として、〝西の海の彼方〟にあるという地域の存在を聞き、それを記した。それを以て「史記以上の認識」をしめしえたことを、漢書の著者、班固は誇ったのである。

三国志の陳寿はこれに〝ならっ〟た。否、陳寿の執筆以前に、魏朝側にとって「史記」の存在は、周知だった。そして「漢書」の存在もまた、すでに周知だったのである。その「漢書の限界」を越えようとした。漢書の〝未到〟だった、「日の出ずるところ」の世界であった。倭人伝の前におかれた、東夷伝の序文に、

「東、大海に臨む。長老説くに『異面の人有り、日の出ずる所に近し』と。」

とあるのは、その「予告」だ。倭人伝の記載が、その真の目的が、「漢書」の及ばなかった「日の出ずるところ」に対する認識にあった。その一事が明白に「予告」されていたのであった。

魏使は、女王の顔に〝うっとりする〟ためにだけ、倭国へ派遣されたのではなかったのである。

九

「倭人の南米到達」問題、これこそわたしの研究、その「論理的発展」にとっての「極点」だった。

「極南の地域」だったのである。わたしにとって「未知の冒険」だった。その冒険の記述を、米田さんは〝再び訪れ〟られたさい、莞爾《かんじ》と許容されたのである。

それが一昨年（二〇〇七）の「南米への研究旅行」となった。南米における「古代日本語地名の探究」となった。その詳細の経緯は、すでに『なかった——真実の歴史学』の第五号等に公表された。大収穫だったのである。

足立さんが、これを知らず、これにふれられなかったのは、やむをえない。南米のエクアドル近辺が、壮大なる「甕棺（みかかん。従来のかめかん）」葬の地帯であったという考古学的事実に対して「好奇心」をもたれなかったのも、やむをえない。

しかし、実はこの問題は、今はすでに「未見」のテーマとは言えなくなってきたとも、言えよう。なぜなら南米のチリ等もミイラ、そして現在の原住民（インディオ）が、共に日本列島の太平洋岸の現代人と、「共通の徴証」をもっていることが「確認」された。ウイルス（ＨＴＬＶのＩ型）と「遺伝子」の研究がこれをしめしたのである（愛知県がんセンター疫学部長、田島和雄氏）。

そして今回、足立さんの報告されなかった「炭素14年代測定法」において、筑紫（福岡県）につづく地域が、他ならぬ土佐（高知県）であること、この一事のもつ意味は絶大だ。

わたしはすでに、一九九三年の七月から十一月に及ぶ、土佐清水市の足摺岬に対する研究調査によって、この領域に縄文土器の埋蔵がいちじるしい事実、それが弥生時代になって「激減」していること、それを知悉していた。報告書に公示したのである。この「激減」すなわち「縄文文明の消滅」を以て、九州（筑紫）側の弥生文明（権力）の「征服」によるもの、と見なした。「稲作文化の到来」である。それゆえ、千葉の歴博の展示において、

「筑紫に次ぐのは、土佐」

というデータ、そのグラフを見たとき、深い好奇心をおぼえざるをえなかったのである。米田さんの御厚志に感謝せざるをえない。それは朝日新聞社の、学問に対する「許容度の深さ」の証明でもあった。

足立さんの紀行文の続編に期待したい。

二〇〇八年十二月二十四日　記了

（「閑中月記」第五七回、『東京古田会ニュース』第一二四号）

続・『週刊朝日』の「邪馬台国」論

一

今回は、わたしの「邪馬壹国」論を書こう。それはそのまま、『週刊朝日』の「邪馬台国」特集（全四回、二〇〇八年の十月三十一日から十一月二十一日まで）に対する感想となるからである。本格的な批評だ。

かつて「邪馬台国ブーム」の頃、千変万化の「邪馬台国本《ぼん》」が各書店の棚にあふれた。平積みされた。そして日本列島の各県が「己《おの》が邪馬台国」の候補地となった。沖縄から北海道まで、候補地にならなかった県の方が稀だったのである。

その手法は「音当《おん》て」だった。京大の内藤湖南が〝開き〟、宮崎康平が『まぼろしの邪馬台国』で一般化した方法である。

現在の地名と三国志の魏志倭人伝の地名と、「類似音」を探し、否「類似音」を作って、「比定」する、この〝やり方〟だ。

その上、「南を東のあやまり」としたり、「一月を一日のあやまり」とするような、いわゆる「原文改定」の手法を採用すれば、すでに天下無敵だ。行くとして可ならざるところなし。いずれの県でも、いずれの地でも、「邪馬台国」の候補地として「特筆大書」できるのである。

しかし、最初〝熱狂〟していた「邪馬台国ファン」もやがて〝さめ〟た。ことの〝馬鹿らしさ〟に気づいたのである。それが現在だ。

二

問題の所在は明快である。

「考古学的出土分布との対比と検証の有無」

だ。もちろん、倭人伝に書かれている「物」との対比こそが不可欠である。検してみよう。

第一、倭人伝(三世紀)は弥生時代だ。だから弥生時代の出土物がポイントである。当然だ。

第二、しかし「当地帯にも、若干の弥生期の出土物(たとえば、鏡)がある。」といったものでは「不可」だ。いやしくも「倭国の中心」としての女王国だから、当の弥生期の「物」(出土物)の〝中心〟であることが肝心だ。その「物」の出土分布領域の〝中心〟となっているか。この一点が不可欠なのである。これも、当然だ。

第三、このさい、次の弁舌は「無用」だ。否、「採用してはならぬ論法」である。いわく、「今は無いが、やがて出て来るだろう。」

と。確かに、出雲の荒神谷《こうじんだに》や加茂岩倉からの大量出土は、従来の「弥生認識」を一変させた。括目《かつもく》すべき大事件だった。だからといって、これを自分の「検証すべき考古学的出土物」に〝転用〟して、「今はない。しかし、やがて。」という論法は「使用禁止」の〝禁じ手〟なのである。理由は、明白。この「手」が使えるのなら、あらゆる「物との対比」による検証はすべて〝無意義〟となるからだ。自明の道理ではあるまいか。

以上のような「目」から見れば、すでに全日本列島にあふれた、あまたの「邪馬台国候補地」はおおむね「失格」だ。すでに現在の「読者」に、そして「古代史ファン」に右の道理は〝承知ずみ〟だ。一般のレベルは明らかに上昇したのである。今回の「邪馬台国」特集も、さすがに右の地点を〝乗り越え〟たところに「視点」を設定している。では、いわゆる専門家たち、考古学に対する「プロ」たちの立地点は、右の「視点」から見て、果して「合格」なのだろうか。それが問題だ。

三

先ず、近畿説。

今回の執筆者（足立倫行氏）はこれに〝左袒《さたん》（賛成）〟しかけているようだが、ではなぜ、次の問いを向けないのだろう。

「矛と鉄の鏃《やじり》は出土しているのか。」

と。倭人伝には次の「物」が記せられている。

①兵には矛・楯・木弓を用う。木弓は下を短く上を長くし、竹箭はあるいは鉄鏃、或は骨鏃なり。

②宮室・楼観・城柵、厳かに設け、常に人あり、兵を持して守衛す。

日本列島の風土では、楯や木弓、そして竹箭などは、腐食して残存しにくい。一方、骨鏃は縄文時代から存在する。とすれば、「矛」と「鉄鏃」の有無が問題だ。検証対象なのである。

しかし、近畿地方に「矛」はない。鉄矛であれ、銅矛であれ、存在しないのである。いわゆる「大阪湾型銅戈」は一部に存在しているけれど、到底九州の「矛と戈」の分布に比較すべくもない。これに対し、銅矛と銅戈の中心はやはり九州、それも博多湾岸が〝実物と鋳型〟の出土領域の中心部であること、歴然としている。

「鉄鏃」も、同じだ。弥生時代の「鉄製品の出土領域」が近畿にあらず、九州であること、それも「筑前中域」であること、疑いようもない。

しかし、この執筆者の「素人の目」、それゆえ「自由の目」は、これを専門家に問おうとしないのだ。不審である〈この点、すでに「古田武彦と『百問百答』」〈古田武彦と古代史を研究する会編、二〇〇六年十月刊、一三一ページ〉に記した〉。

四

次は「筑後川流域」説。

執筆者が報告しているように、いわゆる「九州説」の専門家たちが、いっせいに「指向」しているのが、この説だ。

九州説の老舗《しにせ》とも言うべき「筑後山門」から、筑前南端の「朝倉」まで。そしてその両地の「間」をなす、筑後川流域の〝いずれか〟に「邪馬台国」の中枢部があったにちがいない。それを〝示唆〟する「専門家」が幾多存在すること、それを執筆者は〝正直に〟記載している。確かに、わたし自身の知聞してきたところと一致している。その通りだ。

だが、これに対して「素人の目」そして「自由な目」は、問うべきだ。たとえば、

「筑後川流域は、矛や鉄鏃の分布の中心になっているのですか。」

と。これに対して、どの「専門家」も、「その通りです。」とは答えないであろう。やはり、

「今は出ていませんが、やがて出るだろうと思います。」

と答える他の道はなかったはずだ。だが、その問いを、執筆者は全く発しなかったのである。

五

より重大なのは「三種の神器」問題だ。

倭人伝は明らかに「三種の神器」の世界である。
①五尺刀二口・銅鏡百枚・真珠。
②白珠五千孔・青大句珠二枚。
権力者が「剣」をもつのは、当然だ。石剣にせよ、銅剣・鉄剣にせよ、「剣」なくして権力者の存在はありえない。これは中国本土はもちろん、

「有無する所、儋耳・朱崖と同じ。」

と書かれた「儋耳・朱崖」も同じであろう。「権力者なし」「剣なし」の〝平等社会〟などであったはずはない。

そのような実情況に立って、中国はさらに〝進んだ〟武器として、権力者の「象徴」として、この

「五尺刀二口」を与えているのだ。

さらに「青大句珠」が〝自然の勾玉〟ではなく、「ガラス製の勾玉」でありうること、すでに指摘する論者も多い。すなわち、倭人伝の世界は、まぎれもなく「三種の神器」の中心圏なのである。

その「三種の神器」の中心圏が、筑後川流域などではなく、「筑前中域」に属すること、あまりにも著名である。吉武高木・三雲・井原・須玖岡本・平原の五大王墓だ。いずれも、福岡市・前原市。筑紫の高祖《たかす》山の東西にわたる領域である。

六

同じく、重大な「物」は絹だ。

倭人伝に強調されているのは「鏡」ではない。「絹」と「錦」なのである。景初二年（二三八）十二月の詔書中、「銅鏡百枚」という〝そっけない〟四文字に対し、授与すべき錦・絹類が延々と特記されていること、周知のところだ。

さらに倭国側からの貢献物の中にも、「異文雑錦二十匹」とあるように、この倭国は「絹」の、それも「錦」の産出国なのである。当時、中国は自国以外の「近隣世界」に、この「絹の流出」を禁じていたこと、有名な王昭君（前漢、匈奴に嫁す）の故事でも、著名である。

従ってこの「絹と錦の産出地」という「物」の情報だけからでも、倭国の中心たる「女王国」の〝ありか〟は十分に特定しうるのだ。

だから、「邪馬台国、近畿説」を「非」とする「九州説」の論者は、声を大にしてこれを説いた。力説したのだった。それは正しい。

しかし、この「絹と錦の産出地」の中心は「朝倉」か。「否（ノウ）」。「筑後川流域」か。「否（ノウ）」。「筑後山門」か。もちろん、「否（ノウ）」。いずれも「非」なのである。

吉野ヶ里からは「絹の出土」は見られたけれど、その「分布中心」か、と問えば、やはり「否（ノウ）」だ。その上問題の「三種の神器」の中の「鏡」も、この「吉野ヶ里」ではその一部に辛うじて〝発見〟されたのみである。

「絹と錦の分布中心」はまがうかたもなく、「筑前中域」の博多湾岸をおいて、他にありえなかったのである。

中でも、須玖岡本からの「中国産の錦」の出土は、決定的だ。景初二年十二月の詔書のしめすところ、中国（魏朝）は明らかに倭国の女王に「中国の錦」を授与している。その「痕跡」をしめす「物」は、この須玖岡本という博多湾岸の遺跡以外からは全く出土していないのである。

しかし、執筆者は「専門家」に対し、このテーマを一切「問おう」としていないのである。不審だ。

七

執筆者は、炭素14年代測定法によって、従来の弥生時代の「上限」とされていたBC三五〇が、一気にBC一〇〇〇前後（少なくとも、BC八〇〇）へと〝はねあがった〟事実を報告した。正しい。

しかし一方では、銅鏡（いわゆる漢式鏡）の年代を、従来どおり（弥生中期。BC一〇〇からAD一〇〇まで）の理解通り、またはその「微調整」の立場を〝疑って〟いないようである。

しかし、一方で「弥生のはじまり」が、六五〇年から五〇〇年近くも〝変動〟していながら、本家本丸の「弥生中期」が〝そのまま〟というのは、何としてもおかしい。いかに、いわゆる「専門家」が〝口をそろえて〟言ったにしろ、健全にして常識ある「素人の目」、「自由な目」は、これを疑うべきだ。事実、鋭い常識人はみな、そう考えている。

しょせん、「専門家」同志が、ひそかに申し合せ、「そういうことにした」にすぎない。「談合」だ。たとえば、小林行雄氏。考古学上に巨大な業績を残された方だ。わたしも京大の考古学研究室でその御教示を受けた。大先達の一人である。

しかし、それはそれとして、否、それだからなお、「弥生時代の大変動」、それも百年に一度の大変動のおきている現在、もう一度、旧来の「弥生の基準」を考え直すべきではあるまいか。

それは「弥生の出土物」を、五〇〇年とか六五〇年〝引き上げる〟、そんな「乱暴」で「ずさん」な手法ではない。もっと、すじ道の通った、学問の本来の方法に立つべきであろう。

八

それは、簡単だ。倭人伝に記載された「物」を重要な基準尺とし、それと合致する「物」すなわち考古学的出土物を「三世紀前後の出土物」として〝定める〟のである。基本は、それだけだ。

従来は、こうだった。たとえば、漢鏡。その中国における出土時期を〝横にずらせて〟博多湾岸の「三種の神器」の「時期」を推定していた。しかし、中国には「三種の神器」はない。鏡はしょせん、家族の「日用品」の用途が多かった。単独だ。

それが太陽信仰の小道具として「再生」され、日本列島で「新生」するまでには、当然「一定の時間差」が必要となろう。その「時間差」はどのくらいか。

「まあ、五十年くらいあれば。」

といった、いわゆる「専門家の〝目勘定〟」では、駄目だ。いかに「専門家」でも、〝どんぶり勘定〟であること、何の変りもない。

では、学問的に客観的な方法とは何か。それが先述の方法だ。

「倭人伝の『物』（A）と、日本列島内の考古学的出土物（B）との対応」である。その「時間帯」を三世紀前後において「考え直す」こと、この一事だ。

すでに川端俊一郎氏（北海学園大学教授）がこれを説かれたけれども、考古学者たちは「聞く耳」をもたなかった。

九

冷静に考えてみよう。

もしかりに、従来の通説のように、「弥生中期」が〝前一〇〇年と後一〇〇年の間〟としよう。それを一〇〇年くらい〝さかのぼらせた〟としても、今の論点に「大異」はない。

吉武高木から平原に至る「五王墓」が、当時抜群の「尊貴な王墓」であったこと、疑いがない。とすれば、それからわずか数百年しかたたぬ三世紀において、現地（筑前中域）の人々が、その存在を〝忘れ〟、「祭祀」も行わずに「無視」していたはずはないのである。むしろ、「王墓の造成期」以上に、「美化」され「尊貴」の対象とされていたこと、疑いない。わたしはそう考える。「三種の神器」は、古墳時代になっても、九州に栄え、四世紀前後には「黄金鏡」（黄金の塗布された後漢式鏡）が埋納されている（唐津湾東岸の銚子塚古墳。二丈町）。「三種の神器の分派領域」としての近畿にも、例の筑後川流域にも、黄金鏡はない。

従って考古学の「専門家」たちが、

「『五王墓』は少なくとも〝前二世紀から後二世紀くらい〟までの時期であるから、三世紀の倭人伝とは関係がない。」

と言うならば、それは「考古学と称する、数理計算家」の〝計算〟にすぎず、出土物に対する「人間による、人間の観察」ではない。「もの」をつかってきた「人間の目」を、全く失っているのである。

まして、先述のように、川端氏も「同調」されたような、新しい命題に立てば、「邪馬壹国の中心領域」は明らかだ。糸島・博多湾岸を除いては、他にありえないのである。それが「素人の目」だ。人間の「自由な目」なのではあるまいか。

政治家という「専門家」に密着し、彼等の〝言い分〟のみを「宣布」するのが、政治ジャーナリストの本領ではない。あくまで事実を重んじ、政治家の〝言い分〟を冷静に検証する。その「目」を欠いては、真のジャーナリストとは言えないのではあるまいか。古代史も、全く同じだ。

十

以上はわたしにとって、事新しいテーマではない。すでに『ここに古代王朝ありき――邪馬一国の考古学』（一九七九年、第一刷刊）として、朝日新聞社から刊行された、その骨子そのものだからである。

すなわち、各「専門家」は右のような、わたしの分析とわたしの論理をすでに「熟知」している。「熟知」しているからこそ、各シンポジウムにおける、わたしの「同席」を執拗に排除してきたのであった。

たとえば、一例をあげよう。一九七七年の一月十五・十六日に博多で行われた、全日空ホテルでの「邪馬台国」シンポジウムにおいて、あらかじめわたしに対し、出席を求め、わたしが快く応諾したにもかかわらず、その後、全く「連絡」せず、わたし〝抜き〟で行われた。第二回目一九七八年同月同日も「儀式」のように、同じ「手法」がくりかえされたのである（『なかった――真実の歴史学』第五号、四二ページ参照）。

後日、久しくして、全二回の当事者（代理）から「謝罪」が伝えられて、わたしは事情を知ったのである。出席者（学者）からの無法な「クレーム」に屈したのだった。

もちろん、朝日新聞社は「被害者」だ。だから「謝罪」に来られたのである。しかし、「謝罪」はすなわち、「以後、このことを再びせず」の〝誓い〟を前提としよう。近年新聞もしばしば報ずる「偽装」謝罪の実例によっても、明白だ。

今回の四回にもわたる「邪馬台国」特集においても、わたしの名前はもちろん、「邪馬壹国」の国名も除かれ、肝心の「筑前中域（糸島・博多湾岸中心）説」も、あたかもそれは「存在しなかった」かのように扱われている。

名誉ある朝日新聞社の品格とその節度に期待したい。

二〇〇九年二月二十七日　記了

（「閑中月記」第五八回、『東京古田会ニュース』第一二五号）

第三篇　真実を語る遺物・出土物

王仲殊説の行方

一

今年の七月三日号の『週刊現代』に、わたしのコメントが掲載された。実際の発行日は六月下旬、久しぶりに竹の林で鶯の谷渡りの声が朝方から夕暮まで絶えるときとてない日々だった。

その記事は〝仰天新説「邪馬台国は四国・土佐にあった」〟と題する、二ページもの。上端に横書きで「九州でも畿内でもない」と、振られている。

以上でも知られるように、報道というより「読み物」風の仕立てであるけれど、記事内容は、意外にも〝正統的〟かつ〝真摯〟なものだった。もっと言えば、今後の日本の学界の動向に関し、一種の指示標の役割となるものを含んでいたのである。すなわち本来の意味での「報道」だ。

先ず、この土佐説の論者、橋詰和人氏の所説がかなり詳しく紹介されている。
①倭人在帯方東南大海之中
から、

⑨参問倭地、絶在海中洲島之上、或絶或連、周旋可五千余里

に至るまで、倭人伝の方角や行路記事があげられ、それに対する橋詰氏の解釈が記せられている。たとえば、右の⑨については次のようだ。

「倭国は周囲と隔たった海中の大きな島の上にあって、その周囲は約五〇〇〇里という意味だ。ここでいう「倭地」とは、倭国畿内の存在する土地（邪馬台国を含めて二三ヵ国）、つまり四国全体を指している。周囲約五〇〇〇里をメートル換算すると二一七〇キロメートルになり、四国の周囲とピタリ一致する。」

けれども、これらの立論には、ほとんどの古代史愛好者は、今では、驚かないであろう。なぜなら、あの「邪馬台国説、乱立」の時代、北は北海道説から南は沖縄説まで、まさに百花繚乱のシーズンを、研究史上すでに〝終えて〟いるからである。つまり、倭人伝の行路記事の〝ひねり〟よう、つまり解釈（と原文改定）の仕方いかんでは、「邪馬台国」はどこへでも持ってゆける。宮崎康平さんの『まぼろしの邪馬台国』以来、すべての〝経験〟が集積されて、現在に至っているのだ。

では、それらを正す物指し、真実（リアル）な道標は存在しないか。もちろん、存在する。それは、倭人伝に記された「物」だ。その点について、わたしのコメントが掲載されているのである。

「九州説を代表する一人である元・昭和薬科大学教授の古田武彦氏が語る。

九州説や畿内説の根拠になっているのは、主に出土品なんです。たとえば、卑弥呼は漢時代の銅鏡を百枚もらったことになっていますが、実際に福岡市や春日市の墓からは、三十～四十枚もの同時代の鏡が出てきています。これに対して、土佐からは、鏡も絹も鉾も何一つ出土していない。「魏志倭人伝」をどう解釈しようが勝手ですが、モノがゼロというのでは、説として成り立ちません。」

細部にわたっては、いささか齟齬（そご＝くいちがい）があるけれど、大意においては、この通り。わたしの持論である。

たとえば、銅鏡。魏朝から下賜された銅鏡は「百枚」という大量だから、倭国の都、邪馬壹国（いわゆる「邪馬台国」）は、同類の銅鏡の集中的出土地でなければならぬ。その「同類」が、もし三角縁神獣鏡なら、近畿。もし漢式鏡なら、糸島・博多湾岸（九州）。それ以外にない。「ここでも、銅鏡が何面か出土している。」と言ってみても、駄目だ。倭国の中枢域たる「都」には当りえないのである。

同じく、絹。それも「倭国の絹」と「中国の絹」の〝共出領域〟。それはやはり、糸島・博多湾岸しかありえないのである（「中国の絹」は、春日市の須玖岡本遺跡）。

同じく、矛。その実物と鋳型の集中出土する領域、それもまた糸島・博多湾岸以外にない。

以上を綜合してみれば、やはり倭国の中心領域は糸島・博多湾岸。これがこの二十数年来、わたしの不変の主張だった。

「行路読解の〝ひねり〟具合で、日本列島の各県・各地へ「邪馬台国」を持ってゆけた時代、それは永遠に去った。」

これがわたしの認識である。

二

以上は、わたしの本でくりかえし述べられたところ、すでに珍しくも何ともない。ところが、この記事の末尾に珠玉のコメントが掲載されていて、わたしを驚かせた。

「私も含めて、中国の専門家の大部分は九州説を支持しています。従来の権威を打ち倒そうという〝土佐派〟の在野精神は評価しますが、専門的に見て、土佐新説の解釈はやや強引すぎます。中国の専門家を説得させるには、さらなる立証が必要です。」（北京大学歴史学教授・沈仁安〈シエン・レンアン〉氏）

中国では、日本と異なり、一大学内で「教授」の肩書をもつ学者は希少だ。日本の「教授」に当るのは、「助教授」である。従って「歴史学教授」としての沈氏は、北京大学内の代表的碩学の一人、おそらくそのように見なすべきであろう。

その沈氏が「私も含めて、中国の専門家の大部分は九州説を支持しています。」と言い切っている。その発言は重い。そしてその発言内容には「有理（道理有り）」と、わたしは思う。なぜか。

三

中国の銅鏡研究の専門家、王仲殊氏は「三角縁神獣鏡、非魏鏡説」を発表して日本の考古学界に激震を与えた。呉の工人が渡来して日本列島内で、この「三角縁神獣鏡」を製作した、というのである。その中心的論証は、大阪府柏原市の国分神社所蔵の銅鏡「海東鏡」に依拠していた。

この論点こそ、すでにその二年前、わたしが詳しく論述したところ、自著（『ここに古代王朝ありき』朝日新聞社、一九七九年刊）の表紙にも、この「海東鏡」の拡大写真を使って特筆大書したところだった。

はじめ、わたしはこれを、王氏の「不注意ミス」と見なした。そのため、再三、手紙やわたしの本（右の本。後に王仲殊論文批判の一文を収録した『多元的古代の成立』も）を次々と、王氏所属（副所長。後に所長）の考古学研究所あてで氏の名前を明記して送ること、再三に及んだけれど、一切「応答なし」であった。そのため、わたしは今は、決して王氏の「不注意ミス」ではなかったこと、言いかえれば「故意」に属したことを信ぜざるをえなくなっている。

事実、わたしには忘れられぬ思い出がある。帝塚山大学（奈良市）の考古学談話会の記念シンポジウムのパーティ（二〇〇回「古鏡の謎を探る」一九八一年十月十八日）の席上で、当時御健在だった小林行雄氏が、堅田直《ただし》さんの御案内で、わたしと顔を合わすや、いきなり、

「王仲殊さんは、まんまと古田さんにだまされましたなあ。ハッハッハ。」

と豪傑笑いを〝試み〟られた。わたしは沈黙を以て答えとしたけれど、その小林さんの言辞の中には、明らかに、

「古田の『海東鏡の論証』→王氏の『海東鏡の論証』」

という、影響関係を「自明の認識」とした上での、いわば〝悪い冗談〟と見えたのであった（わたしと同年の堅田氏がなお御健在の今、ここに明記させていただくこととする）。

四

本題に帰ろう。王仲殊氏の場合、「三角縁神獣鏡、非魏鏡」説そのものは明確だ。すなわち、日本列島内の国産説である。ところが、これに反し、「邪馬台国の所在地」問題となると、晦渋を極める。極めて不透明、不明確なのである。氏の有名な論文「日本の三角縁神獣鏡の問題について」（一九八一年四期『考古』）の末尾は、

「このことによって『畿内説』が不利な立場にはならないと想っている。」（『三角縁神獣鏡』学生社、一

九九二年刊、五〇ページ）
と結ばれている。

その一方で、卑弥呼の鏡は「内行花文鏡、方格規矩鏡、あるいは後漢鏡系統のもの」とされているようだ（『三角縁神獣鏡と邪馬台国』梓書院、一一五ページ等）。

けれども、同じこのとき（一九九六年〈平成八〉九月二十七日）のパネルディスカッションにおいて、司会者側の度重なる求めに対しても、「邪馬台国の所在地」に関しては、言を左右にして堅く回答をこばんでおられる。その姿は、純学問的な立場から、というより、学際的に各方面への外交的な態度によるものか、といった印象を与えた。要するに、回答は極めて不明確なのである（かつて松本清張氏も、司会者として、王氏にこの問題に関する回答を強く求められたが、そのときも堅く「未回答」の姿勢を通された、という。一九八九年。同書一一六ページ）。

このように、日本側にとって最も著名な王仲殊氏を通して見る限り、中国側の学界の、この問題に対する姿勢は、きわめて「不透明」に見えていたのである（他に、汪向栄氏の「邪馬台国、近畿説」が知られていた。中国人学者の研究、「邪馬台国」〈一九八三〉等）。

五

しかしながら、この問題を冷静に見すえてみると、「論理の行く末」は必ずしも〝不明確〟とは言いえないのである。この点、あくまで「中国側の視点」に立ちつつ、問題の焦点を整理してみよう。

第一、王仲殊氏もくりかえし明記・詳論しておられるように、中国内部から出土した「三角縁神獣鏡」は存在しない。従って一般の考古学者・歴史学者もまた、その様式の銅鏡を「見た」ことがない。

第二、それ故、一般の考古学者・歴史学者もまた、この「三角縁神獣鏡」なるものが「中国内部における製作鏡」であり、「魏朝からの下賜鏡」であるなどとは、およそ「想到」することすら不可能である。

第三、従って右の「下賜鏡」に当るものとしては、後漢式鏡などの「漢式鏡」を以て「これに当る。」と考えざるをえない（王仲殊氏も、その一人）。

第四、とすれば、右の「漢式鏡」が濃密に分布しているところ、それは、全日本列島中、九州北部（糸島・博多湾岸）を以て最高・最大とする（この点の分布状況は、日本側の考古学関係書籍乃至一般解説書を見れば、すでに一目瞭然である）。

第五、それ故、先の沈教授の発言のように、「私も含めて、中国の専門家の大部分は九州説を支持しています。」という学界状況と、結局ならざるをえない。

以上だ。この場合、特記すべきことがある。それは、「九州説」といっても、「南九州説」や「東九州説」であるはずがない。なぜなら、そのような地域には漢式鏡をふくめ、「銅鏡の集中出土」などは存在しないからである。同じ理由で、「中部九州説」や「筑後川流域説」でも、ありえない。なぜなら、その領域にはやはり、漢式鏡（漢式鏡と後漢式鏡をふくむ）などの銅鏡自体の「集中出土」の事実が皆無だからである。

「やがて将来、出てくるにちがいない。」というような「論法」にもし頼るなら、それは「南九州説」や「土佐説」とも、大異がない。このような「やがて」論法が、森浩一氏や安本美典氏などには〝許され〟て、橋詰和人氏には〝許され〟ぬ道理はない。少なくとも、「橋詰氏の視点」からは、今もそのように見えているのではあるまいか。もちろん、両氏には橋詰氏とは異なり、多くの輝ける業績が存在すること、周知のごとくであるけれども、「論理は、人をえらばず。」これが学問上、根本の鉄則なのである。

ともあれ、「中国側の視点」からの「九州説」とは、とりもなおさず「糸島・博多湾岸説」以外の何物でもありえない。率直に言って、「物」に立つ限り、これが自明の帰結である。

では、なぜ、王仲殊氏はこのような視点、中国の一般の専門家が「大部分」採用していると思われる、右のような「糸島・博多湾岸説」を開陳されないのか。この点はもちろん、御当人の「発言」に聞く他ないのであるけれど、今後の学問上の研究の進展のために、幾つかのポイントをあげておきたい。

〈その一〉日本の学界が「九州説」と「近畿説」に大別され、対立しているのを知って、その一方に〝加担〟する形を避ける（先にあげた「外交的」配慮）。

〈その二〉特に、日本の考古学界の〝大勢〟を占めている、「近畿説」への遠慮（同右）。

〈その三〉汪向栄氏の所論に見られるような「生産力史観」すなわち、唯物史観を「正統史観」とする、中国学界の主流派への遠慮（国内的配慮）。

これは、「歴史の中枢は、生産力がこれを決定する」とのイデオロギー上の立場から「邪馬台国、近畿説」に〝軍配〟を上げる立場であった。「鏡の専門家」の見解とは別に、今なお、無視しがたい影響力を背景にもつ、と思われる。

〈その四〉日本の学界の「異端」もしくは「少数派」である、古田の「糸島・博多湾岸説」に〝同調〟する形を避ける。

この「月記」の筆をとるまで、うかつにもわたしには思いつかなかったテーマだけれども、案外、これが「謎を解く、キイ・ワード」かもしれないのである。

なぜなら、王氏の「口」からは、一回も「古田」の名は発音されたことがない、少なくとも、その活字はわたしの目に入っていないけれど、氏がわたしのことを「御存知」であることを、わたしは疑っていない。なぜなら、くりかえし、礼節に留意したお手紙と、わたしの本がお手もとにとどいているはずだからである（中国側の不測の郵便事情〈各回とも〉などによらぬ限り）。また樋口隆康氏も、王氏の所説が本来、古田の所説であることを率直に明記しておられる（「中国・王仲殊氏の論文を読んで」サンケイ新聞、一九八一年十一月十六日、古田『多元的古代の成立』下、駸々堂出版刊、二五八ページ所引）。

これらすべてに対し、王氏が「御存知」ない、とは到底思われない。想像することすら、不可能に近いのである。

否、王氏はそれを「御存知」だからこそ、「邪馬台国のありか」に関し、「明言」を避けておられるのかもしれぬ。なぜなら、いったんそれを「明言」したとき、
第一、「立証の主要根拠（海東鏡の論証）」が、古田説と同じ。

第二、「立論の帰着点（糸島・博多湾岸説）」も、古田説と同じ。

となってしまう。何か何でも、これでは「形」がとれない。それが「邪馬台国の所在地」問題を「回避」しつづける、氏の真意、少なくとも「秘密の理由」の一端をなしているのかもしれぬ。

その点、他の「中国の専門家」たちの「大部分」は、王氏のような「苦慮」をもたない。そのため、先のように率直な「コメント」となったのであろう。

第七回福岡アジア文化賞（一九九六年九月）に輝いた、王氏の心裏は意外に複雑であったのかもしれぬ。

私は王仲殊氏を敬する。ほぼ同世代（一九二五年生れ）のすぐれた研究者として、常に敬愛している。

それ故にこそ、お互いの健在の日の中に、ことを明らかにし、日中両国の学問のさわやかな進展に資することができれば、これ以上の幸せはない。失礼を寛恕されたい。

追記

右の文章中「教授」の件、かつて私が北京大学を訪問した当時の経験と認識に拠ったが、聞くところによると、近年は制度が変り、若くして優秀な学者が「教授」となる道が開かれているようである。念のため追記させていただく。

一九九九年七月九日　記了

（「閑中月記」第二回、『東京古田会ニュース』第六八号）

神の手の論証

一

年末から元旦にかけて、除夜の鐘につづく神社参拝。鐘楼から社殿へ。恒例の年中行事のはじまりである。

もっぱら、テレビで拝聴しつつ、ゆっくり休ませてもらう、それがわが家のならわしながら、

「あれは、見事な神仏習合の姿だな。」

新年の風呂につかり、竹林を眺めつつ、そう考えた。

もう何年か前、孫（風彦）を連れて東寺へ行き、鐘の音をすぐそばで聞かしてやったことがある。

「生《なま》の、鐘の音を聞きたい。」

テレビっ子らしい、その要望に応えた二人連れである。昔は通い馴れた、西大路駅（ＪＲ）から洛陽工業高校への道だけれど、誰一人、人にも逢わぬ、裏の帰り夜道が珍らしかった。今も、深く印象に残る。

二

神社詣でと言えば、わたしには少年の日の記憶がある。

広島県の双三郡の十日市町（今は、三次市）、その駅（今の三次駅）の裏に住んでいた。すぐ前を、村の八幡様への道が通っていた。夜中に、小用に外へ出ると（便所は、廊下づたいながら、外にあった）、前の夜道を小走りに走ってゆく人影が見えた。目をこらすと、女。頭の黒髪のあたりにはち巻きをしめ、そこに何本かローソクめいたものを立てていた。「夜参り」だ。

右手には木づちようのものをにぎりしめ、上にかざしていた。今の人にわかりやすく言えば、〝横溝正史の世界〟だ。人をのろうための「のろい釘」を打ちにゆく姿だったのである。

翌朝、仲間のガキ連中と語らって、八幡様へ行った。手わけして探すうち、見つかった。拝殿の奥、本殿の床下に、〝打ちかけた〟わら人形を「発見」した。

昭和十年代、まだこのならわしはこの世に生きていたのである。

三

当の八幡様は、わたしにとって「夜参り」ならぬ「朝参り」の対象だった。毎朝、なじみの神社だったのである。

いつからか、さだかではないけれど、小学校の後半から中学一年（旧制三次中学）へ、ほぼ足かけ三年、一日も欠けることなく、参拝した。学校へ行く前に、馳け足で石段を登った。拝殿の前で頭を垂れて参拝すると、矢のように引き返す。石段を飛ぶように、というより、文字通り、何段づつか飛び降りつつ、走り去り、家へ着く。母の用意してくれた朝食をすませ、蛇道へ向う。

蛇道というのは、桑畑の間の道に、わたしたちの名づけた呼び名。そばの細い溝には、いつも蛇が泳いでいた。遊んでいた。時々、桑畑の方へ、小道を横切る。わたしたちは、仲間――蛇のことだ――を踏まぬように、彼等がいれば、ピョン・ピョン飛び越えながら、学校へ向う。仲間はわたしたちを見送っている。これが蛇道だ。

今年は巳（み）の年。わたしの母も、巳年の生れだった。

四

足かけ三年つづいた、わたしの「朝参り」は、妙な事件にまきこまれた。もちろん、わたし以外、誰も知ることのない「事件」だけれども。

三年目の或る日、新参の「朝参り」が出現した。女生徒だ。

ところが、彼女がはじめて間もなく、彼女の美談が新聞に報ぜられた。家人の病気平癒か、それとも戦地の軍人に対する戦勝祈願だったか、忘れたけれど、ともかく、稀に見る美談のように、はなやかに紙面に報ぜられていたのである。

わたしはそれを見て、何か馬鹿馬鹿しくなった。正直に言って、その思いは今もハッキリと覚えている。記憶にとどまっている。

もちろん、特定の「願かけ」などのなかったわたしは「朝参り」の新たな同行者の出現を歓迎していた。あるいは、年《とし》なりのあこがれめいたものも、芽生えかけていたのかもしれぬ。ただ〝三年間も、知らん顔で、何でこの新しい『朝参り』だけ、仰《ぎょう》々しく報道されるのか〟そういう思いに、いささか鼻白んだこと、それは忘れがたい心裡だった。

そのあと、わたしはなぜか「朝参り」を止めた。それがなぜだったか、忘れた。中学へ入って、環境が変ったからか、それとも、父の転任にともなって、他（府中市）へ転校してしまったからか、覚えていない。覚えていないけれども、あのときの、いささか鼻白んだ思いだけは、今も残っている。心理学者の言う「トラウマ（心の傷）」と言えば、大げさな、ささやかな、片隅の経験にすぎなかったけれども。

五

七十四歳の老齢を迎えた今、このささやかな「事件」を思いかえしてみると、明らかにわたしがまちがっていた。「鼻白んだ」こと自体が、わたしの思いちがいだったのである。

なぜなら、新聞のめざしたところ、それは決して「朝参り」という事実の記載ではなかった。確かに、三年の間、この女生徒の出現まで、同行者は全く現われていなかった。しかし、新聞は一般紙であり、神社の社報ではない。何年間つづいた「朝参り」の少年がいようと、それを「報道」せねばならぬ義務など、全くない。当然のことだ。

ただ、戦時色の深まりゆく中で、一人の可憐な女生徒がいて、おそらく「家のため」か、「お国のため」か、祈願の「朝参り」をはじめた。それが「画」になる光景だった。おそらく、デスクにとっては、当時の「紙面作り」に合った。有効だった。それだけだったのではあるまいか。「他意」はないのだ。それに対し、ひとりで「ひがみ」めいた心をもつ少年がいたとしても、基本的に、新聞の責任ではないのだ。それに対して、勝手に鼻白んだのは、わたしの思いちがい、まさに「少年の非」にすぎなかったのである。

六

話頭を一転する。

寺沢薫さんから自著が送られてきた。『王権誕生』だ。講談社刊の『日本の歴史』シリーズの一つ（〇二）である。

寺沢さんは、わたしにとって旧知の人だ。昭和五十年代、わたしはよく森浩一さんの研究室を訪れていた。同志社大学だ。考古学上の疑問が生ずると、一には京都大学の樋口隆康さん、一には同志社の森さん。これらの方々の研究室に飛び込んで率直に質問した。いずれも、率直に、欣然と答えて下さった。有難かった。

或る日、森さんの研究室を訪れたとき、依頼された。

「大学院の連中に、何か話してやって下さいよ。」

と。談話室あたりかと思って承諾したところ、行ってみると、レッキとした授業時間だった。十数人か、あるいは二十数人くらいの学生を前に、一時間（おそらく「九十分」か）しゃべらされた。何をしゃべったか、忘れたけれど、多分「邪馬壹国」か「九州王朝」関連の話だったであろう。

後日、橿原考古学研究所に勤められたあと、寺沢さんのお宅におうかがいしたとき、聞かされた。

「あのとき、わたしたちは大学院の学生で、古田さんのお話をお聞きしましたよ。」

「わたしたち」とは、寺沢御夫妻（夫人は、知子さん）である。

以来、お二人から送っていただいた論文は、わたしにとっては貴重な「勉強の糧」となっていた。御夫妻とも、大和の現地にあって、著実な発掘と堅実な報告論文を物しつづけてこられたこと、学界に周知だ。ことに、土器編年における詳細・周密な研究は、考古学界に知らぬ人とてもない、と言っていい、すぐれた業績である。

それだけに、わたしはいつも、この人の業績に注目してきた。何か、考古学上の発掘があるごとに、

「この問題について、寺沢さんはどう考えているだろうか。」

と思った。その論文を求めていた。常に、気にかけてきた方だったのである。それだけに、得意とする「弥生から古墳へ」の時期に関する包括的叙述と言うべき今回の著述、それを送っていただいたこと、それは本当に喜びだった。

七

拝見すると、さまざまの感慨があった。

たとえば、三角縁神獣鏡の問題。

「私は現在の考古学状況を総合的にみると、やはり倭国製作派に与せざるを得ない。」（三〇九ページ）

とあり、師匠の森浩一氏の系流らしく、「国産説」に立っておられる。この点、わたしにも全く「O・

K」だ。

樋原考古学研究所長の樋口隆康さんは、人も知る「船載説」の中心者であるから、所長と所員と各自明確に「別説」を支持する、というのは、少なくとも日本では珍らしい。珍重すべき「学問の自由」と言いえよう。

それはともあれ、わたしにとって、この点における寺沢見解に異論はない。

その上、「三角縁神獣鏡のおもな製作地論争」の表では、「倭国製作説」の項に、「晋代に師が諱として忌避されたことはない（古田武彦）」（三〇六ページ）として、わたしの説も、部分的だけれど、紹介されている。

だが、一方、魏志倭人伝中の、卑弥呼の墓に関する、例の「径百余歩」に対する叙述となると、「？」も生ずる。

「百は実数でなく巨大であることを示す常套句だ、との意見も多い」（三〇五ページ）とあるけれど、誰（々）の説か。その上、学問にとって生命は〝多数派、依存〟ではない。真に的確な「論証」の存在、それが不可欠であること、言うまでもない。

この本の末尾に列挙された「参考文献」の中に、「百＝非実数」説の実証があげられているか。「一里三百『歩』」という、中国古代史書の定則をくつがえす、的確な「論証」が存在しているか。じっくりと勉強させていただくつもりである。

そのような「勉学の糧」として机辺におき、時あっては、著者御本人から直接の御教示を受ける。それを今後の無上の喜びとさせていただきたい。

八

この『日本の歴史』シリーズには、不幸が生じた。寺沢さんの本の直前に当る『縄文の生活誌』（〇二）が発売停止となった。いったん書店から引き上げて、今年中にも「改訂版」ととりかえられる、という。その通知文が挿入されていた。異例のことだ。

もちろん、昨年（二〇〇〇年）十一月五日、毎日新聞の一大スクープによって学界はもちろん、世人を驚かせた「旧石器ねつ造事件」のためである。当巻の執筆者、岡村道雄氏（文化庁）は、藤村新一氏の業績を高く評価し、精しく叙述しておられたようであるから、今回の「ねつ造」発覚によって、もっとも大きな打撃をうけた方の一人だ。

わたしはかねてより、藤村氏の業績に対して敬意を抱いてきた。高校を出て工場の現場労働に従事しながら、その余暇のほとんどすべてを考古学上の探究に注いでこられた「努力の人」として評価していたのであった。

しかし、それも〝ぶちこわし〟だ。もっとも「努力」のいらない、「ねつ造」というのでは、みずからの本領を泥でぬりつぶした。そう言う他はない。残念だ。

氏の今までのすべての発見が「ねつ造」によったものか、それとも、ある時点から「魔」がさしたのか。わたしには不明だ。当人をはじめとする、国（文化庁）や県（教育委員会）や当の東北旧石器文化研究所やその他の関係の方々による、徹底した調査の「後仕末」をお願いしたい。

通例の「再調査」の必須スケールをはるかに上廻る、徹底した調査が不可欠だ。後代の人々は、〝当事者が生きている〟現代のわれわれに対して、その一事を強く切望することであろう。わたしはすでに宮城県知事に対して、それ（本人等に対する「聞き取り」録画の徹底）を書面によって切望した。

九

わたしは従来、藤村さんを「努力の人」としては尊敬していた。御本人の講演のとき（仙台）、一回お会いしたこともある。

しかし、今回の報道の中で使われた「神の手」という言葉は〝初耳〟だった。そんな超・能力的な目で、この人を見たことも、考えたことも一切なかったからである。

ところが、今回の「ねつ造」発覚という、日本のジャーナリズムにとっては輝かしい一大スクープのおかげで、新たに本当の「神の手」とも言うべき発見に気づくことができたのである。

それは、あの「和田家文書」の問題だ。

東北の大地から生れ、日本が世界の全人類に誇るべき思想家、それは安藤昌益や秋田孝季《たかすえ》である。その孝季の遺した「東日流《つがる》外三郡誌」などの遺作が、あたら現代の所蔵者であった、故和田喜八郎氏による「ねつ造」と称されて時を経た（当人は一昨年、逝去された）。

その「偽作論者」たちの言説によれば、喜八郎氏は、世に考古学上の一大発見が報道されるごとに、「それはすでに、和田家文書に出ている。」として、〝新たなる偽造文書〟を「公表」してきた、というのである。

たとえば、(1)田舎館《いなかだて》・垂柳《たれやなぎ》などの弥生・稲作文化（一九五六〜五八年〈昭和三十一〜三十三〉）に対し、

「長髄彦による稲の伝来」（東日流外三郡誌）、⑵出雲の荒神谷の銅鐸・銅矛（剣）出土（一九八四年〈昭和五十九〉）に対し、「『荒覇吐神一統史』の『神把鐘』〈後期銅鐸〉等の記録（寛永二十年、大邑土佐守による）」、⑶三内丸山の六本柱建造物（一九九四年〈平成六〉）に対し、「雲を抜ける如き石神殿」（東日流外三郡誌）「柱六本の三階高楼を築き」（丑寅日本国史繪巻、六之巻）等との関係がこれである。

わたしにとっては、これらの「和田家文書」が明治・大正期を中心とする筆写の「和田末吉写本」には出現していることを、末吉と息子の長作の筆跡研究の上からハッキリと確認ずみであったから、これらの「出土」（敗戦後）と「書写時期」（戦前）の先後関係は明白であった（『新・古代学』第一～四集、新泉社刊、所収論文参照）。

しかし、「偽作」論者は、これらの実証にも、反証にも、一切頓着せず、「偽書説」キャンペーンをくりかえした。いわゆる「確信犯」なのである。

十

ところが今回、思わぬ「発見」がもたらされた。それは次のようだ。

藤村新一氏の「発掘と発見」の業績は一九七五年（昭和五十）にはじまっている。このとき宮城県で「石器文化談話会」が結成されたのである。以降、次のようだ。

①（一九七五）宮城県三太郎山B遺跡から中期旧石器時代のスクレーパー・剥片の発見（藤村氏による）。

②（一九七六）宮城県座散乱木《ざざらぎ》遺跡より中期旧石器時代の斜軸尖頭器発見（鎌田俊昭・梶原洋・藤村氏による）。

以下、(一九八二)多賀城市志引遺跡、(同)宮城県富谷町宮の沢遺跡、(一九八七)多賀城市柏木遺跡、(一九八九〈平成元〉)福島県西白河郡東村上野出島遺跡、(同)福島県西白河郡西郷村大平遺跡とつづく。さらに(一九九〇)から(一九九七〈平成九〉)まで、止むことなく連続している(調査略年表〈一九九八・二・二十二、藤村氏作成〉による)。

いずれも、驚天動地の一大発見として、東北各地はもとより、全国紙に大々的に報ぜられたものが少なくない。

さて、肝心の一点、それは次の一事だ。

「和田家文書には、藤村氏関係の発掘にかかわる類の『記録』『文書』等は一切存在しない。」

この事実だ。もし「偽作論者」が〝誇称〟するごとくに、〝何か、新しい出土事件があるごとに、それに合わせて「和田家文書」の内容を(喜八郎氏が)新作する。〟というのが本当なら、もしことの真実だったとしたら、右の「無存在」という空白は、いかにして説明できるのだろうか。解しがたい。

まさか、和田家に配達された新聞(東奥日報か陸奥新報など)には、すべて「藤村氏関係の発掘はカットされていた。」とでもいうのだろうか。全くありえない。

わたし自身も、和田さんに会ったとき、これら藤村発掘を話題にしたことが何回かあったけれど、お得意の、

「ああ、それは和田家文書にも、こんなのがあるよ。」

といったせりふは、一回も聞いたことがない。

事実、市浦村史版・北方新社版・八幡書店版・津軽書房版等の各「東日流外三郡誌」等の浩瀚なる『和田家文書』群の中の、いずこにも、人はそれを発見できないであろう。

けれども、一九九九年（平成十一）九月二十八日、喜八郎氏の逝去されるまで、藤村氏の業績は赫々《かくかく》として東北人の、否、日本人の耳目を奪いつづけて輝いていたのである。お孫さんの教科書にも載っていたことであろう。

一九七五年（昭和五十）からの、二十四年に及ぶ空白、それは同時に喜八郎氏の名が、世に知られはじめ、古代史界に及び、やがて中傷を浴びせかけられた、同じき「二十四年」なのであった。最初の公刊物たる「市浦村史資料編」は一九七五〜七七年（上・中・下）及び一九八一年（年表）の出版物である。以下、北方新社版・八幡書店版等へと逐次刊行された。

この間の「藤村発掘」に関する、『和田家文書』の沈黙こそ、くりかえす冗舌なる「偽作キャンペーン」に対する、決定的なる反証となっているのである。

これこそ、巧まざる「神の手」による加護、というべきものではあるまいか。

十一

しかしながら、予告しよう。

このような「神の手の論証」にもかかわらず、「偽作論者のキャンペーン」は止まないであろう。

「たまたま、藤村発掘にかかわる『文書』を作り忘れたのにすぎない。」

といったたまげた反証や、

「喜八郎は、旧石器には関心がなかったのだろう。」

といった、知ったかぶり。これに対してわたしは、

「神なるは天地水にして、山を父とし、海を母とせる崇拝をなせるは阿蘇辺族なり。抑々、未だ人の住まざる東日流の地に人蹟の初祖とて住むる民なり。」（文政五年一月、秋田孝季記）（『新・古代学』第二集七四ページ参照）

の一文を対置しよう。孝季の関心が、現在でいう「旧石器時代」に当る時間帯に及んでいたことは疑いえない。しかし、彼にはそれに触れた「古文書」に接し、これを書写することがなかった。それだけの話なのである。

だが、何を「論証」しようと、一切「偽作論者」は動じないであろう。なぜなら、彼等にとって「欲しい」のは「偽作キャンペーン」そのものであり、決して「事実」や「論証」ではないのであるから。この「偽作キャンペーン」を二〇〇一年（平成十三）の正月号で扱った「雑誌」や「週刊誌」に関しては、わたしにはさしたる関心とてはない。なぜなら、その「時代の好み」に合わせた「記事作り」を行う。それが各時代のジャーナリズムの神聖なる仕事に属すると思うからである。

かつての「少年の非」を、年経た今、老齢のわたしが再びくりかえすこと、それはまさに「老年の非」以外の何物でもありえないのである。

二〇〇一年一月四日　記了

（「閑中月記」第一〇回、『東京古田会ニュース』第七七号）

神籠石《こうごいし》談話

一

梅雨ながら晴天つづき、この六月から七月にかけて、わたしにとっては多幸な日々だった。もちろんこの齢《とし》だから、相次いで知友の訃報に接する。それだけに身体元気の自分が、何とも有難い。もっとも、明日も知れぬこの身であること、先刻知りすぎている。

久しぶりに鶯を聞いた。竹林の間から、帰ってきたわたしを待ってくれていたようだった。対馬・壱岐の旅でも、同じ声に接したけれど、気のせいか、トーンに微妙なちがいを感じた。

帰ってから、ホメロス漬《づ》けの日々。「漬け」といっても、ただ松平千秋のイリヤッド（岩波文庫『イリアス』）を、そばにおいているだけだが、楽しい。かつては土井晩翠の名調子の旧訳や呉茂一さんの旧訳（同じく、岩波文庫）の時代だったから、松平さんの新訳は新鮮である。ギリシャ語の原文もそばにあり、ときに開く。これ以上の醍醐味はない。少年時代以来の〝いまだ見ぬギリシャ〟へのあこがれを満喫している。

二

六月半ばから末にかけて、博多や仙台でいろんな方々と対談し、討論した。貴重な収穫となった。

それらについては、改めて書きしるすこともあろう。否、それは未だ「途中」だ。これから、さらにじっくりと話し合い、語り合ってゆかねばならないことだから、今ここに断じたり、喋々したりするつもりはないけれど、一つだけ、キイ・ワードにふれておけば、例の「神籠石」問題。西はおつぼ山（佐賀県）から東は石城山《いわき》（山口県）まで、南は筑後山門（福岡県）に至る、累々たる軍事要塞群。

北はもちろん海。その海の北方には朝鮮半島、そして中国大陸がある。新羅や高句麗や唐の一大軍事集団群。これらと戦った倭国側が、みずからは無防備であったとすれば全く不可解だ。すでに当誌の読者には周知のところだけれど、キッチリとまとめておこう。

たとえば、倭の五王で知られた五～六世紀、有名な倭王武の悲痛な上表文（宋書倭国伝）、これをしためた王者が、その敵手、高句麗や新羅の倭国本土への「来襲」を〝恐れ〟なかったとしたら、それこそ不可解だ。

また、あの「任那日本府の滅亡」（五六二あるいは五六〇）という一大事件、その激震に対して、平然と「自己防禦」の気などもたず、そのあと自己（倭国）の心臓部への敵軍の殺到をも一切〝恐れ〟なかったとしたら、まさに考えられぬ能天気、いや〝能足りん〟だ。そうではあるまいか。

「いや、『任那日本府』など、架空だ。」と言いつのる人があれば、次のもっとも決定的な〝事件〟まで否定する人は、まさかあるまい。

それは「南朝（陳）の滅亡」（五八九）だ。

久しく、倭国が「宗主国」と仰いだ、南朝の天子の完全消滅。この一大事件に〝驚か〟なかったら、この世に〝驚く〟ものとてない。あの「倭の五王」の後継者（六世紀末の倭王）にとっては。

「〝驚いた〟けれども、これに呼応する軍事的対応はしなかっただけ。」

こんな〝子供だまし〟が通用するだろうか。否、当今、〝子供〟だって、そんなに甘くはない。先生方は、学校で、子供に〝問いつめ〟られれば、絶句しよう。もっとも、子供たちが教科書の「暗記」だけに夢中なら、これ幸いだけれども。この問題に「新しい歴史の教科書」も「古い歴史の教科書」も、一切関係がない。あれは、コップの中の嵐、明治以来、皆同じ、なのである。

明治人も、大正人も、昭和人も、平成人も、何の〝ちがい〟もなし。そのようにして百三十年間を、泰平にすごしてきたのだ。――金太郎あめのように。

三

肝心のポイント、それはもちろん「日出ずる処の天子」だ。

明治以来、すべての教科書がこの「名文句」を〝売り物〟にしてきた。「国威発揚」の道具に使ってきたのである。

けれども、子供（生徒）は別としても、大人（先生）は知っていた。

その一つ、「日出ずる処の天子」を名乗った「多利思北孤」は〝男性〟だ。「雞弥《きみ》」という妻をもっていたからである。女性である推古天皇とは、当然別人だ。

その二つ、聖徳太子は〝摂政〟であって、天子ではない。だから「天子」である「多利思北孤」とは、これも別人である。

その三つ、この「日出ずる処の天子」のいるところ、その風土としては、

「阿蘇山有り。火起こりて天に接す、……」

とある。決して、

「三輪山有り。」

とか、

「大和三山有り。」

とは書かれていない。すなわち、全く「大和の風土」ではなく、疑いえぬ「九州の風土」なのである。

以上は、大変分りやすい。「子供」にも、すぐ分る道理だ。だから、慎重に、すべての明治以降の教科書は、これらの事実を教科書からも、指導要領からも、「隠し」通してきたのである。

これに対して、「天皇家中心主義」を守ろうとする歴史学者（すなわち、御用学者）は、さまざまの弁舌でこれを〝弁護〟してきた。いわく、

「中国の歴史書には、まちがいが多い。たとえば、元史などの〝日本記載〟を見ても、いろいろとまちがっているところがある。」

いわく、

「聖徳太子は、中国側の〝あざけり〟をおそれ、〝推古天皇は男だ。奥さんもある。〟と言って、見事にだました。中国側は、これを〝真にうけて〟しまったのである。」

など、など。

これらの「弁舌」を、大人（先生）は、もし誰か（父兄など）に聞かれたときには、拡大再生産してきたことであろう。

人間の作り出した「紙」（史料）の価値は、文人たちの「弁舌」によって、容易に〝言い換える〟ことができるからである。

四

しかし、〝言い換える〟ことのできないもの、国家の核心をなす一事、それは「軍事」だ。「軍事」にかかわりをもたぬ国家など、地球上にはかつて〝無かった〟のである。

北朝の隋は、南朝の陳を滅ぼした。陳の天子を「俘囚」として長安に連れ帰り、これを〝臣下の隅〟に列せしめた。もちろん、北側の軍事力によってである。その隋の天子に対し、倭国（俀国）の王「多利思北孤」は、昂然と「日出ずる処の天子」を称した。その自称がたいした「軍事的防禦体制」もなしになされた、とすれば、いかにも奇態だ。

なぜなら、相手（「日没する処の天子」）が、強大なる一大軍事力をもって、かつての倭国の「宗主国」たる陳の天子を滅ぼしたのは、わずか「十年あまり前」のことだからである（開皇九年〈五八九〉から開皇二十年〈六〇〇〉及び大業三年〈六〇七〉まで）。

その時期の日本列島において、長大なる一大軍事要塞線に、囲まれていたのは、「太宰府と筑後川流域」のみだ。決して「大和」ではなかった。ましてその中の「飛鳥」ではなかったのである。

この事実は、動かしがたい。文人がこの一事を「口舌」をもって〝言いくるめる〟ことなどは決してできないのである。

五

ある人が、わたしに言った。

「もし自分が、大和朝廷の人間で、神籠石を作るとしたら、先ず、舞鶴と大和との間に築きますね、何重か。なぜって、高句麗や新羅や隋・唐が〝大和の都〟を襲うとしたら、それが一番の近道ですからね。対馬海流に乗ってゆけば、いいわけです。それから、大和の周辺ですね。瀬戸内海や太平洋に面するところ。九州などは、二の次ですね。」

多年、しまなみ大橋や博多の高架橋梁の企画や設計に次々と実力を発揮してきた、プロの方だけに、きわめて説得力があった。(1)

世界の、理性あるすべての人々にとっても、これが常識であろう。

六

わたしは言った。

「もし、神籠石が、現に〝大和〟を取り巻いていたら、今の学者、歴史家や考古学者は、『これこそ、大和朝廷が作りたもうたところ』と、そう言うでしょう。

もちろん、わたしも賛成します。しかし、現に、神籠石は〝太宰府と筑後川流域〟を取り巻いている。

それでも、やはり、今の学者たちは、

『神籠石は、大和朝廷が作りたもうた。』

と言っている。要は、事実や〝物の存在〟など、どうでもいい。先ず、『観念ありき。』先ず『結論ありき。』ではないですか。」

この問いに答える人を、わたしは見なかった。

七

ある著名な考古学者（博多）は言われた。

「あれ（神籠石）は、斉明天皇が作られたのでしょう。」

わたしは答えた。

「神籠石は、五年や十年ではできませんよ。」

また、言われた。

「元寇の防塁は、博多湾岸に作られています。あれと、同じですよ。」

わたしは答えた。

「佐賀県のおつぼ山（佐世保湾側）や帯隈《おぶくま》山（有明海側）、それに筑後山門（福岡県南端）や石城山（山口県）のあたりにも、元寇の防塁は築かれているのですか。」

白村江の敗戦（六六二、あるいは六六三）以前において「日出ずる処の天子」は、この神籠石群の軍事防塁の内側にいた。それが、ナチュラルな答だ。

この一事の認識から逃れようとするとき、人はさまざまの「弁舌」の中で苦しまなければならないように見える。

八

右の問題は、もちろん、一軍事史の問題にとどまらない。

それはすなわち、いわゆる「十七条の憲法」の問題である。

それはすなわち、「法興」という九州年号をもった「法隆寺の釈迦三尊」の問題である。

それはすなわち、七世紀から八世紀にかけての歌々を収録した「万葉集」の問題である。

それはすなわち、七世紀後半に「発起」され、八世紀（七一二）に成立した古事記の問題である。

それはすなわち、次いで同じ八世紀（七二〇）に成立した日本書紀の問題である。

そしてそれらの諸書・金石文によって「造作」されてきた、各代の全古代史と日本の歴史像総体の問題なのであった。


いわゆる「邪馬台国」問題や「倭の五王」問題もまた、もちろん、その"one of them"にすぎないであろう。いずれも、歴史の流れにおいて、この「神籠石」問題とは決して無関係ではありえないのである。

九

ギリシャはわたしにとって、一変した。少年時代の「幻想のギリシャ」とは、別物のように映っている。その点、晩年のわたしにとって、これからどのようなギリシャがクローズ‐アップされてくるのだろうか。

「イリヤッド・オデッセイ」の史料批判への道だ。もちろん、西欧には厖大な「古典研究」の累積がある。日本の「邪馬台国論争」どころではない。

けれども、それらをつんざくようにして、あのシュリーマンの探究が出現した。従来の、山なす「西欧古典学」に対して根本的なクレームを投じたのである。その衝撃は大きかった。先日も、対馬・壱岐の旅の中で、一行の中のトロイに訪れた方の話に接した。

「あれは、トロイの都の遺跡ではない。古いお墓の跡だ、という話を聞きました。」

とのこと。

これは、有名な「退役大尉のベッティヒャー」系の説である。シュリーマンの「発掘」を否定し、あれは「一大火葬場」にすぎぬ、と主張したのである（『古代への情熱』岩波文庫、一二五ページ）。

彼は、シュリーマンを以て「偽善者」「偽発掘者」として、悪罵して止まなかった。日本ではこの点、右の著作などによってシュリーマンの功績はすでに「常識化」しているけれど、かえってヨーロッパやその系列を引く人々の中には、右のような見解が、なお「生きて」いるようである。広大なる「西欧古典学の伝統」が、このようなシュリーマン攻撃を今も〝生きつづけ〟させているのであろう。

彼は「晩年の十年間は反対者との戦であったといえる。」(同書、一八一ページ) とされ、「誹謗者」からの「野蛮な悪口」に悩まされていたという(同右)。

彼の、いわゆる「発掘」物は、その実、莫大な財産(ロシアとの毛皮貿易等の利得)による「古道具屋からの購入品」を、いかにも自分の発掘品であるかに〝偽称〟したものにすぎぬ、というような「汚名」がシュリーマンに対して早くから投げつけられていたようであるが、それらの〝情報操作〟は、(日本とは異なり)西欧世界という「古典学の温床」の中では、いまだに現在でも生きつづけているのかもしれない。

十

近来、不可思議な出版物が出回りはじめた。わたしに対する「誹謗」や「中傷」である。

あの「東日流外三郡誌」をめぐって、わたしがそれを「偽造」した、あるいは「偽造を依頼」した、というたぐいの「怪メッセージ」が学術書や大手出版社発行の雑誌内に掲載されている。

さらに、今までの経緯をまとめて新たに小冊子にしたものも出された(2)。

いずれも、同一の「発信元」に淵源していることは、すぐに察知できるものの、問題は「今の時機」に、「旧情報」を「再発信」しはじめた理由、それが問題の核心だ。

かえりみれば、一昨年から昨年にかけて、わたしの学問的収穫は、望外にも豊潤だった。恵まれていたのである。

『古代史の十字路——万葉批判』『壬申大乱』(いずれも、東洋書林刊)、さらに『「邪馬台国」はなかった』刊行三十周年記念集会、外人記者クラブにおける講演「日本の原理主義批判」と、多彩だった。その上、今年になってわたしの著作集（明石書店）も刊行されはじめた。

特に、右の講演の英文レジメは、全世界から厖大なアクセスがあった。当初の〝予想〟をはるかに上回るものだった（これは「神籠石」問題を中心とする、日本の学界・教科書批判である）。

これらに対し、識者の「書評」も出ず、学界からの反応はなかったが、幸いにも、本は版を重ねた。——そして今回の「旧情報の再発信」だ。これが、いわば「代理」としての反応だった。いわく、「古田とは、かかる不徳義漢だ。だから、学問的反応など、しなくてもいい。」

そういう、いわば「免罪符」の役割を（当の執筆者の背後で）になっているのである。

日本もようやく「西欧の古典学なみの水準」に達したように見える。慶賀すべきだ。ただ、わたしごとき非才、非力の老人に対して、あたかも晩年のシュリーマンのごとき「名誉」を以って遇することは、いかにも不当である。

その上、わたしのような者には、石工に依頼して「神籠石」群を新造し、偽造させることなど、及びもつかない。

日本の「誹謗者」から発せられる「野蛮な悪口」は、明らかな見当ちがいを犯したものだ。後世万人の嘲笑をまねく他はあるまい。

十一

願わくは、わたしの場合、「晩年のシュリーマン」の陥った〝あやまち〟を犯すまいと思う。

なぜなら、彼等（発信元）は、はじめから和田家文書（「東日流外三郡誌」等）のもつ貴重性などには〝聞く耳をもたず〟に、相手を「中傷」することによって、その（つまり、わたしの）「信用」をおとしめ、研究の歩をさまたげんとするのを目的にしているからである。

わたしの残されたいのちは、すでに短い。何もしなくても、「誹謗者」たちは、その目的を、自然に達することであろう。その日まで、わたしは正々堂々と学問の大道を歩み、一夕に一個の真実を手にし、一朝に一個の新局面を見る。そのようにして、この生を終わりたいと思う。それが自然死か、それとも何等かの急死か、それは運命の女神の深く望むところにまかせる他はない。

注

（1）力石巌さん（「古田史学の会・九州」）。

（2）「日本書紀研究」第二三冊（塙書房刊）、「歴史・諸君」五月号臨時増刊号（文藝春秋、二〇〇二年刊）、『「東日流外三郡誌」の真実』（三上重昭著、梓書院、二〇〇二年）等。

補

本稿を書き終えると同時に、佐原真さんの訃報（本日）に接した。残念である。忌憚なき応答をさせていただきかった、お一人であった。厚く御冥福を祈りたい。

二〇〇二年七月十日　記了

（「閑中月記」第一九回、『東京古田会ニュース』第八六号）

神籠石の証明——古代山城論

一

博多の上城誠さんから、ニュースがもたらされた。

「古代山城サミット」のプレサミットが来年（二〇一〇）二月に大野城市で行われるという。「本サミット」は九月とのこと。古代山城のある全国の自治体が集まり、遺跡の保存や活用について話し合う（毎日新聞、十二月十五日）。

結構なことだ。だが、その解説には重大な「?」がある。

「古代山城が建設されたのは、七世紀。六六三年、大和朝廷と百済の連合軍は、白村江の戦いで唐と新羅連合に大敗、百済は滅亡した。危機感を持った大和朝廷は、亡命百済人の技術で西日本各地に山城を建設した。全国三十の自治体に残っているという。大野城は大宰府防衛用に造られた（扇沢秀明、福岡都市圏版）。」

本当だろうか。

二

いわゆる「古代山城」のハイライト、それは神籠石山城群だ。東は石城山（山口県）、西はおつぼ山（佐賀県）、南は女山《ぞ》（福岡県、筑後山門）、北は玄界灘。明らかに、太宰府と筑後川流域を「中心」とした〝一大構築〟としての山城群である。

これを「大和朝廷の造り賜うた」もの、と日本書紀の近畿中心の歴史観で「説明」しようとするから、苦しい。否、いくら〝苦しん〟でも、先入観なき外国人、心ある人々の「心」をつかむことは到底不可能であろう。

右の文面では、全国三十の自治体の山城が、すべて「大和朝廷」中心で造られている。今問題の大野城は、たまたま「大宰府防衛用」といった感じだ。

これがこの記者（扇沢秀明氏）の「独断」あるいは「勉強不足」によるものなら、（失礼ながら）幸いだ。それだけの話だからである。しかし、事実は「否（ノウ）」だ。いわゆる古代山城シンポジウムの「公的立場」あるいは「指導理念」に沿って、この記者が〝忠実に〟叙述しただけではないか。私にはそう見える。それが問題だ。真実を求め、歴史を明らかにすべき「シンポジウム」が「開く」前から、一定の「固定観念」にリードされて行われる。これは危険だ。この記事を読んで、そう感じた。

三

わたしは来年七月三日、久留米大学で講演させていただく予定だ。標題は、「神籠石の史料批判——古代山城論」である。時は、大野城市の山城サミットのプレサミット（二月）と「本サミット」（九月）の中間に当る。グッド・タイミングだ。

例年おまねきいただき、今年（二〇〇九）限り、と思っていたのだけれど、お引き受けする決意をした。もちろん八十四歳直前のそのときまで、この生命があるならば、だ。

大野城市も、線香花火のような、いっときの「町おこし」めいたやり方で、貴重な市民税を〝無駄〟に費消させたくないならば、〝見せかけ〟の「単《たん》ポジウム」ではなく、反対意見（多元史観、九州王朝説等）も入れた、真の「シンポジウム」を行われること、切望したい。

今年の八月末、わたしは大野城市内に住まれる柿本家を再訪し、柿本人麿の子孫としての、貴重な系図を拝見した（スターゲート刊行のＤＶＤ「７０１」第二集収録予定）(1)。

四

神籠石山城群は重大だ。

これら山城群が造成され、〝実用〟されていた時期、それらに囲まれた中心勢力、その〝ありか〟、位置をしめしているからである。

それは決して「大和」ではない。「筑紫と長門」だ。この領域こそが倭国の都の中心地帯なのである。もちろん、日本書紀の方はちがう。徹底した「大和中心主義」だ。明治維新以降、「学界」も「教育界」も、このイデオロギーを核心として、日本国民を「洗脳」してきた。そう言っても過言ではないだろう。

しかし、考えてみよう。「日本書紀」は天皇家によって、天皇家のために作られた、天皇家の歴史書だ。もちろん、わたしたちにとって貴重無類の史書の一つである。けれども、それは右のような、この歴史書の本質、その「性格」を〝まぬかれる〟ものではない。すでに津田左右吉が明らかにしたように、幾多の「造作」がふくまれている。

これに反し、神籠石山城の方は「実在」だ。誰かが「他の場所」で造って、ここに〝移し植えた〟ものではない。当然だ。動かせない「事実」なのである。

では、日本書紀（A）と神籠石山城（B）と、両者の〝指ししめす〟ところが矛盾するとき、どちらが「否定」されねばならないか。明白だ。（A）の方なのである。

しかるに、従来は（A）を絶対化し、その上で（B）を（弁舌を用いて）「解釈」し、「説明」してきたのである。

「天皇家は仁慈深い。そのため、「自分のところ（大和）」より、一地方（筑紫と長門）を重んじ給うて、これらの（筑紫中心の）神籠石山城を造り賜うた。」

詭弁である。

五

従来の論者には、次のような、「定義」を〝創案した〟学者がいる（小田富士雄氏等）。

「日本書紀に書かれていない山城を神籠石と呼ぶ。」

と。不可思議な「定義」だ。「バイブルに出ない山城を～と呼ぶ。」とか、「イリヤッドには出てこない山城を～と呼ぶ。」、こんな「考古学上の定義」があるだろうか。聞いたことがない。「文献」と「考古学的事物」と、二者〝次元のちがう概念〟の混交だ。

要は、何とか「神籠石山城群」を「山口県内」にとどめず、「大和に近づけたい」という願望の表現なのである。イデオロギー主導だ。たとえそれをやってみても、「大和」が「神籠石群に取り巻かれている」ことにはならない。やはり事実は頑固なのである。これが自明の事実だ。

六

神籠石山城群は重大だ。

それらの「成立の時間帯」は、当然ながら白村江の敗戦（六六二、あるいは六六三）「以前」だ。決して「以後」ではない。

物を正面から見よう。白村江の敗戦「以後」、唐の戦勝軍が何千人規模で筑紫（福岡県）に来駐（占領）したこと、著名である。九年間に、六回もの来訪である（天智紀）。

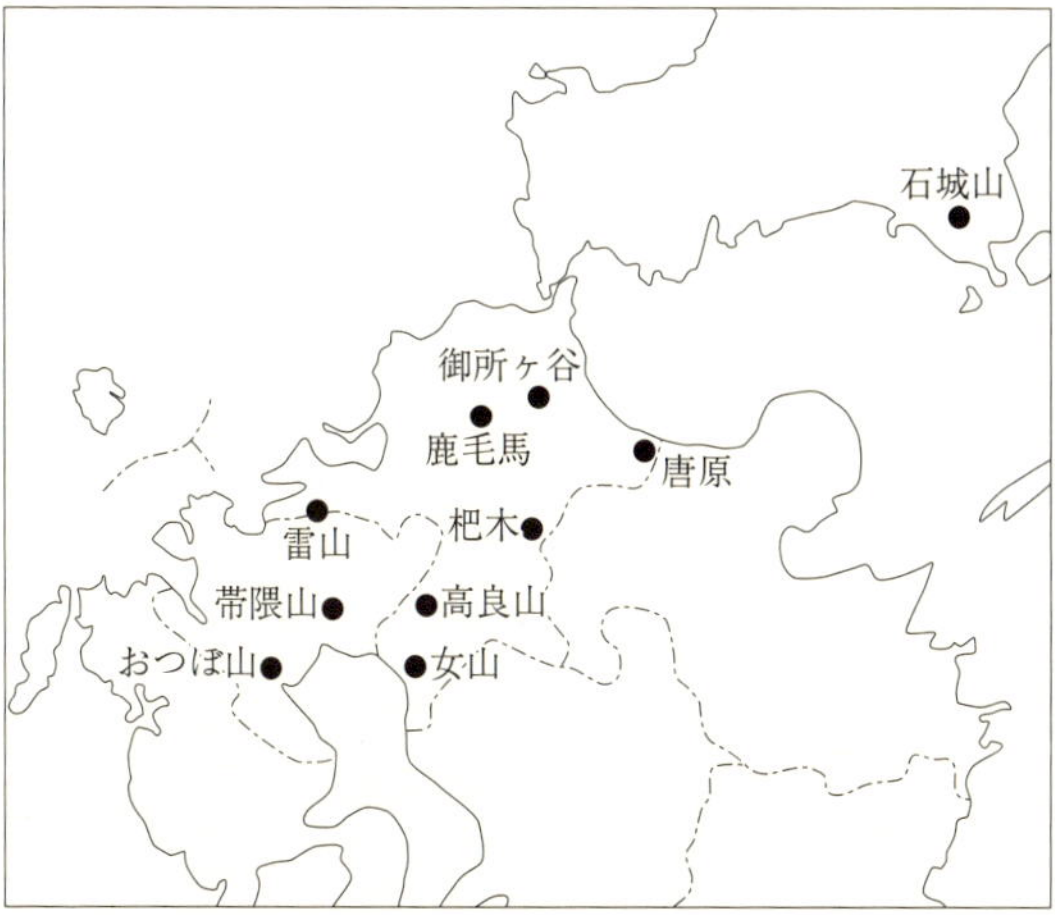

（甲）神籠石分布図
（森貞次郎『北部九州の古代文化』明文社，1976年，等によって作図）

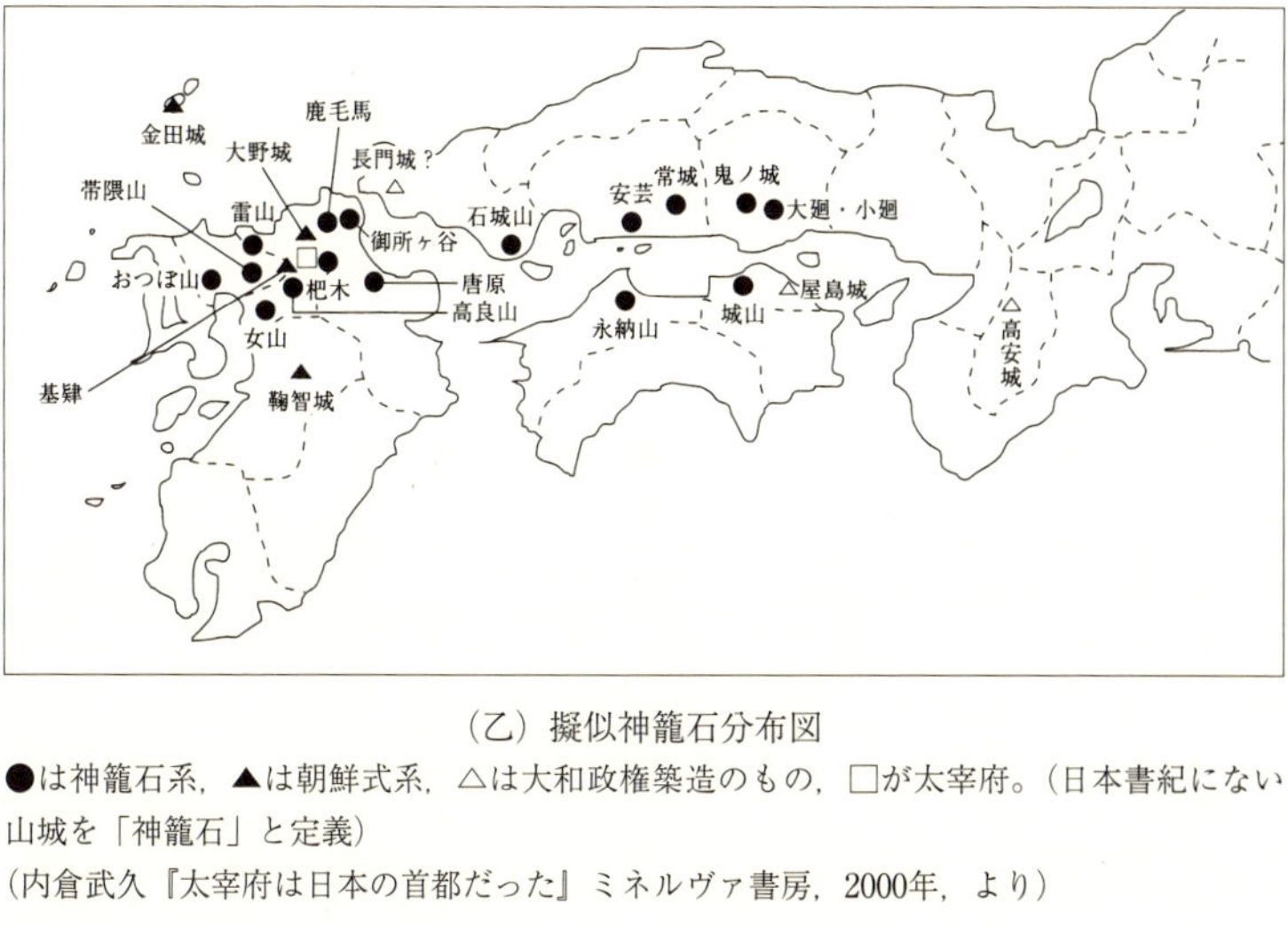

（乙）擬似神籠石分布図
●は神籠石系，▲は朝鮮式系，△は大和政権築造のもの，□が太宰府。（日本書紀にない山城を「神籠石」と定義）
（内倉武久『太宰府は日本の首都だった』ミネルヴァ書房，2000年，より）

これを「架空」とせぬ限り、次の一事は明白だ。

「敵（唐）軍の進駐（占領）下において、完璧に敗戦した倭国側は、誰を新たな仮想敵国として、一連の軍事山城群などを造成できるのか。――ありえない。」

と。

たとえば、

「アメリカ軍が厚木に進駐したあと、昭和天皇が日本列島内で『軍事基地』を各地に造成された。」

こんな現象は、万に一つもありえない。これと同じだ。先述のような（扇沢秀明氏の）「山城解説」は率直に言えば〝夢まぼろし〟の絵空事に他ならない。

七

神籠石山城群は重大だ。

この山城群（B）の実在は、日本書紀（A）とは矛盾するけれど、同時代の金石文（銘版）（C）とは、見事に一致する。矛盾しないのである。

たとえば、大阪府柏原市出土の「船王後墓誌《せんおうごぼし》」（三井高遂《たかなる》氏蔵）だ。七世紀中葉の年時（干支）をしめす銘文だ。当人の王後は辛丑十二月三日庚寅の没。「年」と「月日」の双方が干支でしめされているため、六四一年の十二月三日と特定できる。貴重だ。しかし、従来の理解では、矛盾続出した。(2) ところがこれに反し、いったん「九州王朝」を基準尺とすれば、諸矛盾は一挙に解消する。「乎娑陀（おさだ）」「等由羅（とゆら）」「阿須迦（あすか）」の三人の天皇は、それぞれ「曰佐（おさ）」（筑前国那珂郡、博多）

「豊浦（とゆら）」（長門国、豊浦郡）「飛鳥（あすか）」[3]（筑後国、御井郡、小郡市）となろう。いずれも「神籠石山城群」の内部の天皇となるのである。ことに当人（船王後）の活躍は、豊浦（山口県、現・下関市、北端部）を中心としている。

神籠石山城群がなぜ「九州内（筑紫）」にとどまらず、山口県東端の石城《いわき》山（上関《かみのせき》）に及んでいるのか。この年来の「?」が解消されたのである。

同時代の金石文（銘文）と考古学遺跡との一致、これこそ真実の歴史学、その本道だ。本すじ道である。わたしたちの拠って立つべき、本来の姿なのではあるまいか（この銘版については『なかった——真実の歴史学』第六号、参照）。

古人いわく「論理の導くところへ行こうではないか、たとえそれがいかなるところへ到ろうとも。」（プラトン、岡田甫《はじめ》先生の要約に拠る）。

八

新たな萌芽がある。

従来の万葉学では、解決できなかった「?」があった。あの柿本人麿を祭る神社が、全国の約七〜八割、山口県に偏在しているのだ。全部で一〇〇社くらい、あるいは二〇〇社くらいとも言われる。近隣の数社が「統合」されているケースを「一社」と見なすか、「各分社数」で見るか、そのちがいだから「二〇〇」と「一〇〇」は、必ずしも額面通りではないようである。「実質」に大異はない。

ともあれ、その謎は解けはじめた。キイ・ワードは、右の「豊浦」だ。ここが九州王朝の都であったとき、この地で人麿は〝学び〟〝育ち〟大成していったのではないか。そういう未曾有の視点が開けはじめた。それを右の「船王後の銘文」がしめしたのである。

わたしの中の探究の心は、再び燃えはじめたようだ。

すでにわたしは何回も述べた。書いた。「いつ死んでもいい。」と。学界が「そっぽ」を向こうと、「教育界」が知らぬ顔ですごしていようと、それはそれぞれ彼等の「都合」だ。わたしには関係がない。わたしはすでに「九州王朝の実在への確信」を手にした。いかなる「国家という全組織」の「都合」も、この真理をまげることはできぬ。それをこの目で見たわたしにとっては、いつ、どんな形で「死」がおとずれようとも、大満足だ。運命に対して、何の異議ももたないのである。

九

しかし、今、思っている。なお、一分、一秒でも生きたい、と。なぜなら、学ぶべきこと、研究したいこと、書きたいこと、それらが眼前に充ち満ち、あふれているからである。

かつて十八歳の六月上旬、東北大学の文学部で、勤労動員に出るわたしたち学生に対して、各教授が訓示を行い、「勉学をストップさせることを歎かず、新しい任務に全力を投入してほしい」旨、述べられた中で、村岡典嗣先生のスピーチは異色だった。

「フィヒテは言った。青年は情熱をもって学問を愛する、と。わたしはこの四月以来、その言の真実なるを知った。

先刻よりの諸先生方の訓示、その心はわたしも全く同感である。その上に立って、なおわたしは言いたい。分刻を惜しんで勉学せよ、と。

荻生徂徠は、寸刻を惜しんで勉学した、という。諸君はそれ以上に、分刻を惜しんで勉学してほしい。この言葉をわたしは諸君へのはなむけとする。」

と。

わたしは人生の最後の時期に坐している。秒刻を惜しんで勉学したい。少しでも、学び、知り、それを後世に残す。そのために、一分、一秒でも長生きしたい。そう切実に、思っているのである。それが今だ。

注
（1）電話〇三―五七二八―一五四八。
（2）「金石文の九州王朝――歴史学の転換」『なかった――真実の歴史学』第六号、一六～二〇ページ参照。
（3）同前一三～一五ページ参照（グラビア写真に「飛鳥」〈小郡市〉の研究実験。福岡県立三井高校で研究実験〈軽気球使用〉）。
二〇〇九年十二月二十四日　稿了
（「閑中月記」第六三回、『東京古田会ニュース』第一三〇号）

古代高度防災施設について——真実の出発

一

重大な発見があった。隋書俀《たい》国伝である。有名な「日出ずる処の天子、書を日没する処の天子に致す、恙《つつが》なきや、云々」の「名文句」の直前に、次の一節がある。

「阿蘇山あり。その石、故無く火起り、天に接する者。」

原文は次の通りだ。

「有阿蘇山、其石無故火起、接天者。」

従来はこれを、阿蘇山に対する「自然描写」と解してきた。阿蘇山そのものの「山容の描出」と〝見なし〟てきていたのである。

しかし、わたしには「？」があった。

第一、「無故」は「故無く」と訓《よ》み、「理由が無く」という意味に解することは、当然可能だ。だが、その「文脈上の、意味づけ」という視点から見ると、「火山」に対して今さら「その爆発に理由が無い」

など、〝難くせ〟をつけてみても、はじまらない。およそ「無意味」なのではあるまいか。この「?」だ。

第二、「故」を「ふるし」と訓み、〝古い石がないくらい、絶えず新しい爆発がおこっている。〟と解することも、「文脈上」は可能だ。だが、阿蘇山そのものの実態とはまるで〝かけはなれ〟ている。阿蘇山の全体は、阿蘇カルデラから成り立っている。何十万年も前の一大爆発の結果、成立したもの、それが現在の阿蘇山の姿なのだ。「古い石が無く」どころの〝騒ぎ〟ではない。この阿蘇溶岩のすべてを、今「阿蘇カルデラ」という学名で呼んでいるのである。だから、この「故」を「ふるし」「なきもの」の意味にとったのでは、全く現実とマッチしない。不条理なのである。

二

問題は〝解け〟た。二〇一一年六月十六日の早暁（深夜）だった。諸橋の大漢和辞典を見ると、次の成句があった。

「無故擅入」ムコセンニフ

無用の者猥りに入ることを禁ず。漢代、官府の門に掲げられた禁制。

［周禮、秋官、士師］五日軍禁、皆以二木鐸一徇二之于朝一、書而縣二門閭一。

［「十三経注疏（周禮）」］今宮門有二符籍一、官府有二無故擅入一。

［孫詒讓正義］謂、非下當官有二職事一者上、不レ得二擅入一。

（諸橋、大漢和辞典、第七巻四三五ページ）

右によれば、当代の官庁には、この「無故擅入」の看板がかけられていた。その意味は、「官庁側の許可なく、ここに入ってはいけない。」との禁制だ。この禁制の用語は、漢代以来のものだ、というのである。隋書は唐初、武徳五年（六二二）の成立だ。著者も、読者も唐初の中国人である。彼等は子供の時から、いつも官庁の前でこの「禁制用語」に接してきた。この俀国伝の中の「無故」の二字を見たとき、必ずこの「中国側常用の四字熟語」の「前半」として理解したはずなのである。

三

キイ・ワードは「火」の一字だった。

〔左氏、宣、十六〕人火曰レ火、天火曰レ災。

〔公羊、襄、九〕大者曰レ災、小者曰レ火。

右のように〝人間のおこす火〟を「火」といい、〝天のおこした火〟は「火」ではなく、「災」というのだ、とのこと、くりかえし解説されているのである。

この点、最近新聞紙上に頻出する「天災」や「災害」の「災」の用法は、本来の〝正しい〟用法なのである。これに対し、「人災」というのは、日本における〝比喩的造語〟だったのだ。

当然ながら、中国には「火山」という用語は、ない。諸橋の大漢和辞典にも、存在しないのである。中国には「火山」自体がない。そして、かりにあったとしても、その「大自然の放つ、熱と光と爆風」は「火」ではなく、やはり「災」なのである。これが根本問題だ。

従来の「読み方」は、あくまで〝日本流儀の理解法〟にすぎず、隋書俀国伝、本来の「意味」とは無関係だったのである。

すなわち「無故火起」とは、

〝許可なく、勝手に火を焚《た》いてはいけない。〟

との「立て札」を、(「立て札」自体は、日本語であろうが)中国語の禁制用語の形に「翻訳」したものだったのである。

四

次のポイントは「接天」だ。

従来はこれを「阿蘇山の山容」として〝理解〟してきた。しかし、中国側の「用法」では、いささか異なっている。

「杜審言、登襄陽城詩」楚山横レ地出、漢水接レ天回。(諸橋、大漢和辞典、第五巻二九一ページ)

ここでは「襄陽城」という城を歌ったとき、「楚山」に対しては「地に横たわる」と形容し、「漢水」に対してこの「天に接す」という描写が用いられているのだ。

今の隋書俀国伝の場合も、「阿蘇山そのもの」が「天に接している」のではなく、阿蘇溶岩を用いて(「其の石」)築かれた「山城」に対してこの「接天」の用語がつかわれていたのである。

すなわち、現代において、使用されている、あの「神籠石山城群」に対する形容の文言だったのだ。

五

先の襄陽城を歌った杜審言《としんげん》は、唐、襄陽の人である。進士。隰城尉となり、洛陽丞に累遷された。事に坐して吉州司戸に貶せられ、則天武后の時、官は膳部員外郎。尋《つ》いで中宗の朝、修文館直学士に至って死んだ。文章において李嶠・崔融・蘇味道と並び「崔李蘇杜」と称せられたという。（唐書、二百一、旧唐書、二百九十上）（諸橋、大漢和辞典、第六巻一六二ページ）。

すなわち、彼は隋書の成立した唐初において、名の高かった詩人だ。すなわち、唐代の読者にとって、この「接天」の表記は「山城の描写」として著名の形容句だったのである。

六

今は周知のように、「神籠石山城」の「下石」は阿蘇溶岩である。それを長方形に〝切りそろえ〟て、山城の下石として〝設置〟したものである。

その上に、約三メートルの木柵が立てられている。しかも、それが「一メートル置き」くらいの幅で「二重」に置かれているのである。

この山城の場合、「火気厳禁」は当然である。外部の一般人などが「焚き火」をして、右の木柵が一部でも「類焼」すれば、山城としての機能は失われる。だからこそ「火気厳禁」の立て札が必要なのである。「阿蘇山それ自体」や「其の石、それ自体」に対してはこの「火気厳禁」の「立て札」など、ほとんど無意味なのである。

七

「神籠石山城」のもつ、本来の性格を、今改めて考えてみよう。

第一は、大津波に対する「逃げ場」としての性格である。周知のように山の中腹部において、延々とその山全体を〝囲む〟形の山城であり、一部の将兵だけではなく、住民全体を避難させるだけの「広さ」をもつことが知られている。なぜか。

もちろん、戦争によって「敵」の襲来したときの「逃げ城」としての役割もあろう、しかし、それ以前に、「第一の敵」は大津波や山津波だったのではあるまいか（「大津波」の歴史については、後述）。

今年（二〇一一）、東日本の大津波の災害を経験したわたしたちにとって、看過できぬテーマである。

第二は、地震に対する「構築物」としての性格である。この「神籠石」そのものは、阿蘇溶岩を「長方形」に〝切りそろえた〟ものだ。だからそれを〝積み上げた〟とき、従来の、いわゆる「朝鮮式山城」（後述）より、安定性が高いのは、明らかだ。

だが、それだけを三メートルも五メートルも積み上げたら、どうだろう。当然「地震に弱い」のだ。地震列島の日本では、絶えずやってくる地震の「ゆれ」でガラガラと崩れてしまうのである。

そこで「木柵」の出番だ。三メートル近い木柵の存在は、何をかくそう「地震のゆれ」に対して、まさに〝有効〟なのである。神籠石に〝えぐられ〟た穴に〝指しこまれ〟ている。そこには「遊び」があるため、「地震のゆれ」に対してきわめて〝有効〟なのである。そう、あの「五重の塔は、なぜたおれないのか」の原理だ。その「原理」がこの工法にも〝生かされ〟ているのである。驚くべきだ。

もちろん、従来はこのような見地から、この神籠石山城は〝論じられ〟てこなかった。わたしは見たことがない。なかには、これを「愚城」と評する論者さえあった（原田大六氏）。

しかし、「人間の敵」に対する以前に、「大自然という敵」に対して作られている。このような視点が従来の研究史に欠けていたのではあるまいか。

八

もちろん「人間の敵」に対しても、「無用」ではない。ないどころか、この山城形式は「火城」と呼ばれていた。地上からの敵の襲撃に対して、山城から「火に燃える木材等」を投下して〝防御〟したのである。後代、楠木正成が千早城で敵（北条側）に対して行った戦法として著名だが、この手法は、中国でも古来の「定番」だったのである。

この神籠石山城でも、当然その「用意」をもっていた。だからこそ「山城管理者」側以外の者が「許可なく、火を焚く」ことを禁じていた。

そのありのままの事実を隋書俀国伝は記述したにすぎなかったのである。「同時代史料」という以上に、「直接報告」という、第一史料の強みである。

九

ここで、さらに大局的な視野から考えてみよう。「自然災害と日本の歴史との関係」である。これを通例「日本の歴史の中の自然災害」という形でとらえるが、実は〝話〟が逆だ。「日本列島へと襲撃しつづけてきた自然災害、たとえば地震や大津波の〝あいま〟にわたしたちの人間の歴史が存在している」これが、客観的な、リアルな姿なのではあるまいか。

たとえば、瀬戸内海では、有名な「縄文海進」という術語がある。六〇〇〇年前（修正値以前）の縄文前半期に、瀬戸内海が形成され、現在の瀬戸内海の底に埋もれている陸地、「旧石器文明の世界」を〝飲み込んで〟しまった。この事実は、瀬戸大橋の建設のさい、橋脚周辺より大量の旧石器遺物（サヌカイト）が発見されつづけたため、今は明らかになった考古学的事実である。

しかし、問題は「縄文海進」という術語だ。この術語からは、なんとなく「海」が静かに上昇したような「イメージ」が与えられる。まるで処女のように、しずしずと「水位」が上昇したような感じだ。

だが、その実際は、〝荒れ狂う大津波の連続襲来〟いわば「狂奔怒濤」の姿だったのではあるまいか。

北極や南極の氷が溶け、「海水の量」が激増した、というのは、冷静な「観測者」の言葉にすぎず、その実際は、今年の東日本に襲来した、その何倍もの、何重もの大津波の襲来があり、その大津波が「居すわった」姿こそ、今の瀬戸内海なのではないか。わたしはそう思う。瀬戸内海のそばで育った、瀬戸内海大好きの瀬戸内海人間のわたしだが、今はそう考えるのである。

十

瀬戸内海周辺に「高地性集落」の存在が知られている。弥生集落である。北岸（中国地方）・南岸（四国地方）・東岸（近畿。奈良県と大阪の間）に分布している。

それらは従来は「敵の襲来」に対する〝逃げ城〟的な見地で〝語られ〟てきた。それも確かだ。だが、それ以前に「自然災害」すなわち大津波に対する〝逃げ場〟としての役割を「第一」にもっていたのではないか。この視点だ。

「だが、弥生時代に、そんな大津波の襲来があった、という証拠があるのか。」

そういう反問があろう。その通りだ。だが、先述のように「瀬戸内海」それ自身が、旧石器・縄文時代の大津波の挙句に成立した地域であること、「弥生時代」というのも、そのような「疾風怒濤時代」の、あるいは上の、あるいは「中の」一時期なのであるから、苦しみ抜いた「大津波」への対応として、やっと〝安定した逃げ場〟を恒久化しはじめた。そういう姿が、この「高地性集落」だったのではないか。もちろん「人間の敵」に対する〝逃げ城〟という役割も「二次的」には存在しうるのである。わたしはそう考える。

十一

以上の視野に立つとき、たとえば「博多湾岸」に対する見方も、一変する。わたしたちは「博多湾岸」といえば、安定した地理的表記のように思う。しかし、先述のように、「瀬戸内海」が「大津波の疾風怒濤時代」の中にあったとき、「博多湾」側が〝静止し、安定していた〟などということはありえない。地球の一端としての現象である以上、先述と同じく、「博多湾」もまた「大津波の度重なる襲来の後の、〝安定した姿〟」ハッキリいえば「居すわった姿」である。そのように見なしても大過ないのではあるまいか。否、そのように見なければ「神籠石山城」が営々と苦辛を重ねて構築された意義、その真相を理解することができないのではあるまいか。結論は、こうだ。

「神籠石山城群は、古代における高度の地震・大津波対応施設であった。」

と。現在、二〇一一年の「三・一一」以後、わたしたちの当面したテーマ、いわゆる「復旧」か「復興」か、あの問いかけにも、まさに深くかかわるものなのであった。

十二

次のテーマにすすもう。

最初にあげた一節のあと、次の一句がつづいている。

「俗以て異と為し、因りて禱祭を行なう。」

原文「俗以為レ異因行二禱祭一」

従来はこの「俗」を〝庶民の風俗〟のように解し、右の「阿蘇山有り、其の石云々」の一節とは「別テーマ」と解してきた。「まちがい」だ。なぜなら、「因りて」の一字は、最初にあげた一節を〝承けた〟一句であることを明瞭にしめしている。

すなわち、右にのべたように、「神籠石山城」のもっている「本来の役割」として、その山城の地を〝拠点〟として、「地震や大津波の襲来、または阿蘇山の一大爆発などの〝生ぜぬ〟ことを神に祈る祭りの場」としていたこと、それをしめしているのだ。

この「俗」というのは、中国側から見た立場から「俀国の風俗」を指しているのであって〝権力者でない一般庶民の風俗〟といった理解は、いわば全くの「見当はずれ」だった、という他はない。

以上によってみれば、戦前から学界に存在した「霊域か山城か」という〝問いかけ〟自体が本来、適切ではなかった。「AかBか」と問い、「AでなければB」「BであればAではない。」そういった発想自体が〝まちがって〟いたのである。山城説が確定したあとも「霊域」性にこだわっていた論者（たとえば、松本清張等）があったのも、当然だ。本来、神籠石山城の役割は「AにしてB」だった。山城の中で「地震や大津波や火山爆発の被害のなきよう、神に祈る儀礼」が行われていたのである。その事実を、中国側が「俀国の風俗」として、ありていに記録していたのだった。

十三

この点、次の一節も「同一テーマの一端」である。

「如意宝珠有り。其の色青大にして雞卵の如し。夜は則ち光有り、と云う。魚眼の精なり。」

原文「有如意宝珠其色青大如㆓雞卵㆒夜則有㆑光云魚眼精也」

（岩波文庫では「夜は則ち光有り。いう魚の眼精なりと。」と読解）

ここでは次の二つのテーマがしめされている。

第一、俀国は「仏教国家」である。「如意宝珠」の用語がそれをしめしている。それも「民間の庶民の仏教信仰」ではない。「俀国それ自身の中枢の思想中心」がこの「如意宝珠」をシンボルとする仏教信仰に立っていることをしめしているのである。

第二、俀国は「海洋国家」である。決して「山の中の『大和』などを〝中心〟とした国家」などではありえない。その一事が、実ははじめから明瞭だったのである。

十四

それをしめすのは、「其人」問題だ。

隋書俀国伝の一節に、次の一文があった。

「又東、秦王国に至る。其の人華夏と同じ。以て夷洲と為すも、疑いて明らかにする能わざるなり。」

原文「又東至㆓秦王国㆒其人同㆓於華夏㆒以夷洲疑不㆑能㆑明也」

この一文について、従来は「秦王国」という、特殊な「一国」についての描写と解する論者が少なくなかった。

しかし、隋書は各国の「伝」で、常用語として「其人」というとき、その国全体の「国民」を指してつかっている。それと同じく、ここも「俀国全体の国民」を「其の人」とよんでいる、と。この点、すでに詳細に論証し、講演でも、わたしはくりかえしてきた。

「俀国の人々は、中国人と区別がつかないくらいだ。」

隋書は、そう〝主張〟していたのである。

同じく、最初にあげた一文中の、

「其石」

は、「俀国全体の石」の意であり、それらがすべて「阿蘇山の溶岩」すなわち、いわゆる「阿蘇カルデラ」で構成されている。その一事を、まさに隋書はしめしていた。

すなわち、この隋書俀国伝の記事は、徹頭徹尾、阿蘇カルデラを「都心」とする国家について言及していたのである。「多利思北孤」はそのカルデラ地帯の「中心の王者」だった。その彼が、

「日出ずる処の天子、書を日没する処の天子に致す。」

と呼びかけていたのである。

「古事記・日本書紀中心の日本歴史像」そして「近畿天皇家一元主義」に立った、これまでの「日本の歴史像」は今やガタガタと音をたててくずれてゆく。その大震災のひびきを、君の耳は聞かないのであろうか。日本国民のすべてに問いかけたい。

十五

なお、若干の補足をしておきたい。

その一つは、「朝鮮式山城」の問題だ。

従来、天然の石そのものを「一定の垣根の形へと造成した形の山城」それを考古学者は「朝鮮式山城」と〝命名〟してきた。たとえば、太宰府の裏の「大野城」も、その一つ。また瀬戸内海各地の山城も、それだった。岡山の鬼の城は、半ばが「朝鮮式山城」、他の半ばが「神籠石方式」、両者の〝混合〟

である。これらが「朝鮮式山城」と「命名」されたのは、他でもない。朝鮮半島における、たとえば高句麗に、この種の見事な「先範」があったからである。

しかし、このような、個々の自然の石を巧みに組み合わせて、全体としての「山城」を形成する、という手法は本来の「山城構築の手法」だ。ただ、その模範のような先例が（たとえば、高句麗好太王碑の背後の山城など）高句麗に存在したための「命名」にすぎないのである。

十六

その二の補足は「神籠石山城の成立時期」だ。従来の考古学者の中には、この山城の成立をもって、「白村江の敗戦（六六二、あるいは六六三）以後」の時期とみなす論者がある。あるいは「学界の通説」かもしれない。

しかし、この立説は全く不可能だ。なぜなら、白村江の敗戦のあと、戦勝国の唐軍が筑紫（福岡県）に「進駐」した。日本書紀では、天智天皇の九年間に、六回も「来日」してきた、とされている。一回に何百人（二百五十四人）何千人（二千余人）といった唐軍が「進駐」してきている。それらのあと、太宰府の「水城」や「大野城」が建設された、などという日本書紀の記載は「絵そらごと」にすぎない。これはたとえばマッカーサーが厚木に「進駐」してきてあと、昭和天皇が「対敵の軍事基地」を造築された、というような〝話〟だ。ありうる「事実」ではない。全くの架空記事、造作記事なのである。

当然、これらの軍事基地は、「白村江の敗戦以前」の成立だ。人間の理性を「無視」しない限り、そうだ。そしてその造築者は、当然「大和朝廷」や「近畿天皇家」ではない。文字通りの九州王朝だ。阿蘇カルデラを「都心」とする、多利思北孤の王朝による造築だった。その歴史事実を隋書は「同時代の直接史料」として記録していたのである。

十七

その三は「神籠石系山城」の「虚号」だ。

考古学者の中には、「日本書紀に出ていない山城」をもって「神籠石系」と称している論者がいる（小田富士雄）。このような「命名方法」自体、世界的にも、きわめて異様だ。だが、この「命名方法」の真の目的は「近畿天皇家中心主義」に対する〝考古学的裏づけ〟のためだった。瀬戸内海岸に分布する「山城群」（従来の形式の山城）に対して、すべて「神籠石系」と名づけることによって「大和原点」を〝よそおおう〟としたのである。

しかし、このような「イデオロギー優先」の「命名法」も、空しい。すでに明らかになったように、本当の「神籠石山城」はその実、高度の「地震・大津波の防災施設」だった。

一考すれば、明白だ。「大和の人々」が、地震や大津波をさけるために、「太宰府と筑後川」流域中心の『神籠石山城』へと〝逃げこめるか〟。とんでもない話だ。法外な「反論理」にすぎない。「日出ずる処の天子」とは、やはり大和とは無関係の、九州カルデラを「都心」とする王朝、九州王朝の王者だったのである。これが結論だ。新しい日本歴史像の出発点なのである。

二〇一一年六月二十六日　稿了

追加特論　「者」表記の意義

「阿蘇山有り、其の石」の一節は「者」の一字で結ばれている。なぜか。

換言すれば、これは「山」ではないと同時に、先述のような「城」（山城）とも記せられていないのである。中国では「城」という概念は〝その中に主権者が居するところ〟を指す。日本でも「江戸城・姫路城」等、すべて同じ意義である。

しかし、この「神籠石」の場合は、そうではない。「神籠石山城」というのは、現代の考古学者の命名であって、現地（高良山など）ではただ「神籠石」という。

この山中の地帯は、日常では「権力者」も「国民」も住んではいない。「大津波・山津波、地震、そして敵軍の襲来時」に活用されるべき第二の「逃げ城」なのである。このような「城」の概念は、中国にはない。だから「城」と記さず、「其の石……者」という表記を用いたのである。この「人・物・所」を〝自由に〟しめす「者」すなわち〝something〟の表記こそ正確だったのである。

阿蘇山という「火山」が中国になかったのと同じく、この「神籠石（山城）」の存在もまた、大津波と地震列島である日本、「俀《たい》国」独自の創造施設だった。この点、従来の中国文の専門家（白鳥庫吉や内藤湖南以降）も、これに深く注意することがなかったように思われる。

なお「火城」は、「唐代、元旦・冬至等の朝会に、数百の炬火を廷内に列ねること」（唐国史補）であり、戦争のさい「火を擲つ」のは、異常時の行為といえよう（梁書、羊侃伝）。追記する。

二〇一一年六月二十八日　追記

（「閑中月記」第七二回、『東京古田会ニュース』第一三九号）

炎上実験

一

年も迫った、十二月二十一日、法隆寺へ行った。若草伽藍《がらん》跡地の見聞のためである。

若草伽藍は、現在の法隆寺の前身だ。今回の発掘調査で、多量の飛鳥時代の遺物が出土したのである。二〇〇四年十二月四日と五日、斑鳩町教育委員会による現地説明会が行われ、伊東義彰さん（「古田史学の会」会員、奈良県在住）が参加された。その直後、伊東さんから資料をお送りいただき、現地説明会の様子、その詳細をお聞きした。十二月二日の各紙新聞発表の知識だけだったわたしには、種々の疑問が湧き、刺激的だった。そこで今回の奈良行きとなったのである。その目的は、若草伽藍跡地の地理関係、簡単に言えば、その「間取り」が知りたかった。

二

当日の午前九時半、ＪＲの法隆寺駅に着くと、水野孝夫さん（「古田史学の会」代表）と伊東さんがお出迎えいただいていた。「大和、通」のお二人だけに心強かった。冬天は快晴、空もわたしたちを歓迎してくれているように思われた。

法隆寺は、駅のすぐそばだったから、直ちに現地に着いた。伊東さんが、今回の発掘で遺物の出土した溝跡を指示して下さった。今も、その周辺で発掘作業をしている方々があった。現在の法隆寺の塀のすぐそばである。聞くところによると、この地帯にあった商店をとりこわし、記念建造物を建てるのが目的だったという。永年経営してきた店だけに、今も〝係争〟が残っているとか。

けれども、この企画のおかげで、はからずも今回の「発見」となったわけだ。わたしのような一研究者としては、〝望外の幸せ〟であった。

今まで、何回もおとずれたことのある当地を、改めておたずねした理由、それは簡単だ。若草伽藍の場合、

「五重の塔と金堂との間の距離」

を知るためだった。もちろん、それは、来なくても、見取り図などの「資料」で、推定できよう。お聞きすることも、可能だ。

だが、久しく来なかった現地をこの足で踏み、問題の「出土した溝」との地理関係を見る。それが不可欠。そのように判断したのである。

三

首尾は、上々だった。現場に精しい伊東さんが、微に入り、細をうがって説明して下さっていると、腕章をつけた、ボランティアの現地案内の方が、そばに来て、聞きほれておられた。わたしがその方にお聞きしようとすると、「いや、この方のご説明が精しいので、わたしの方がお聞きしています。」とのこと。

本当に、その通り。いつも愛車を駆って、大和盆地やその周辺の遺跡や古墳を、くりかえし〝巡り抜いて〟おられる伊東さんのご協力が力強かった。

四

全体像がハッキリしてきた。否、より正確に言えば、「ハッキリしない」ことが明らかとなった、と言うべきかもしれぬ。

たとえば、

「また、若草伽藍の塔に葺《ふ》かれていたことがほぼ確実なタイプの瓦がよく焼け、金堂のものとみられる瓦があまり火を受けていないという事実もあり、」（毎日新聞、二〇〇四年一二月二日、解説）

とあり、そこで、

「（前略）落雷で塔が燃え、金堂も類焼したが、全焼には至らなかった。」（同右、和田萃《あつむ》、京都教育大学

教授）

といった「意見」が紹介されている。

しかし、ここには「一個の不審」がある。

「瓦が〝五重の塔と、金堂との双方〟のものがあるとすれば、問題の壁画の〝断片〟もまた、金堂と五重の塔と、双方の壁画の可能性があるのではないか。」

という疑問だ。事実、当の斑鳩町の教育委員会における、関係者（橿原考古学研究所や奈良国立博物館の人々をふくむ）の合議でも、種々の意見が出たけれども、結局、「五重の塔の壁画の断片であるか、金堂の壁画の断片であるか、いずれとも断定はできない。」

というのが、その合議の「結論」だったという。(1)

わたしには、この「結論」なら、よく分る。了解しうるのである。

五

わたしの関心は、次の点だ。そこに焦点がある。

「果して『釈迦三尊』は、金堂の火災の中を〝救出〟されえたか。」

この一点に、わたしの目はそそがれている。この「釈迦三尊」を以て〝聖徳太子を語るもの〟と見なす従来説の場合、右の問いに対して「イエス」と答える以外に、道はないのである。そのさい、次の問いが必然だ。

「現在の『釈迦三尊』に〝火災をうけた痕跡〟があるか。」

従来の調査報告では、それは〝なかった〟のである。けれども、それは「見逃し」あるいは「調査洩れ」であり、実際は〝あった〟というのなら、その事実を「科学的調査」によって是非しめしてほしい。

今回出土した、「壁画の断片」の中には、「摂氏一〇〇〇度以上」の高熱の痕跡をもつものがあった、という。(2) それが「金堂」のものか、「五重の塔」のものか、前述のように、「断定」はできないけれど、そのような烈火の炎上する中で、あるいは〝隣〟で、果して何一つ、炎上の痕跡を残さず、あれだけ大きな「釈迦三尊」の、光背や台座や三体の仏像ともども、〝運び出すことができた〟か否か。――この問いである。

六

「夏四月の癸卯の朔壬申に、夜半之後に、法隆寺に炎あり。一屋余す無し。大雨雷震す。」

（日本書紀、天智紀、天智九年〈六七〇〉、岩波、日本書紀下、三七四ページ）

問題の一説だ。

戦前の熾烈な法隆寺論争では、「焼けず」とした専門家たち（建築学者、美術史家、歴史学者等）に対し、孤塁を守ったのが喜田貞吉《きだていきち》の「焼けた」説だった。「説」というより何より、彼の立場は、

「焼けなかったのに、日本書紀の執筆者が〝全焼した〟などと書くはずがない。」

という一点にあった。

この「常識論」に立って、彼は数多くの論文を連発した。大・中・小の各論文だ。だがたえず、彼はくりかえしている。自分の立場は、右の一点にしかない、と。これに対する「専門家たち」〝そろって〟

の立論は、あるいは建築様式論であり、あるいは日本書紀不信論であり、その他の「諸論拠」の続出だった。

だが、戦後の発掘によって「若草伽藍跡」が出土し、現在の法隆寺の前に、もう一つの〝より古い法隆寺〟の存在したことが明らかとなった。

ことは「結着」した。――学問的には。

否、「結着」したはずだが、なお「公式」には、「聖徳太子が建てられて、飛鳥時代の建物がそのまま、今も残っています。」と、説明役の方が、外国の旅行団に丁寧に「解説」しているのを、横でわたしは聞いたことがある。もちろん、「若草伽藍の発掘」より何十年もあとのことだ。

七

それはもう、昔話。だが、今度は、「現代の専門家たち」は、「部分焼失説」へと、スタンスを移したようだ。

「日本書紀、誇張説」である。

すなわち、〝実際は、全焼したのではなく、「本尊」(「釈迦三尊」)は救出された。〟というのである。いうなれば、

「半焼説」

の〝出番〟となったのである。もちろん、「若草伽藍の発掘」以後、学者たちの立場がそれだった。たとえば、家永三郎さんとわたしとの間で、くりかえし「公開論争」を行ったとき、家永さんの立場も、

そうだった。

『聖徳太子論争』（新泉社、一九八九年十月）

『法隆寺論争』（同右、一九九三年五月）

の二著のしめす通りだ。

自分の著書の名を、改めてここに「特記」するのは、他でもない。敗戦後、最大の、もっとも〝目立つ〟（著書の形で）論争であるのに、「専門家たち」は、誰一人ふれようとしていないからである。歴史学者も、考古学者も。

今回の「高熱炎上」の痕跡の出土によって、従来の「半焼説」は、いよいよその「任務」が重くなった。烈火炎上の中で、あるいは〝隣〟で、「炎の跡、一つ」残さずに、肝心かなめの巨大な御本尊を〝救出〟した、英雄たち（真の「英雄」だ）の存在。

それは、日本書紀の執筆者にとって、「父」や「祖父」の時代の人々の〝功績〟だった。

しかし、日本書紀の執筆者たち、すなわち「舎人親王」以下の、近畿天皇家の官人たちは、一切彼等を「無視」し、

「一屋余す無し。」

と書いた、という。

これが「半焼（救出）説」の実体だ。だが、わたしは考える。「肝心の本尊を救出し、それは焼けなかった。」場合、

「本尊無事。」

の四字は、必須だ。その肝心の一事を〝削除〟すべき理由がない。あの「英雄」たちの奮闘振りは、子

に、孫に、生々しく言い伝えられていたであろうから。大和の中の、飛鳥の中の、斑鳩の人々の中で。

わたしはやはり、喜田貞吉と共に、

「事実が〝半焼け、救出〟なのに、敢えて全焼などと書くはずがない。」

この単純な道理を、専門家たちの前に、くりかえし提示しつづけたいと思うのである。

八

一つの提案がある。

「炎上実験」だ。

法隆寺の「若草伽藍」のミニチュアを研究室に作り、「摂氏一〇〇〇度以上」の落雷を〝おとし〟て、五重の塔と金堂の〝燃え方〟を観察し、記録するのである。

京都大学の防災研究所などで、是非挑戦してほしい。無論、そのさい、従来の立論のいずれが是となるか、非となるか。関係はない。純粋に、自然科学の場と方法によるものだ。

もう一つ。

「法隆寺の炎上問題」を議論するとき、わたしのような「部外者」も、加えてみたらどうか。「身内」だけの議論には、その〝長所〟もあるが、〝短所〟もあること、今は世界周知のところだ。注視の的である。

最近、世間を騒がした「卵の鳥インフルエンザ」問題や「三菱自動車のタイヤ」問題なども、〝身内の知恵〟の「甘さ」に対する警告ではなかったか。――貴重な他山の石である。

「われわれ、歴史学界や考古学界はちがう。」

と、果して言い切れるのだろうか。真剣に苦言を呈したい。

若草伽藍の「五重の塔と金堂の〝間〟」は、「約八・五メートル」であった、という。(3)

注
(1) 斑鳩町教育委員会平田政彦氏。
(2) 現地説明会資料「若草伽藍跡西方の調査」斑鳩町教育委員会。
(3) 平田氏の説明では、金堂と塔の、基壇の中心点からの距離は約二五メートルで、塔と金堂の間は約八・五メートルであるという。それに対して伊東氏の計算では、七・五五メートルになる（『日本の歴史』第二巻、中央公論社、の中の図面及び数値からの推計による）。平田氏の数値とは、「〇・九五メートル」の誤差。約八メートル前後であろう。

二〇〇四年十二月二十九日　記了

（「閑中月記」第三三回、『東京古田会ニュース』第一〇〇号）

銅鐸論

一

プロの闇ともいうべき世界がある。彼等には、あまりにもその闇が深く、そのような存在にすら気付かずに来ている。しかし、静かに考えれば、それは明々白々の実在なのである。

たとえば、銅鐸論も、その一つだ。わが日本列島の中央部、近畿地方一円において「銅鐸時代」と呼ぶべき時期の存在したこと、自明である。すでに五百数十個もの出土を見ているのであるから、その実際の数は、その五倍・十倍に及ぶべきこと、当然だ。空間的にも、時間的にも、この「銅鐸文明」の存在を抜きにして、近畿中心の弥生時代を論ずることは難しい。否、日本の古代を論ずること自体、不可能に近い。そう言ったら、果して言い過ぎだろうか。——否、自明にして自然である。

二

この立場に立つとき、あの「邪馬台国論争」なるものの存在自体、わたしには「？」なのである。なぜなら、その論争の典型的な対立は、

「邪馬台国は近畿にあったか、それとも九州か。」

にある、とせられている。明治期の内藤湖南（京都大学）と白鳥庫吉《くらきち》（東京大学）以来の二大対立だという。では、近畿説の場合、

「倭人伝には、なぜ銅鐸のことが書かれていないのか。」

という、基本的な「問い」をなぜ、避けることができるのだろう。わたしには不明だ。

もし、魏の使者が大和へ来たとする。彼は果して銅鐸を「見ず」に、近畿に入ることが可能だろうか。弥生時代の中期から後期にかけて、すなわち魏の使者の来た「三世紀」という時代において、中型や大型や巨大型の銅鐸に〝没頭〟していたような、近畿中心の地帯であるから、それらを「見ず」に通りすぎること、きわめて困難なのではあるまいか。

ことに三国志の魏志韓伝では「鐸舞」をともなう、現地の祭りが生き生きと描写されていること、著名だ。

「五月を以て下種し訖（おわ）る。」

とあったあと、

「鬼神を祭る。群聚して歌舞・飲酒し、昼夜休（や）む無し。」

そして

「其の舞、数十人、倶に起ち相随い、地を踏み低昂（ていこう）し、手足相応ず。」

まさに「見た」者でなければ書きえぬリアリティだ。これに対して陳寿は、

「節奏、鐸舞に似たる有り。」

と言う。ここに「鐸舞」という言葉が出現している。

①中国に「鐸舞」がある。

②韓国の場合も、この「鐸舞」を〝ほうふつ〟とさせるものがある。

というのである。その上で、

「十月、農功畢《おわ》る。亦復（またまた）之（これ）の如くす。」

と言う。倭人と同じ「二倍年暦」の世界である。

この「鐸舞」の「鐸」は「馬鐸」や「小銅鐸」であろう。そのような「小型の銅鐸」にさえ、陳寿は（すなわち、魏の使者は）韓国の現地で、その実景に接し、これを報告しているのだ。魏使の「韓国陸行」の経験に立つ。〝海辺の光景〟ではないのである。この一点も、「倭人伝の行路解読」にとって、決定的な意義をもつ。従来説のような「韓地の二辺航行説」とは、矛盾しているのだ。

韓伝における「韓人の風俗描写」そのものは、多くはない。倭人伝に比べれば、きわめて〝わずか〟と言っていい。その中での、右のような描写の「臨地性」が〝光って〟いるのである。

それは、今はおこう。今の問題は「鐸舞」だ。馬鐸が中国・韓国に出土すること、周知である。だから、魏の使者はこれを中国内の「類似例」によって理解したのだ。

しかるに、魏使が倭国に来て、「馬鐸」よりはるかに「長大化」した中型銅鐸や大型銅鐸、さらに巨

大銅鐸へと至る、その「祭礼」に接して、一切これに「無関心」だったとしたら――。わたしには「不可解」の一言しかない。いわゆる「邪馬台国、近畿説」の論者は、これを「解明」できるのだろうか。わたしは一度も、これについての「解明」を聞いたことがないのである。

三

人は言うであろう。

「東大の白鳥庫吉、京大の内藤湖南、いずれにも『銅鐸論』はなかった。」

と。その通りだ。なぜか。彼等は「大学の講座」においては、「文献」が専門であり、「遺物」は専門ではなかったからだ。

逆に言おう。彼等がもし「銅鐸」を論じたりしたら、大学における「他の専門」を〝犯す〟こととなろう。「職業倫理」に対する背反だ。だから、論じなかったのである。その弟子、孫弟子も、同じ。現在に至るまで大半の人々は〝同類〟なのだ。

逆も、また同じ。考古学者は倭人伝などという「文献」に対しては、詳しくは「論じない」のだ。立ち入った分析を〝避け〟ているのである。やはり、他の分野、すなわち「文献」という、他人（ひと）の専門を〝荒らさない〟ためだ。美徳である。

しかし、考えてみてほしい。「大学の講座」や「大学の専門」とは、ひっきょう「制度上の方便」だ。明治以降、西欧の学問を〝手ぎわよく〟、言いかえれば〝能率的に〟学ぶために作られた、「人工の制度」なのである。それぞれの「わく」の中で、歴史それ自体が進行してきたわけでは、もちろんない。

人間の理性の「目」で、じーっと見つめること、それが学問だ。その学問の立場に立つ限り、やはり、「近畿説にとって、銅鐸問題は致命傷である。」
これは動かない。「百の鏡」や「千の銅鏡」を連ねてみても、それで〝代替〟できるテーマではないのである。

四

新たな「?」へ向おう。

「古事記には、銅鐸はないのか。」

この自明の問いだ。

第一、古事記は明らかに「近畿中心」の文献である。

第二、古事記は「伝承内容」や「伝承用語」そのものから見て、〝素朴な古型〟を「全体として」遺存している。

右の二点は、自明だ。本文の「平安期成立」説や「八世紀成立」説がくりかえし提出されても、〝一般化〟されないのは、右の第二点の存在からであろう。学者はもちろん、一般の人々も、古事記にふれたとき、その素朴性を直観するからである。

わたしの先輩、梅沢伊勢三さん（東北大学）が、古事記に対する「日本書紀の（先行）成立説」をのべたこと、研究史上著名だが、それも古事記の記述の「素朴性」そのものを否定されたわけではない。日本書紀の「内容」の〝古さ〟が古事記の（最終）成立期をさかのぼりうる。その指摘だった。

日本書紀が、その実質において「九州王朝の史書」からの〝転用〟である、というわたしの年来の主張から見れば、右の梅沢氏の指摘も、偶然ではなかった。

五

問題を〝もと〟へ返そう。

右の第一と第二のテーマ、すなわち古事記という「文献」の根本性格から見ると、

「古事記と銅鐸との関係」

それは〝切りはなちがたい〟必然性をもつ。なぜなら、倭人伝の場合、〝外来の外国の使者〟の記録だった。それでも、「魏と倭との間の公式記録」である上、「魏の使者と倭の女王会見記事」も、明白だ。魏の天子の「詔書」までとどけられた。その「記事内容」を勝手に〝ゆがめ〟て、

「実際は、魏の使者は女王に会わなかった」

などと、現代の学者が「説」をなすことは許されない。それは「学者の説」ではなく、「小説家の説」に類する〝言い分〟にすぎないからである。

魏の使者は十二分に倭国を観察した。否、倭国の中に「軍事使節」として滞留しつづけた。その「成果」がこの倭人伝だ。その報告をもとに、倭人伝は書かれていたのだ。

まして古事記。これは「滞在者」や「逗留者」ではない。日本人、否、倭人そのものの「伝承」だ。その上、「素朴な伝承」の形をとっているのである。とすれば倭人伝以上に、

「銅鐸がないのは、おかしい。」

のだ。これが、人間の自然の感覚である。

けれどもわたしが「古事記の中の銅鐸」の存在に今回気づいたのは、右のような「理路」からではなかった。逆だった。現地の「遺跡名」、そして「神社名」そして「神名」から、ここに至った。従来の「一大脱落」に気づいたのである。

六

大阪府の柏原市に住む菅野拓さんからのお便りがあった。すぐ近くにある「鐸（ぬで）神社」のことである。洞穴があり、下方には鐸比古・鐸比賣神社があり、七月には盛大なお祭りが行われているという。

「鐸（ぬで）とは、何か。」

わたしは疑った。中国語や漢語として「鐸」を〝ぬで〟などと訓《よ》めるはずはない。とすれば、「ぬで」という日本語が先で、〝この「ぬで」というのは、鐸、つまり『銅鐸』のことだ。〟という理解から、「鐸」という漢字を〝当て用いた〟。そう考えるほかはない。

第一、「銅鐸（どうたく）」などという言葉は、明治以降の「考古学用語」にすぎない。弥生時代当時に、あれを「どうたく」などと訓んでいたはずはない。

「では、当時、何と呼んでいたか。」

この問いに対する回答、それが「ぬで」だったのではないか。そう考えた。

七

わたしは考えた。

「『ぬで』というのは、あの銅鐸だけではなく、それをつるしたひもをプラスした概念なのではないか。」

と。「ぬで」の「て（手）」だ。今、わたしたちは博物館や教科書の写真で「青銅器の部分だけ」を〝銅鐸〟と呼んでいる。しかし、本来は、「鈕（ちゅう）」の存在がしめしているように、

「ひも、プラス青銅部分」

の全体を併せて「ぬで」と呼んでいたのではないか。そのように考えたのである。

八

「ぬ」があった。古事記の冒頭、「国生み神話」の中に、それがあったのである。

「（是《ここ》に天つ神 諸《もろもろ》の命《みこと》以《も》ちて）天の沼矛を賜ひて、言依さし賜ひき。」

従来はこれを日本書紀の「天之瓊矛」と〝同一視〟してきた。これにも「ぬぼこ」という〝訓み〟を与えてきたのである。

しかし「瓊」の音は〝ケイ〟。意味は〝玉〟である。だから、こちらの方は

「海士《あま》族のシンボルとしての『玉』と『ほこ』との二つを称している。」

のだ。だが、古事記の方はちがう。

「海士族のシンボルとしての『馬鐸（あるいは小銅鐸）』と『ほこ』の二つを指している。」のである。別テーマだ。

「馬鐸（あるいは小銅鐸）」は権力者のシンボルだ。「舌《ぜつ》」の金属の場合は「金鐸」と言い、木片の場合「木鐸」と言った。「金鐸」は非常・火急のとき、「木鐸」は〝風教・訓戒〟等を説くのに用いられたという。いずれも「権力者のシンボル」だ。この「鐸」と「矛」、これが権力者にとっての〝格好〟のシンボル物であったこと、疑えない。

これが古事記の本来の姿、その「国生み神話の文言」だった。

九

「誤読」の発端は、八世紀にあった。「日本書紀の原注」だ。「天の瓊矛」に対して、言う。

「瓊は、玉なり。此をば努（ぬ）と云ふ。」

右の前半は正しい。「王へん」は〝玉へん〟と同じだから、この字義は「たま」である。しかし、後半は、あやまりだ。この原注者は、「古事記」を知っている。その古事記の「沼矛」と、これを〝同一物〟視した。〝同じ実体〟と誤解したのだ。彼は「銅鐸」という〝物〟に対する認識を〝欠いて〟いたからである。そのため、右の後半の文面となった。八世紀の日本書紀の「原注者」のイデオロギー、八世紀の「学者」の理解、否「誤解」だったのである。

この「誤解」に、本居宣長も従った。なぜなら、彼もまた「物」に対する認識を欠いた、「文献」にしか〝目のない〟研究者だったからである。

宣長は、「古事記尊重」を主張しながら、その実際は「日本書紀の八世紀の注釈」に従った。八世紀の大和の学者の導きに従って「古事記を訓《よ》んだ」のだ。そして宣長を受け継いだ国学者流、現代の言語学者もすべてこれに「追従」してきた。これが現代だ。

だが、大阪府堺市の仁徳天皇陵のいわゆる「陪塚《ばいちょう》」からは「馬鐸」が出土した。実物はアメリカに〝売られ〟、堺市博物館にその〝美しいパネル〟が展示せられていた。

二〇〇九年六月二十一日　稿了

（「学問論」第一五回、『東京古田会ニュース』第一二七号）

続・銅鐸論

一

新たな〝転回〟は、古事記の真福寺本から生じた。真福寺本は名古屋の寺院、真福寺（現在は、岐阜県）で発見された。応安四・五年（一三七一・二）の書写による。現在最古の写本だ。

だが、通例、古事記は右を「参照」しつつも、主として後世（江戸時代）の刊本に依拠し、これを「底本」としている。たとえば、岩波の日本古典文学大系の古事記は『訂正、古訓古事記』を「底本」とする。これは江戸時代（寛政十一年〈一七九九〉から享和三年〈一八〇三〉）の刊本である。

このような「後世刊本」を〝真の古事記〟のように〝信ぜ〟させられてきた。ために今回のような問題の「本質」に気づかれずに来ていたのであった。

二

疑問の発端は「天詔琴」（岩波本、九九ページ七行目）の一語にあった。

「天（あめ）の詔琴（のりごと）」

と〝訓《よ》まれ〟ていた。

これに対する注（九）として、

「『天の』は美称、『詔琴』は託宣の琴の意で、神懸りの際には琴が用いられた。従ってこの琴は宗教的支配力を象徴したものと解すべきである。」

と書かれている。その上で、

「記伝に『上代には、夫婦の結びをなすに（「必ず」か）女の親の方より、聟に琴を与へて、其を永く夫婦の中の契とせしことにぞありけむ。』と言っているのは附会の説である。」

と、宣長説を紹介しながら、これを斥けている。しかしいわゆる「琴」と解していることは、両者同一である。

三

ところが、その「校異」として、次の一文があった。

「3、詔――底・前・猪・寛・延には『詔』、真には『治』、道・春には『沼』とある。」（九八ページ、

下段の注）

道果本（上巻の前半のみ）。永徳元年（一三八一）書写。

他の諸本は、室町時代等の書写である（三〇〜三一ページ参照）。

そこで肝心の「真福寺本」そのものを探したところ、明確に（四五ページ）、

「天治琴」

だった（岩波の日本思想大系の「古事記」では、底本を真福寺本とするとしながら「天沼琴」としている。六九ページ五行目）。

四

ところが、真の問題は、その直後に生じた。

真福寺本では、最初の「国生み神話」のところが、

「天沼弟（あまのぬおと）」

となっていたのである。最初は、「印刷上のミス」か、と思っていたけれど、続出する、

「八千矛神」（一〇一ページ等）

がすべて真福寺本では、

「八千弟神」

となっている。その上、

「兄弟」（一三一ページ、末行）

まで、同一の「弟」という字形を使っているのを見て、この「弟」は「おとうと」の「おと」であり、「矛」の〝書きちがい〟などではないことを、やがて確信せざるをえなくなった。

この「弟（おと）」は「音（おと）」の〝当て字〟なのである。

わたし自身、三十代の親鸞研究のさい、この種の〝当て字〟には、何回も当面していた。たとえば、「西方指南抄」で、法然の文章を親鸞が（自筆で）筆写したさい、

「猿覧（さるらん）こと」（そのようなこと）

といった類の〝当て字〟表記には、絶えず〝お目にかかって〟いたのである。

「やちおとの神」

の「ち」は〝神〟の古形だ。「足なづち」「手なづち」「やまたのおろち」の「ち」である。

〝八つの神の音色（ねいろ）〟

の意だ（あるいは「や」は「やしろ」の「や」かもしれない）。

それぞれの神には、それぞれの独自の「音」がある。それを小銅鐸という楽器がしめしていたのだ。

周知のように、中国でも、銅鐸は本来、楽器だった。

五

「この『弟』は『で』ではないか。」

こういう貴重な提言があった（正木裕さん）。

「なるほど」

と思ったけれど、精査するうちにぶつかった。

足名椎・手名椎神（八七ページ、七行）

「て」はやはり「手」と表記されていたのである。

さらに、議論を精密にするために「つめて」おくべき一点がある。

八千音神と沼河比売（ぬかはひめ。「ぬなかは」は非）との問答歌の「中」で、沼河比売が相手（八千音神）に〝呼びかける〟ときは、明白に、

「夜知富許能　迦微（やちほこの、かみ）」

だ。「八千矛の神」なのである。これは一種の「呼びかけ」の「尊称」ではあるまいか（この点、上城誠さんの御指摘による）。

この状況は、出雲の荒神谷と加茂岩倉の出土事実（銅鐸と銅剣〈実際は「矛」〉及び筑紫矛の出現）と、まさに〝対応〟しているのである。古事記の世界は銅鐸神話の中にあった。

出雲の古代史は、その真相を今徐々にしめしはじめたようである。

補
（一）　銅鐸論は九月の講演（十九日、午後一時、エデュカス東京）でも、論述。
（二）　今後の展開につき、《A》古代史コレクション（ミネルヴァ書房）《B》DVD（スターゲット・ドット・ティヴィ、電話〇三―五七二八―一五四八）（いずれも、古田武彦監修による）で「公刊」される予定。

二〇〇九年八月二十三日　稿了

（「閑中月記」第六一回、『東京古田会ニュース』第一二八号）

小さな名著——「銅鐸と舌」と共に

一

小さな名著がでた。福與《ふくよ》篤《あつし》氏の『漫画「邪馬台国」はなかった』（ミネルヴァ書房、二〇一二年一月十日刊）である。

はじめ、わたしには「偏見」があった。「漫画」の場合、記述内容、つまり情報量そのものは、とても「活字」の本には及ばない、と。そう、思い込んでいたのだった。この本は、その〝思い込み〟を打ちくだいた。漫画の「中」や「脇」や「上・下」に書き込まれた「歴史知識」は、至れり尽くせりだった。わたしの数々の本を読み抜いた上で、細かく書きこまれていることに驚嘆した。読み終わって、その「情報量」と「情報の質」に恐れ入る他はなかったのである。

「漫画、畏る可し。」

今更ながらの感慨だった。

二

この本の奥付けも、〝異様〟である。著者、ご本人のことは、三行だけ。一九四二年、東京都杉並区生まれ、とあり、早稲田大学の大学院政治学研究科修了である。決して「京都精華大学のマンガ学部」(京都)の出身ではない。

東京都の公立学校事務職員として小中学校に四十年間勤務されたという。それに「古田武彦と古代史を研究する会」つまり、本誌の会員だ。そして「日本野鳥の会」会員。——それだけである。

そのあと、《解説者紹介》として、わたし(古田)の経歴・著作が十一行にわたって、詳しく紹介されているのである。この著者のお人柄であろう。恐縮した。

三

この本全体の構想も、奇抜だ。主人公として登場する秋田君、その友人の「アインシュタイン」君が、過去へとさかのぼれる機械を発明した。タイムマシンである。

秋田君は早速、その機械を使わせてもらって「過去」へと向かう。そして三世紀の中国人、陳寿に会いに行ったのである。そこで陳寿本人の「口」から、さまざまな「邪馬台国」論を批評してもらう。そういう仕組みなのである。漫画ならでは、の「奇想天外」の方法だ。恐れ入る他はない。

その結果秋田君はつぶやく、「やはり『邪馬台国』はなかったよ!」と。

これに対して「アインシュタイン」風の友人は答える。

「歴史を大家・権威にまかせてはいけないということだね。」「歴史を取り戻そうということだね――。」と。まったくその通り。至れり、尽くせりの「結び」だ。〝小さい〟けれど、大きな名著の名を呈したい。

まだお会いしたことはないけれど、わたしの年来の「応答なき学界やマスコミ界」の背後に、無二の「知己」がいてくれた。その思いが深い。

四

この漫画本の著者、福與氏がこだわったのは、三国志魏志倭人伝の「原文」とこれに対する、わたし（古田）の〝訓み下し〟を付載したい、との要請だった。

「それは『俾弥呼』（日本評伝選）に付載されているのに。」という〝思い〟もあったけれど、これはやはり、福與さんの方が「正解」だった。

というのは、『俾弥呼』の「初刷、二刷」の〝訓み下し〟が〝まちがって〟いた。それに気付いたからだった。

それは「黄幢（こうとう）」（A）と「黄憧（こうとう）」（B）の〝ちがい〟である。

〈その一〉正始六年（二四五）の項は（A）。〝天子の旗〟である。

〈その二〉正始八年（二四七）の項の「黄憧（こうとう）」は〝病によって迷い続ける〟意。俾弥呼の〝消息〟が「不明」となった状態の表現だったのである。

従来は（わたしをふくめて）、俾弥呼の死が〝いきなり〟書かれている形だった。しかし、その「前提」として、（中国側の「目」から見た）〝俾弥呼に関する「消息不明」状況〟が書かれていた。それがこの「黄憧」である。「天子の旗」を示す「黄幢」とは〝似て非なる〟二字だったのである。これは重大だ。むしろ、あの「東日流〔内外〕三郡誌」側の記述が〝正解〟かもしれない（『俾弥呼』第Ⅱ部第九章2「『東日流〔内外〕三郡誌』のヒミカ」参照）。

貴重な記述である。それがこの漫画本ではじめて掲載できたのだった。

五

思いがけぬ展開に接した。

オランダ在住の難波収氏からのお便りだった。わたしの研究を早くから支持され、現地で朝日新聞社刊の三書以来の各著作の「読み合わせ」会を継続されているという（京都大学物理学科出身）。

今回も、『俾弥呼』に対する懇切な感想を、いち早く送って来られた。だがその中で、次の一句がわたしの「耳」をとらえた。

「銅鐸は一定の音しか出さず、楽器にはなりません。」

と疑問が提起されていたのである。わたしにはそれこそ「想定外」のテーマだった。銅鐸が「楽器」だというのは、わたしには「夢」疑ったことがなかったのだ。

第一に、三国志の魏志韓伝に「鐸舞」についての記事がある。小銅鐸の鳴らす音に合わせて踊る、というのである。

第二に、銅鐸に使われた「舌《ぜつ》」が若干ながら発見されている。

広辞苑でも風鈴について「風鐸」ともいう旨、記されている。夏の日本の風物詩、あの風鈴もまた「鐸」の仲間なのである。

けれども、今まで「楽器」としての銅鐸、特にその〝音楽的性格〟について深く考えたことのなかったわたしだったから、四方八方に問い合わせ、確認してみた。いつも、貴重な情報をもたらして下さる、博多の上城誠さんが、音楽に詳しい方からの情報をお寄せ下さった。

「銅鐸と舌」

楽器としての機能を解説されており、余白に「カトリック・ハンドベルと共通」との説明がある（左のファックス図版参照）。もちろん「舌」の扱い方には、いくつもの手法があるだろうけれど、ともあれ「音階」をもつ楽器としての機能を持つことには疑いない。

六

そこで〝年来の問題〟が改めて生き返ってきた。

三国志の魏志倭人伝の時代、三世紀前半というのは、近畿では銅鐸の時代である。出雲風の小銅鐸から、播磨・大和風の中期銅鐸、滋賀・東海にかけての後期巨大銅鐸まで、「銅鐸、まっさかり」だ。それが「弥生時代の中の近畿」なのである。

その近畿では〝明けても、暮れても〟この銅鐸の音が鳴りひびいていた。もし魏の使者が「大和」なる「邪馬台国」に到ろうとすれば、否《いや》でもこの音楽に〝耳を奪われ〟ないはずはない。

波の基本式は $V = f \cdot \lambda$ で表され、
（V：音の速度　f：振動数　λ：波の波長）

音波の速度は温度にしか依存しておらず、人工的に、100℃とか200℃にしない限り、音波の速度はほとんど変化しません。

銅鐸の構造が以下のようになっているため、

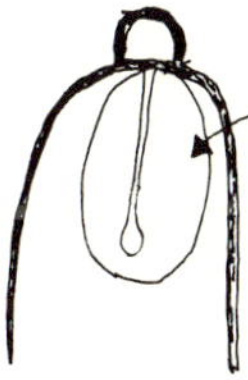

この部分の長さを変化させれば、銅鐸の開口部分までの距離が変化するので、鳴らした時に出される音波の波長が変化する。

振動数は $f = \frac{V}{\lambda}$ で表すことができ、
（V：ほとんど変化なし　λ：変化は容易）

振動数の大小により音色が変化するので、理論上では音階を作ることは可能であると思われます。

カトリック・
ハンドベル
と共通。

しかも、倭人伝には「一切、銅鐸の記載がない」のだ。とすれば、「邪馬台国、近畿説」など、本来〝生じよう〟としても〝生じえぬ〟立場だったのではないか。――この年来の疑問だ。従来の考古学者たち、また古代史の学者たちは、この疑問に対して、どのように答えてきたか。わたしは知らない。

物理学者らしく率直に「感懐」をもらして下さった難波収さんのおかげで、「イロハのイの字」ともいうべきテーマに遭遇した。厚く感謝させていただきたい。

補

二〇一一年にはすぐれた著作が相次いで出版されました。

（一）　菊地栄吾『日高見の源流――その姿を探求する』（イー・ピックス出版〈岩手県大船渡町字山馬越二〇九―三〉、二〇一一年十一月刊）。

（二）　古田史学の会編『「九州年号」の研究――近畿天皇家以前の古代史』（ミネルヴァ書房、二〇一二年一月刊）。

いずれも好著である。改めてふれたい。

二〇一一年十二月三十日　稿了

（「閑中月記」第七五回、『東京古田会ニュース』第一四二号）

真実の三角縁神獣鏡

一

永年の疑問が解けた。

二〇一一年（平成二十三）の六月以来、「嵐」のように私を襲ってきた研究上の新問題があった。と同時に本来古代史の研究者、日本の考古学者が、当然取り組むべき「?」が放置されてきていた。永年のその「?」の真相が見えてきたのである。同年九月に上梓された『俾弥呼』（日本評伝選、ミネルヴァ書房刊）の〝余波〟として、後生の新しい時代への出発点をしめすもの、そういう研究史上の位置に、余命少なきわたしが立たされているのかもしれない。

二

小林行雄氏が一九五七年（昭和三十二）七月に発表した「周知」の論文がある。いわゆる「三角縁神獣鏡」の全国分布状況を核心としている（二四七ページ図参照）。最初「初期大和政権の勢力圏」として、京大の『史林』第四〇巻第四号に掲載された。これを基《もと》として、氏の代表作『古墳時代の研究』（青木書店、一九六一年刊）の二一〇ページに収録され、爾来、考古学界において「悉皆周知」ともいうべき〝基礎図表〟となったのである。

三

爾来、五十年を経て、この図表は数奇の運命をこうむった。その変換点をあげれば、次のようだ。

第一、右の五・六十年の間、ついに当鏡（三角縁神獣鏡）は肝心の中国内部では「発見」されることがなかった。この点樋口隆康氏の『三角縁神獣鏡綜鑑』（新潮社、一九九二年刊）及び王仲殊・樋口隆康・西谷正著『三角縁神獣鏡と邪馬台国』（梓書院、一九九七年刊）の両著作等がこれを証言している。ことに後者では中国に於ける鏡の専門的研究者としての王仲殊氏が中国内部の各博物館の担当者を通じて検索した結果、すべて「ナシ」の回答を得た旨、語られている。さらに現在の中心的支持者である樋口隆康氏もまた、中国各地の博物館の内部の専門家（担当者）に「確認」した結果、やはり「ナシ」の帰結に至った旨、報告された。ご自分の「期待」に反していたのである。この報告は氏の「学的誠実さ」の偽らぬ反映であろう。

第二、以上のような実情が明らかになったにもかかわらず、依然として小林行雄・樋口隆康氏等を継ぐ、京都大学中心の考古学者の「三角縁神獣鏡、中国鏡説」は、考古学会全体の「風潮」を今も支配しつづけているのが現状である。

その上、二〇一〇年（平成二十二）の十一月には東京大学の大津透教授による『神話から歴史へ』（『天皇の歴史』講談社刊、第一巻）もまた、この小林・樋口説を支持するに至った。東大の白鳥庫吉の九州説、京大の内藤湖南の近畿説の対立が学界の「世評」を〝区切って〟きてすでに久しかったけれど、この二〇一〇年に至ってようやく東大・京大共に近畿説となり得たのである。その大津氏の論拠とするところは、他でもない、小林・樋口氏の理論を継承する、京大系の考古学者の諸論文だったのである。

小林氏はかつて一九五二年（昭和二十七）六月の『ヒストリア』第四号に「邪馬台国の所在論について」を発表し、それが右の著作の第二章として、編入されている。その論文の末尾は、

「世に喧伝せられる邪馬台国九州説なるものが、何らかの考古学的な傍証を有するかの如くにいわれることについては、厳重なる抗議を呈したいと想うのである。」

と結ばれている。氏の本懐は六十年後の今日、ようやく〝達せられた〟といいうるのかもしれない。

四

わたしの『俾弥呼』（日本評伝選）は二〇一一年九月に刊行された。右の大津透氏の著作の約一年近くあとだった。そしてわたしの著書では、女王国の中心の邪馬壹《いち》国が「博多湾岸と周辺山地」（筑前中域）にあり、とする結論が「文献」と「考古学的分布」（「三種の神器」と「絹・錦」）によって証明されているのである。

それは四十年前の第一書『「邪馬台国」はなかった』（朝日新聞社、一九七一年刊）において明示したところ、その再確認であった。

現在のわたしの「目」では、この小林図表の問題点は、次の一点にある。

「二十九面の出土をみた、京都府の椿井《つばい》大塚山古墳を中心とする『三角縁神獣鏡』が九州にはわずかしかその出土が及んでいないのは、なぜか。」

と。ことに、

（その一）中国・朝鮮半島に近い「対馬」と「壱岐」から、全く出土していない。

（その二）福岡県は原口（筑紫野郡筑紫野町武蔵字原口〈三面〉――現、筑紫野市、旧「筑前国」）、御陵（筑紫郡大野町の唐人池畔〈一面〉――現、筑紫野市。同上。ただ詳細は不明）、石塚山（京都郡苅田町南原の前方後円墳〈七面〉――「豊前国」に属す）各古墳。筑前国として「確認」されるものは、原口古墳の三面のみ。

右はこれらの「三角縁神獣鏡」が、もし洛陽→対馬・壱岐→福岡県→京都・大阪方面へという「伝播経路」をもったとすれば、その重要経過地としての「筑前」（福岡県）の〝乏しさ〟は異常だ。

しかも、その傾向は、小林氏の発表された一九五六年（昭和三十一）から、今日までの五十数年間、ほとんど変ることがないのである。

直言すれば、中国でも日本内部でも、「三角縁神獣鏡、中国製説」と右の当鏡出土の分布とが「対応」せず、「解説しにくい」状況が変らずつづいてきていたのであった。

五

次の問題に進もう。

先掲のように、右の論文の、同じ二二〇ページには二つの分布図が掲載されている。第十一図として

第11図　三角縁神獣鏡の分布
(主要39古墳出土例のみを鏡群別によりしめす)
● 西方型鏡群
◉ 中央型鏡群
○ 東方型鏡群

第12図　碧玉製腕飾類出土古墳の分布
● 鍬形石
○ 石釧・車輪石

(小林行雄『古墳時代の研究』青木書店，1961年，第6章より)

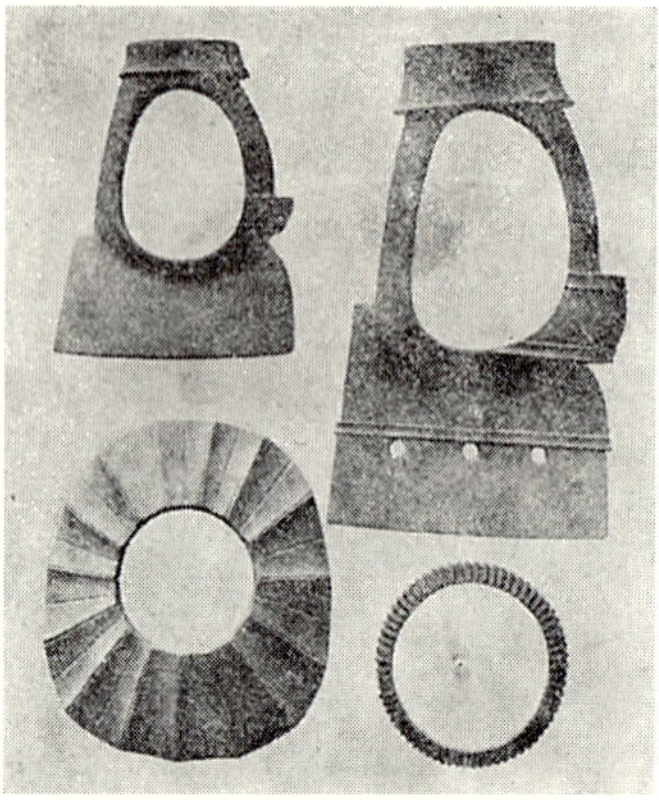

碧玉製腕飾類　鍬形石（上）と車輪石（下左）と石釧（下右）
（三重県上野市才良石山古墳出土）
（小林行雄『古墳時代の研究』第５章第８図）

「三角縁神獣鏡の分布」が上半分にあり、第十二図として「碧玉製腕飾類出土古墳の分布」が下半分に掲載されている（二四七ページ参照）。

専門の考古学者は別として、一般の古代史に関心のある人々にとっては、なぜこの「碧玉製腕飾類」が「三角縁神獣鏡」と「同じレベル」で「同時掲載」されたか、必ずしも「理解」しにくいところであるかもしれない。

しかし、この点、次の視点に光を当てれば、理解は容易であろう。

「小林氏は、自分が新たに発表すべき『三角縁神獣鏡の分布図』が、決して〝己れひとり〟の『独断』に非ることを、〝裏書き〟する必要があった」のだ。だからこそすでに考古学界に知られた「碧玉製腕飾類」との〝対比〟を必要としたのである。

右の論文に先立つ「第五章　前記古墳の副葬品に現れた文化の二相」において、「4　碧玉製腕飾類の問題」と題する一章を設け、

「第8図、碧玉製腕飾類、鍬形石（上）と石釧（下右）、三重県上野市（現、伊賀市）才良石山古墳出土」の写真が掲載されているのである。

六

現在の、わたしの「目」では、この〝対比〟は興味深い。

なぜなら、右の「鍬形石」や「車輪石」や「石釧」は一種の〝模造品〟だ。その「原型」は、当然ながら、「貝」そのものなのである。

たとえば、森貞次郎氏の『北部九州の古代文化』（明文社、一九七六年刊）には「貝釧」の記事が多い。「19, 166–181」などだ。

「貝の道」と題する一章があり、

「わが国古代の装身具のうち、石製、銅製、鉄製などの腕輪と並び、北部九州の弥生時代を飾る遺物として、貝製腕輪がある。縄文時代にも、アカ貝、ベンケイ貝、サルボウなど、九州沿海性の二枚貝を用いた腕輪が普遍的にみられたが、それとはまったく異なった、九州沿海では採れない大形巻貝を用いた貝製腕輪（貝釧）が人骨に装着されたまま、甕《かめ》棺《かん》や箱式石棺の中からしばしば発見されることがある。」（同書一六七ページ）

上の貝釧が沖縄を北端とし、ニュージー

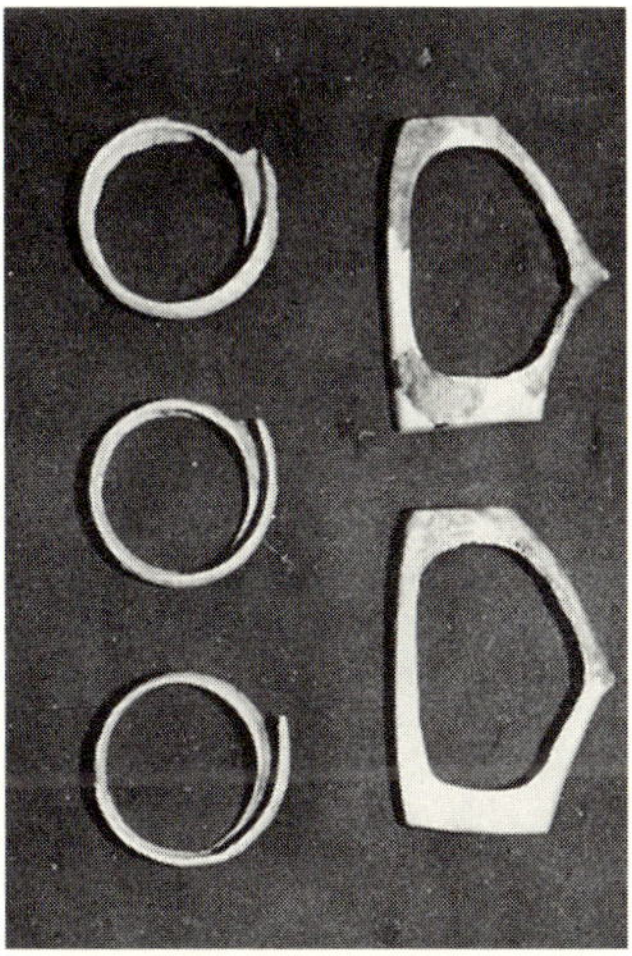

イモ貝横切り貝釧（左）とゴホウラ貝縦切り貝釧（右）（飯塚市立岩）（森貞次郎『北部九州の古代文化』明文社，1976年，より）

ランド方面を（弧状に）南端とする「ゴホウラの貝」であることが、現在は確認されている。これらが「原型」であり、「第一次製品」だ。それに対する「模造品」であり、「第二次製品」に当たるのが、小林氏の提示された、いわゆる「碧玉製腕飾類」なのである。

右のように考察してくれれば、次のような〝対比の真の意義〟が浮かび上がって来よう。

「貝釧の『現物』の分布と〝対応〟しているのは、福岡県とその周辺を『分布中枢』とする、いわゆる『漢式鏡』（前漢式鏡と後漢式鏡）の分布である。——第一次分布」

換言すれば、いわゆる「三角縁神獣鏡」の方は「第二次的分布」の実情を反映している。決して「弥生時代の第一時的分布」の原型を〝証言〟するものではなかったのである。

小林氏の「分布対比」からすれば、その「中枢」が〝筑紫とその周辺〟にはなく、〝京都や大阪〟を〝中枢〟としていることは、極めて「真実（リアル）な分布状況」を反映していたこととなろう。

そして小林氏の研究の「想定外」となっていた、次の一事がこれを明確に証言する。

「魏朝から俾弥呼に送られた『中心的遺品』である『絹と錦』の出土分布は、いずれも『京都や大阪』中心ではなく、『博多湾岸と周辺山地』を中枢として分布している。」

この一事である（『俾弥呼』参照）。

七

さらに、一歩を進めよう。

わたしは『俾弥呼』の中で、倭国の内部を「三種」に分類した。

第一、「親魏倭国」派—三十国
第二、「親呉倭国」派—若干の国々
第三、「中立倭国」派—大多数（『俾弥呼』二八七ページ）

第一は、当然「九州中心」の国々が多かったであろう。

これに対し、第二は「銅鐸圏」の「狗奴国」なども、その筆頭にあったと見なした。その地帯の中心部分は、たとえば大阪府茨木市の東奈良遺跡等を囲む一帯の広域であろう。

第三は、魏・呉いずれに与するか決定できずにいた。中には「魏・呉間に変動していた国々」もあったかもしれない。古事記の崇神記前後に「〜王」と表記されている人々は「呉朝輩下の王」だったのではないか。わたしはそう考えた。

崇神天皇の〝活躍期〟である「三世紀前半の中の後半分（二二五年頃からあと）と三世紀後半（呉の滅亡は天紀四年、二八〇年）」の前後の時期に属しよう。

小林氏の発表以来、注目を浴びてきた「三角縁神獣鏡の分布図」は、右の第二と第三の地帯を中心として〝配布〟された、その痕跡だったのである。

第一に属する地帯、北部九州に〝乏しかった〟のは当然だった。なぜなら、この地帯は「魏朝から親魏倭王の金印を与えられた女王国とその友好国」だったからである。

北部九州に「乏しかった」のは、まさに〝故あるところ〟だったのだ。

「三角縁神獣鏡は、〝非、親魏倭王国〟だった地帯に対して配布されていた。」

のである（詳細は別記。『古代は沈黙せず』復刊本、ミネルヴァ書房、「日本の生きた歴史」（九）参照）。

八

本編の最後に、『俾弥呼』における「誤記」について、（この場を借りて）述べよう。

その一は吉武高木遺跡（福岡市）を「絹の出土」を〝なし〟かのように記した点である（二六六ページ）。

その二は、「郡支」（三十国の一つ）の〝訓み〟。「ぐき」と解したが、「くし」が正しい。「ちくし・つくし」の「くし」である（「支」には「し」と「く」の二音あり）。帯方郡の分国を意味する国名表記である。現、筑紫野市近辺（筑紫郡）に当たろう（一二五ページ等）。

その三は、「黄憧」問題。三国志の魏志倭人伝の「其（正始）四年」の項は「黄幢（こうとう）」であり、「天子の旗」すなわち（魏の天子のシンボルとしての）金印を示した「はた」である。

「俾弥呼を敵とする者は、魏朝に敵するやから」と見なす、その大義名分をしめす。この「黄」は単なる「きいろ」ではない。「黄金」をしめし、「金印」をしめすものである。

九

これに対して「黄憧」（其の〈正始〉八年の項）は「やまい」をしめす「黄」（爾雅・詩経・小雅等）と「憧」は「こころが定まらない」（説文）の意（いずれも諸橋、大漢和辞典）。

この「黄憧」は〝俾弥呼がやまいの中で、心が定まらぬ〟さまの描写だった。この点、「紹熙本」（宮内庁書陵部本）では「明確」である（「廿四史百納本」は誤記。『俾弥呼』初刷、二刷共誤記）。

俾弥呼の「死」の前に（魏朝にとって）応答不十分の時期が存在していたのである（「黄幢」と「黄憧」、「黄」と「黄」、「幢」と「憧」の字に〝異同〟がある）。

〝訓み〟は「閑中月記」でふれた〔第三篇「小さな名著」〕『漫画「邪馬台国」はなかった』（福與《ふくよ》篤《あつし》著、古田解説）の一六五ページ参照。この部分は、

「詔書を齎（もたら）し黄憧（こうとう）するに因りて」

となる。

二〇一一年十二月二十四日　記了

補

（一）　右以後の「筑前国」（福岡県）出土の三角縁神獣鏡（いわゆる「船載」）は香椎ヶ丘〈一面〉（福岡市香椎の他に老司《ろうじ》〈一面〉（福岡市南区老司四丁目）がある（インターネット検索による）。

（二）　一貴山銚子塚古墳（福岡県糸島郡二丈町字一貴山）からは黄金鏡（後漢式）と共に三角縁神獣鏡の「左文鏡」（鋳型鏡）等出土（小林行雄氏は五世紀初頭と判定）。別述する。

二〇一一年十二月二十八日　記了

（「学問論」第三〇回、『東京古田会ニュース』第一四二号）

一問一答

問　「三角縁神獣鏡」を製作したのはどこの勢力なのか。「第一の親魏倭国―九州」の人々が製作したのか。それがなぜ「近畿（京都）」中心に分布しているのか。明確にしてほしい。

答　大切なご質問です。「三角縁神獣鏡」の〝作り手〟は、当然「椿井大塚山古墳の被葬者」（京都府）です。彼は「近畿の銅鐸圏に対する征服者」なのです。

征服された方は、「大和」や「摂津」の銅鐸圏です。古事記の垂仁記の説話はその史実の表現です（『盗まれた神話』等に記述）。

二〇一一年十二月三十日　記

（「閑中月記」第七五回、『東京古田会ニュース』第一四二号）

第四篇　抹消された史実

転用の法隆寺

一

もう「お水取り」もま近いけれど、まだひえびえとした朝夕である。

関西では、東大寺のこの行事（三月十二日）が季節の目安とされている。かつて東京へ移住したあとも、この時節になるとこのことをいつも想起して苦笑した。

千客万来どころか、竹林の間を吹き抜ける風だけが耳を打つ、冬の日々だけれど、新聞やテレビ、それに知己の人々の暖い来信によって心を踊らせるニュースの相次ぐ昨今である。その一つ、ひとつ、克明にしるしとどめたいけれど、今回は一先ず焦点を一点にしぼりこんでみよう。

それは、法隆寺の五重の塔成立年代をめぐる問題である。

二

今年（二〇〇二）の二月二十一日、そのニュースは各紙の一面を飾った。法隆寺の心柱伐採は五九四年だという。奈良国立文化財研究所埋蔵文化財センターの光谷《みつたに》拓実さん（発掘技術研究室長）による「年輪測定」の成果である。

光谷さんはすでに、一九八六年（昭和六十一）にこれを測定し、「五九一年」（プラス数十年）という測定結果をえていたが、その後、心柱をエックス線撮影したところ、伐採年代を限定する上で重要な、白《しら》太《た》といわれる樹木の幹の外周部分が残っていることが分り、「年輪年代法」によって再調査したところ、「五九四年」の結論をえた。これは「一〇〇パーセント動かない」という（産経新聞）。

確かに、わたしも何年か前（一九九八年、『多元』第二五号所載）、これを聞いていた。東京の「多元的古代研究会」で光谷さんをお招きしたさい、講演後、質問に答えて「五九一年」という年代を述べ、「まだ、これは内緒ですが。」と言われたという（質問者は、米田良三さん。後述）。

三

直木孝次郎さんは次のようにコメントしておられる。

「今の五重塔を、最も古く考える説でも、七世紀中ごろ。だとしても、半世紀も樹木を寝かせておいたとは考えにくい。七世紀初めごろに建てられた寺が廃寺になるなどして、その心柱を転用したと考え

るしかないのではないか。」（朝日新聞）
正論である。「七世紀中ごろ」というのは賛成しがたいけれど（後述）、それはともあれ、「寝かせておいた」という保存説を非とし、他の古寺よりの「転用」説を採っている点、人間の常識として万人の首肯するところであろう。

四

この「転用」説を早速具体化したものとして、早くも、飛鳥寺の五重塔の心柱からの転用説が出されている（梅原猛氏――朝日新聞）。

しかし、待ってほしい。学問のすじ道がちがうのではないか。研究史上の事実を無視している。わたしにはそのように見える。

なぜなら、「一九八九年」すでに「法隆寺の五重塔、転用説」が出されていた。米田良三氏（筆名、近江五文）による『史料としての法隆寺――真理は導く』（〝u〟モア社）である。

この書は、一九九八年（平成十）、新泉社から公刊された（前著は、私家版）。

これらは、先にあげた光谷さんの最初の測定年（一九八六）よりおそいけれど、この測定は「内緒」にされていたから、米田さんの知るところではなかった。だからこそ、「多元的古代研究会」の光谷講演のさい、当の米田さんが「法隆寺に関する年輪測定」の有無を問い、これに光谷さんが卒直に答えられたのである。その答を聞き、米田さんは驚き、かつ大いに喜ばれたという（「多元的古代研究会」会長・高田かつ子さんによる）。

以上の事実の意味するところ、それは何か。
「法隆寺の五重の塔心柱転用説」はすでに研究史上に実在した。それは、建築史家たる米田良三氏の唱導であった。
誰人にも、この研究史上の事実を「無視」することは許されない。

五

今回の光谷測定のもつ画期的意義、それは誰人にも疑うことができない。当然のことだ。だが、その「年代測定」のもつ意義を論ずるさい、すでに研究史上に厳然と存在する事実を「無視」したり、「軽視」したりする権利はいかなる権威者にもジャーナリズムにも、存在しない。わたしのこの考えはあやまっているだろうか。

もちろん、念のために当然のことを言えば、米田氏の「転用」説は「九州の観世音寺からの転用」説である。それを建築史家として、建築という技術上・技法上の視点を基礎として鋭く立論し、発展させられた。

その上、氏の立論は進展し、次の諸書に叙述された。
『建築から古代を解く――法隆寺・三十三間堂の謎』一九九三
『列島合体から倭国を論ず――地震論から吉野ヶ里論へ』一九九八
『逆賊磐井は国父倭薈（いわい）だ――薬師寺、長谷寺、東大寺』一九九九（いずれも新泉社刊）

氏の「転用」の原点とされる「観世音寺」説を否定し、たとえば「飛鳥寺」その他にこれを求めること、それは論者の自由である。当然のことだ。

だが、それはあくまで前説（米田説）の非を論じ、自説の是を弁ずるものでなければならぬ。そうでなければ、学問の進展、正常な発展は望みえないのではあるまいか。わたしはそう信ずる。

六

わたしがこのようなテーマを強調したのは他でもない。これは、あるいは日本の学界積年の宿痾《しゅくあ》とも見えるからである。

たとえば、「海東鏡（三角縁神獣鏡）の中国工人伝来・製作説」は、わたしがすでに一九七九年、『ここに古代王朝ありき』で力説し、表紙にも使用したところであるにもかかわらず、二年あとにこれを「借用」した王仲殊氏を以て、当説の初唱者であるかに扱う、多くの考古学者たち。

たとえば、わたしが「法華義疏」における「初有者名、削除」の事実を顕微鏡写真を以て明示したにもかかわらず、これを「無視」し通す、多くの聖徳太子研究者たち（『古代は沈黙せず』駸々堂出版、一九八八年刊、『法隆寺論争』〈家永［三郎］、古田〉新泉社、一九九三年刊）。

たとえば、わたしの「法隆寺の釈迦三尊、転用」説を「無視」ないし「軽視」しつづける古代史学者（『古代は輝いていた――法隆寺の中の九州王朝』朝日新聞社、一九八五年刊、『法隆寺論争』〈同右〉）。

等々、同種の例は枚挙にいとまがない。いずれも、わが国の古代史学界の〝病める体質〟――そのようにこれを評したら、果して過言であろうか。

七

今回の光谷測定のもった歴史的意義、それは次のようだ。

第一、金堂の本尊たる「釈迦三尊」のしめす、「上宮法皇の母、妻、本人」という三貴人の連続死という「事件」は、日本書紀の推古紀には一切存在しない。別人物群である。すなわち、この本尊は、天智九年（六七〇）の全焼亡後の「他の古寺からの転用」である。

第二、法隆寺の重宝であった「法華義疏」も、先の「初有者名、削除」問題をはじめ、諸種の原本状況（顕微鏡写真等）の明示する通り、「他の古寺からの転用」である。

第三、今回の光谷測定のしめす通り、五重塔もまた、「他の古寺からの転用」である。

今後、この「五重塔の心柱、転用」を論ずる研究者は、右の三つのデータを〝共にとりあげ〟、〝共に論じ〟なくてはならぬ。それなしには「学術的、転用説」とはなりえないのではあるまいか。

八

今まで気づかれずにきた、あるいは真剣に論じられずにきたテーマがある。それは次のようだ。

「なぜ、続日本紀は『法隆寺、再建記事』を掲載していないか。」

この一点だ。先に、直木氏のあげられた「七世紀中ごろ」建造説は成り立ちにくい（この点、氏の文章も、それを暗示しておられるかに見える）。

なぜなら、日本書紀の天智九年（六七〇）の「一屋余す無し」という、有名な全焼亡記事のしめすところだからである。かつて喜田貞吉の痛論しつづけた通りだ。

もし、その直後、再建されたとすれば、日本書紀がその「再建」の事実を記載しないはずはないのである。従って少なくとも、「持統十一年（六九七）」という、日本書紀の叙述最末年以前に、法隆寺が「再建」された、ということは考えられない。

では、続日本紀はいかに。

この史書の性格は、日本書紀とはちがう。大いに異なっているのである。それを摘記すれば、次のようだ。

第一、ここに書かれていることは、基本的には事実である。

第二、しかし、八世紀の近畿天皇家内部の「判断」によって、〝不利〟と見なされたものは、遠慮なく、「削除」されている。

そのもっとも、有名な例は「古事記の撰進記事」である。あれほどの〝名著〟であり、故、天武天皇の「遺志」による製作の実現であり、その当事者（太安万侶）は日本書紀の編者たちに加わっているにもかかわらず、「和銅四年（七一二）の元明天皇の命」による製作の事実も、その経緯も、一切「削除」された。なぜか。新たに出来た「日本書紀」の内容と、各所において齟齬《そご》し、矛盾するからである。この史書（続日本紀）を貫く「政治的判断、優先主義」の果敢な実行の一例である。

（万葉集の巻一・巻二の編集記事にも、同様の問題が考えられる。たとえば、柿本人麿の「九州における作歌からの『転用』」である。――『古代史の十字路――万葉批判』東洋書林、今年三月刊予定、参照。）

右のような事例のしめすように、続日本紀の中の「法隆寺再建、記事」の「不存在」もまた、同一の立場から理解しえよう。すなわち「金堂の本尊（釈迦三尊）、五重塔の心柱、重宝（法華義疏）」等々、中心をなす貴建築物・貴仏・貴書の各面において、「他」（九州等の古寺）からの〝招来〟であり、〝転用〟である旨、率直に記した、当初の「再建、記事」は、近畿天皇家中心の歴史書（日本書紀）の立場に依拠する、その「政治判断」によって、断乎として「削除」されたのである。

なお、法隆寺の「再建」年代は、米田氏が記しておられるように、「和銅年間」と見られる。

○七大寺年表

和銅元年戊申、依詔造大宰府観世音寺、又作法隆寺

○伊呂波字類抄巻二

法隆寺、七大寺内、和銅年中造立

○南都北郷常住家年代記

和銅元年戊申、建法隆寺

○東寺王年代記

和銅三年、藤公建興福寺、或云、法隆寺同此年建立

（『法隆寺は移築された』一一二〜一一四ページ）

九

一月から二月にかけて、情報がとどいた。待ちに待った知らせだった。

「シンポジウム…前期旧石器問題を考える」（日本教育会館、二〇〇一年一月二十一日〈日曜日〉国立歴史民

俗博物館春成秀爾研究室）だ。その詳細は、三月中に学生社から出版予定とのこと。この中で佐原真氏（国立歴史民俗博物館館長）は「学問の客観性」と題する冒頭講演を行い、そのレジメにおいてエヴァンズ説（及び古田説）に筆を及ぼしておられる（二月二十五日、同一内容を口頭発表された）。

次回は、心を躍らせつつ、この問題にふれさせていただくつもりである〔第一篇「待望の一書」参照〕。

＊

時流を観る

竹吹雪すなわち春を告げる嵐

お風呂の中で窓外を観る

（二〇〇一年二月十七日、朝）

二〇〇一年三月四日　稿了

（「閑中月記」第一一回、『東京古田会ニュース』第七八号）

悲歌の真実——弟橘比売《おとたちばなひめ》

一

東海から南関東への旅を終え、洛西の竹林に囲まれた自宅に帰り着いた。三月二十七日から四月二日まで、一週間にわたる日程だった。

その間に、講演二回（富士市と藤沢市）、それにはじめての試みとしての、高校生・大学生を中心とした「車座のレクチュア」もあった。富士市自然少年の家である。関係者の御理解をえて、大成功の楽しい三日間となった。大学院生、中学生も加わっていた。

その上、主催者（「東京古田会」）の御配慮で、そのあと、熱海の「休憩の一日」が設定されていたのも、有難かった。何回もお湯につかった。

「これじゃ、百歳まで死ねないかもしれませんね。」

そんな冗談が口を突いて出たのである。

二

翌朝（四月三日）、発見があった。昨夜おそく帰宅したのだけれど、旅行中に聞いた田遠《でんどう》清和さん（藤沢市。「東京古田会」会員）の声が耳からはなれなかった。

「あの、弟橘比売の歌、おかしいですよね。」

もちろん、有名な、

　さねさし相模の小野にもゆる火の　火中に立ちて問ひし君はも

の歌だ。

「倭建命が火に囲まれたのは、焼津だから、駿河の国ですよね。相模じゃない。」

「そうですね。」

これは、わたしにも「?」だった。しかし、田遠さんのような、相模の国の「地の人」に言われると、迫力がちがう。

「それに、『さねさし』って、何ですかね。〝意義不詳〟って書いてあるけれど、はじめから〝意味がわからなかった〟なんてこと、ありませんよね。わたしたちは〝意味不明の枕詞があるんだ〟なんて、教えられていたけど、変ですよね。」

確かに、そうだ。「意味不明の枕詞」の中には、「あしびきの」みたいに、定型化されたものもある。

それは、〝使い続けている〟うちに、原義を見失ったものかもしれないけれど、この「さねさし」は、ここだけだ。だのに、「意味不明」ですますのは、ちょっと。これは誰でも、思うことであろう。ハッキリ言えば、わたしたちの「怠慢」なのかもしれない。

三

「それに、」

田遠さんはつづける。

「『さねさし』っていうのは、四音ですよね。何で、五音じゃないんでしょう。」

確かに、万葉集の東歌でも、ほぼ「五音」、五・七・五・七・七になっている。それなのに、というわけだ。歌人であり、すぐれた歌論者でもある田遠さんだけに、「さすが」の指摘である。

わたしはうなずいた。

四

朝まだき、床の中で考えていた。

「さねさし」って、何だろう。田遠さんとの会話の中で、すでに出ていたことだけれど、「さねかづら」という言葉がある。枕もとの辞書で見ると、

「マツブサ科のつる性常緑低木。関東以西の山地にはえ、庭木にもする。葉は楕円形で光沢があり、

夏に黄白色の花を開く。秋赤い実がなる。茎の粘液は製紙用、鬢（びん）付け油の原料。ビナンカズラ。」（『日本語大辞典』講談社）

美しく、たわわに実った、赤い実のカラー写真が付載されている。

「さし」は一見単純だが、複雑な用法の動詞だ。

紫は灰さす物そ海石榴市《つばいち》の八十《やそ》の衢《ちまた》に逢へる児や誰（万葉集、巻十二、三一〇一）

の「さす」は、染料として、椿の木の灰を〝注ぐ〟あるいは〝加える〟動作をしめす。

足柄の彼面此面《をてもこのも》にさす罠《わな》のかなる間《ま》しづみ　児《こ》ろ吾紐解く（万葉集、巻十四、三三六一）

ここの「さす」は、ワナを〝しかける〟動作をしめす。

要するに、人間が、人間側の目的のために、自然物（植物や場所など）に〝働きかける〟ときの動作、その表現なのではあるまいか（他には、「うち日さす」のように、自然物〈日〉自体の働きを言うケースもある）。かなり〝広い〟用法の、人間の動作をしめす動詞のようである。

ここでは、乙女たちが（あるいは、乙女が）〝さねかづら〟の「核（さね）」を採る作業、その動作を「さし」と表現しているのではあるまいか。連用形の名詞的用法だ。

五

次いで、第二句以降。

これは、最初から思いついていたことだけれど、早春の「野焼き」の光景、その「思い出」だ（この点はすでに、民俗学の方からの指摘があったように記憶する）。

こちらは、若者たちの作業である。乙女たちは歌う。

「今は秋、さねかづらに赤い実のたわわに実った季節です。わたしたちは、その実を採りに、野に来ています。

ここは、早春の頃、若者たちが野焼きに来ていたときのこと。わたしたちも、見物がてら、手伝いに来ていました。

そのとき、わたしに声をかけ、わたしの名を問うて下さった方、あの方は、今、どうしていらっしゃるか。

もう一度、お会いできるときがあるのかしら。」

ここに住む、相模の若者を思慕する、相模の乙女たちの歌である。

六

「さねかづら」は、万葉集に、次のように出現している。

狭《さ》根《ね》葛《かづら》　後も逢はむと　大船の　思ひ憑《たの》みて（下略）
（柿本朝臣人麿、妻死《みまか》りし後、泣血哀慟して作る歌、巻二、二〇七）
核葛《さねかづら》のちも逢はむと夢《いめ》のみに祈誓《うけ》ひわたりて年は経につつ（巻十一、二四七九）
左《さ》奈《な》葛《かづら》　後も逢はむと慰むる　心を持ちて（下略）（巻十三、三二八〇）

右の（第三歌）注（岩波、古典文学大系本、萬葉集三、三六六ページ）によると、「さなかづら」は「さねかづら」と同じであり、「アフにかかる。蔓の分れてまた合うによる。」とあり、

「五味—佐祢加豆良　　和名抄」

が引用されている。

この植物の形状や性状から、「のちも逢はむ」という願いを表現すること、常であったようである。とすれば、この乙女たちが、かつて早春の頃の野焼きの場で会い、自分の「名」を問われた人、あの青年に「のちも逢はむ」ことを願い、祈った歌として、まさにピッタリの歌詞なのではあるまいか。

この点がこの理解の、可愛らしい「留め金」だ。「核（さね）採り」は、「信（さね）をつなぐ」意の〝まじない〟の意をもとう（巻九、一七九四、岩波本注参照）。

それを、古事記の「作者」が〝採取〟し、全く関係のない「弟橘比売の入水時の歌」として、「換骨奪胎」した。ハッキリ言えば、全然異質の場面に「盗用」したのであった。

七

青年時代から、わたしは古事記を愛読してきた。なかでも、一番心をときめかせて愛誦していたのは、他でもない、この弟橘比売の歌だった。

それが、何と、「盗用歌」だったとは。無念だ。無念だけれど、すでに、ことは明らかだ。明らかな真実の前に、ふたたび「目をつむる」ことは、人間に許されないのである。

近来、民族の歴史を「神話」によって伝える、と称して、古事記・日本書紀の中の「神話」を、史料批判なしに、あるいは史料批判から〝目をそむけ〟て、若い魂に「植えこもう」とする人々ありや、と聞く。

それらは、無駄だ。時の流れに逆流せんとし、真実に〝目をふさごう〟としても、それはそのような国民、真実から「目」をそらし、真実を見ることのできぬ〝ひ弱な〟国民を大量生産し、再び決定的な滅亡と悲惨の淵へと導きゆくものにすぎぬ。わたしにはハッキリとそのように思われるのである。

八

けれども、ここで「再発掘」された歌はすばらしい。

南関東の一隅、相模の野の一画で展開されていた、農民の若者や娘たちの交歓の姿、それがビビッドに描かれている。

しかも、秋になって、春の日を思う歌という、四季の移りゆきと色どり豊かな日本列島で生れた、まさに日本の歌である。誇るべき古代日本の叙情歌、そして背景にあるのは、「野焼き」の労働の歌だ。このような歌を「換骨奪胎」ながら、そのまま（前後の文脈と矛盾したまま）〝伝え〟てくれた古事記の作者にわたしは感謝したいと思う。

九

田遠さんの指摘された「さねさし」が「四音」である、という点、これも貴重だ。

なぜなら、すでにわたしが『古代史の十字路――万葉批判』（東洋書林、今年三月刊）で論じたように、「五・七・五・七・七」の定型は、出雲で〝発生〟した。「スサノオノミコト」を〝代表〟とするところ、あの「出雲八重垣、妻ごみに」の歌だ。この一点を看破したのが紀貫之だった。このような「定型」誕生の前は、永い「不定型歌」の時代があったはず。その歌謡史上の真実を、彼は道破したのである（「古今集、仮名序」）。

多くの「万葉集の東歌群」は、すでに右の「定型歌」に属している。「五・七・五・七・七」だ。いわば「出雲以後」なのである。

ところが、この「さねさし」の歌はちがう。「四」ではじまる「不定型歌」だ。かなり「定型」には近づいてはいるものの、未だ「定型」に至ってはいないのである。いわば「出雲以前」だ。

わたしは、あの「定型歌」のスタイルは、弥生前期（BC四〇〇～BC二〇〇）において「出雲」で成立した。そう考えている。その点、下関の講演会（前田博司氏による）ですでにその論証を「弥生の土笛」（陶塤《とうけん》）との関係において、発表している。

ともあれ、この「さねさし」の歌のしめす「不定型歌」は、それより「早い」のだ。もちろん、「出雲からの、定型歌の伝播期間」という問題があるけれど、様式そのものとしては、あくまでも「出雲以前」なのである。

その点からも、到底「ヤマトタケルの時代」つまり「AD四世紀頃の歌謡」などでは、全くありえない（この点、別に詳述する）。

要するに、残念ながら「古謡を盗み用いた。」この一事を〝抜き〟にして論ずることは、この場合、結局不可能なのだ。

十

この三月三十一日、富士市で講述した。題は「歴史の誕生――天照の東遷」である。

大国主命や、天照大神や事代主命や蛭子（えびす）大神に関する現地伝承についてのべた。そのあと、古事記の倭建命の「吾妻はや」説話を分析した。その結果、それは関東・東海における「大ヒルメ貴《むち》とヒルコ大神」に関する、太陽神話からの「盗用」であることを証明することとなった。

すでに「古代の倫理と神話の未来」（『神の運命』明石書店刊、所収）でのべたところ、それを関東・東海の「祭神分布」表から〝裏づけ〟たのである。

この講演のあと、先の田遠さんの「問い」に接することとなった。深く感謝せざるをえない（高田かつ子さんの御教示もうけた）。

そして従来辿りきたった諸分析と共に、ついに「ヤマトタケル説話」は全面的壊滅の運命を避けえないこととなった。

青年時代以来の「夢」はこわされた。しかし、より大いなる真実の光、歴史の輝く女神の相貌の、まばゆき姿を、ついにこの目で見たように思われる。

十一

前号〔第四篇「転用の法隆寺」〕で予告させていただいた佐原真氏の講演のテーマ、延期となった。もちろん、講演そのものはすでに、一月と二月に行われたのだけれど、学生社から出版の本の刊行がおくれたのである。よくあることだ。だが、大切なテーマであるから、右の決定版の刊行後、熟読させていただくつもりである。

あの「さねかづら」の故事のように、「後にて会わむ」こともまた、人生の醍醐味なのではあるまいか。

二〇〇一年四月四日　稿了

（「閑中月記」第一二回、『東京古田会ニュース』第七九号）

柿本人麿

一

幸せだ。今年（二〇〇九）の十二月、出版・公刊が相次ぐ。

先ず、ミネルヴァ書房から「古田武彦・古代史コレクション」の刊行がはじまる。『「邪馬台国」はなかった』『失われた九州王朝』とつづき、『盗まれた神話』『邪馬壹国の論理――古代に真実を求めて』『ここに古代王朝ありき――邪馬一国の考古学』『倭人伝を徹底して読む』（いずれも朝日新聞社刊）が予定されている。

さらに福與篤氏による『マンガ「邪馬台国」はなかった』が十二月以降刊行予定である〔第三篇「小さな名著」参照〕。

わたし自身が「振仮名」をつけ、中高校生に読みやすい「日本の生きた歴史」を巻末につける（既刊の六著述について）。

忙しいけれど、幸せな朝夕である。

二

望外の刊行が加わった。DVDの続刊である。

全体の綜合題目を「七〇一」という。その第一回(五巻)が「人麻呂の歌に隠された九州王朝」だ。今年の十二月中旬公刊の予定で着々進行中である。

今回その予定稿(写真付き)を拝見して驚いた。柿本人麿をめぐる、「謎」の数々が見事に解き明かされる。その方向を確かにしめす「労作」なのである。

DVDなどというと、論文や著作の文章に比べれば、「カラー写真付きの解説」そう思いがちだった。まちがいだった。

スターゲート・ドット・ティヴィ(1)の望月政道さんを中心とする企画・撮影スタッフは、抜群の追及力と行動力をしめしておられる。たとえば、吉野(奈良県の吉野と佐賀県の吉野〈嘉瀬川流域〉)、御船山《みふね》(佐賀県)、雷岳《いかづち》(奈良県と福岡県の背振山)等、みな現地に足を運び「目」でその〝ちがい〟を歴然としめしている。

出色は、石見国(島根県)。人麿の「生」と「死」(鴨山)の現地をたずね、その真実を追跡した。わたしがかつて現地で「人麿はここで生れ、七歳までここにいた。」と聞き、〝気になっていたところ、今回、スターゲートのチームが再訪し、戸田柿本神社の四十九代宮司、綾部正さんから〝伝承の詳細〟を聞きとってこられた。

また「柿本神像再造碑(2)」「柿本神社及び御廟所由緒記(3)」を撮影してその写真をもたらされた。

右を拝見して、またお聞きして、新たなわたしの判断は次のようだ。

（その一）人麿は、この地（浜田市戸田地区）で誕生した。

（その二）七〜八歳になった頃、その「天才」ぶりをしめし、近所に著名となった。

（その三）都（九州王朝の都邑の地）から、招かれ、そこで歌や文学・歴史等の教養を蓄積していった。

（その四）白村江の戦の頃には倭国軍側の一員として韓国に渡った。

（その五）敗戦の後、筑紫に帰り、「（大君は）神にしませば」にはじまる、「雷山の絶唱」二首を歌った。

（その六）その後、唐軍進駐《しんちゅう》（占領）下の筑紫に「別れ」を告げ、生まれ故郷の石見国（島根県）に引退した。

（その七）浜田市の鴨山で、石川（暴れ川）の洪水の中で死亡した。

以上だ。

三

新たな発見があった。

たとえば、人麿の出自。それは「大和」（奈良県）ではないか。父親の出身地だ。彼は大和から、この石見国に来て、土地の娘との間に、一子をもうけた。それが人麿である。父親は〝有名人〟ではなく、その名前も現地に残されていない。現地で死んだか、大和へ帰ったか。不明である。

なぜ、このように考えるかといえば、次の五点からだ。

（A）「柿本」という地名は、この石見国にはないけれど、大和にはある（柿本寺・柿本人麿神社等）。

（B）万葉集に残された長歌（巻二、二〇七）に、大和において恋人を失った、血涙下る長歌が残されている。当時の実情において、若い青年が（九州から）恋人、あるいは妻を連れて来ることができる、とは思われない（この点、望月氏強調、長歌自身にも、恋人の「大和出身」が示唆されている）。

（C）人麿が近江で歌った長歌（巻一、二九）には、「玉襷、畝傍《うねび》の山の……」の一節に見られるように、「大和」への土地鑑、そして歴史鑑が豊かである。

（D）人麿が紀伊の海岸（和歌山県）で歌った四歌（巻四、四九六・四九七・四九八・四九九）と共に、巻九の柿本朝臣人麿歌集には、失われた恋人に対する、痛切な思いが歌われている。「大和の恋人」と共にここ紀伊に来た、幸せな日々への思いであろう（一七九八）。

（E）人麿の「大和から筑紫へ向う歌」（巻三、二五〇〜二五四）も、「大和で恋人を失った『時』に対する、痛切な悲しみ」がしめされている。

以上、いずれも、大和が、若き日の人麿にとって「失われた恋人」への痛哭の思い出の地であったことをしめしている。

以上だ。

四

これに対して、ほとんどの人麿の長歌や短歌そのものが、「大和」ならぬ「筑紫」を主舞台としていること、疑いがたい。

有名な「(大君は)神にしませば云々」の作歌を、現代の万葉集の「定説」では、表題通り「大和の雷岳」と解してきた。この雷岳は、わずか一〇メートル前後だ。七〜八分で上ることができる。天武天皇がそこで休息をとったからといって、

「天皇は〝生き神さまであるから〟云々」

というのでは、〝賞め過ぎ〟だ。人麿は古今無類の〝おべんちゃら歌人〟となろう。笑止だ。

ところが、一〇〇〇メートル近い九州の雷山(福岡県)の場合には、全く歌意が一変する。

「(筑紫の大君は)死んで神さまになっておられますので、雷山の上の社を『いほり』として、今も静かに眠っておられます。

しかし、国民(庶民)は敗戦の中で、住む家(いほり)もなく、父や夫を戦いで失い、日々の生活の困窮がきわまっています。」

見込みのない戦いに突入していった、九州王朝の君主(筑紫の大君)に対する批判の歌だ。「無謀な戦いに、国を賭けた、リーダーに対するクレーム」が深くふくみこまれた歌だったのである。

五

明治維新のあと、明治憲法が作られた。その中心が「天皇は神聖にして侵す可からず」とされたのは、著名だ。この項に対する解説(憲法義解、伊藤博文)として、今問題の、

「大君は神にしませば天雲の雷の上にいほりせるかも」

があげられている。

この点、現在の高校の日本歴史の教科書にも、同じこの歌があげられている。そして、「昔は、天皇を神さまと信じていた。」と解説されているのだ。明治から大正・昭和・平成と四代を一貫する「教育界」と「学界」の虚構の実情が明確に反映されている。

虚偽の解釈から、真実の歴史が生れることはない。

六

今回、スターゲートの方々の御質問に応じて、この歌のもつ「真の背景」にふれることとなった。

この歌は「唐軍の進駐(占領)下の筑紫」において作歌されている。ということは、この歌の背景には「唐の進駐(占領)軍」があったこと疑いがない。すなわち、この歌の背景をなす「隠された主人公」は、唐の進駐(占領)軍なのである。

その唐軍の「倭国攻撃」の大義名分は、決して〝スッキリ〟していない。それどころか、ハッキリ言って「無理・無道」なのである。

なぜなら、新羅国が、その国境に百済軍・高句麗軍が侵入している情況を、唐に訴えた。唐はその「新羅の訴え」を「奇貨(もっけの幸い)」として、大軍を発して百済国に侵入した。そして国王・王子・大臣等五十人を捕虜として長安に連行したのだからである(のち「放った」とある)。

百済と「人質」を交換して「同盟」を結んでいた倭国は、百済側の要請に応じて「唐との交戦状態」に入った。「大義」に殉じ、唐側の「望む」ところに〝従わさせられた〟のである。その結果の敗戦だった。

そして唐軍は大挙して敗戦直後の倭国（筑紫）へと進駐（占領）した。これが人麿「作歌」時の背景、その実情だった。

このように見てくれれば、この人麿の「作歌」において、全くふれられていない、しかし真の背景が判明しよう。——「唐軍の占領に対する批判」である。人麿が筑紫を去り、生まれ故郷の石見国へと引退した、その時代の背景がうかがわれよう。

かつて紀伊国で「亡き恋人」をしのんだとき、人麿は次のような歌を残した。

「古き家《や》に妹とわが見しぬばたまの黒牛潟を見ればさぶしも」（巻九、一七九八）

「紀伊国にして作る歌四首」の第三首（冒頭の「古家」を「古き家《や》」と訓むべき点、古田『人麿の運命』〈原書房、一九九四年刊〉三二九ページ参照）。

「そして作者の眼前には、茫々と逝いて帰らぬ一大潮流、黒潮が過ぎゆく。それは、妹が生きていて、華やいだ、明るい声をあげていた日々も、うそのように、この世から消え去って、すでに会うよしもない今も、かわらず、茫々と、黒潮は流れきたり、流れ去っているのである。」（三三〇ページ）

ここでは「隠された主人公」は黒潮だった。永遠の過去より、永遠の未来へと流れ去る黒潮だった。

今は、「唐の進駐（占領）軍」を背景におき、その「隠された主人公」たる唐軍を真の〝批判対象〟として、人麿はこの古今無類の名歌を歌い切ったのであった。

七

今回、スターゲートの天明《てんみょう》晃太郎さん（プランナー）から質問があった。

「人麿の歌の編年はできませんか。」

わたしは答えた。

「できると思います。万葉集中の人麿歌集には、たくさんの歌があげられています。これらをふくめれば、大変な数ですから、時間的、そして地理的にも『編年』は可能だと思いますよ。」

と。もちろん、わたしの「寿命」が許すかどうか、全く不明だけれど、「後生」の誰かの手で行われることであろう。

さらに、望月さんから重要な指摘があった。

「人麿が死んだとき、丹比真人《たぢひのまひと》が歌を作っていますね。

荒波に　寄り来る玉を　枕に置き　我ここにありと　誰かつげなむ
ですね。『真人』と言えば、天武天皇と同格じゃないですか。天武は、
天渟中原瀛真人天皇《あまのぬなはらおきのまひと》
ですからね。天武と肩を並べる人物の『名が知れない』なんて、おかしいですよね。」

わたしは答えた。

「その通りですよ。『名が知れない』じゃなくて、『知ってるけど、書けない』ですよ。あの古今集の『君が代』などと、同じです。」

望月さんはうなずいた。

「そしてこの『真人』を与えたのは、当然天武じゃありません。九州王朝ですよ。九州王朝の中に、柿本人麿に対する、深い同情者、共通の心情の持主がいた。その証拠ですよ。」

わたしはそう答えた。

新しい、歴史に対する「確かな目」の〝芽〟がここにある。

本当の歴史探究は、今からようやく日本ではじまろうとしているようである。

注

（1）　電話〇三―五七二八―一五四八。

（2）　天保十四年（一八四三）板村正直（戸田柿本神社蔵）。

（3）　一九七七年（昭和五十二）九月、戸田地区崇敬者建之（同右）。

補

ＤＶＤの製作・販売は株式会社アンジュ・ド・ボーテ・ホールディングス。製作統括者はスターゲートの望月政道氏。「七〇一」は来年以降もふくめ、全体の名称。今年度はその第一回（五巻）を公刊の予定（古田武彦監修）

［二〇一〇年刊行］。

二〇〇九年十月三十一日　稿了

（「閑中月記」第六二回、『東京古田会ニュース』第一二九号）

本居宣長批判

一

永年の懸案が〝解け〟た。否、正確にいえば解けはじめたのである。

それは「姫島」問題だ。古事記の冒頭、「大八洲国の生成」の終り近く、次の一節がある。

「次に女島《ひめじま》を生みき。亦の名は天一根《あめのひとつね》と謂ふ。」（日本古典文学大系、五七ページ）

右の「女島」について、次のような注三〇が付けられている。

「ここの女島は大分県国東半島にある姫島であろうと思われる。」

ところが、福岡市・糸島市（旧、前原町）在住の方、灰塚照明氏・鬼塚敬二郎氏等より、福岡県の糸島半島の北西部、唐津湾内の「姫島」に「天一根尊」が祭られている旨のご通知をいただき、その教示に従ったのである（『盗まれた神話』復刊本、ミネルヴァ書房刊、三九九〜四〇〇ページ）。

けれども、後日私が直接、この島を訪れた結果、この島の神社が「天一根尊」を祭ったのは、逆に本居宣長の主張（『古事記伝』等）に「依拠」していた、という事情を知ったのである。神社の入口の鳥居の標柱等にその実情が率直に記されていたのだった。

その「認識」から、私は残念ながら、この島（唐津湾の姫島）をもって、古事記の「女島」に当てたこと、これを撤回せざるを得なかったのである。

（右の復刊本の四〇〇ページ、七～八行に注記。同書の朝日文庫本の「補章、神話と史実の結び目」に拠る。）

今回の復刊本の追記においては、「姫島については改めて別述します。」（『日本の生きた歴史』（三）四四三ページ）とのべている。

二

今回、この問題に対して改めて「対面」したところ、全く異なった視野が「見え」てきたのである。

問題の「ポイント」は次の一点だ。

「『女島』を『ひめじま』と〝訓《よ》んで〟いいのか。」

と。「女」だけで、「ひめ」とは通例〝訓《よ》む〟ことはできないのである。

早速、本居宣長の『古事記伝』に当たってみた。それには次の一節から、彼の「判断」が始まっていた。

「女島は日女島《ヒメジマ》なるを、日ノ字の脱《オチ》たるなり。」

この「判断」を基点として、各地の「姫島」論を〝書き連ねて〟いる。それらは、それでいいとしよう。けれども、その「判断」の基点が、今のわたしの「目」には、〝とんでもない〟やりかただ。そのようにしか見えないのである。古事記では通例「比売」と書いているのだ。

こんなに〝簡単〟な「書き直し」ないし「書き加え」ができるとすれば、あの三国志の魏志倭人伝に「邪馬壹国」と明白にあるもの（紹熙本、紹興本とも）を〝易々〟として、〝「邪馬臺（台）国」と「書き直す」〟ことなど、いとも〝無造作〟にできる。ザッツ・オーライだ。

時間の順からいえば、かつて北畠親房が『神皇正統記』で〝開き〟、松下見林が『異称日本伝』で正面から展開した手法、それがここでは、本居宣長によって「考察の前提」とされているのである。いずれも同じ中近世の「学問の手法」なのだ。

すでに今回『俾弥呼』（日本評伝選、ミネルヴァ書房刊）で詳述したように、これは「真実の歴史」への探求方法ではなかった。「神皇」を「正統」化するためのイデオロギー、その立場を「学問」と称するものだ。

あのソクラテス、プラトンの切り開いた〝人間のための学問、理性の下の学問〟とはやはり「別物」だったといわざるをえないのである。決して歴史の真実に至るべき、本来の道ではない。

三

「女島」は日本列島各地に存在する。「男島・女島」と〝対〟になっているのが通例だ。

たとえば、下関市の関門海峡の北側に「白《しら》島」があり、それが「男島」と「女島」に別れている。

「では、なぜ、この『女島』が、古事記の冒頭に特記されるのか。」

当然、そのような「疑問」が生じよう。確かに、この「女島」は、大分県の姫島のように「黒曜石」（〝白っぽい〟ので「白曜石」と呼んだことがある）の産地ではない。いわんや「三種の神器」の出土など聞いたことがない。

しかし、それらは「縄文」や「弥生」の花形だ。だが、その〝前〟に、地形上、重要な意味を持つ。すなわち、対馬海流が瀬戸内海へと分岐するとき、その「途次」をなす〝舟のもやい場所〟すなわち「保留地」なのである。

下関市の関門海峡が、一日の中で、「海流の向き」が反転するのは有名だ。瀬戸内海側へ〝流れ込む〟時間帯と、日本海側へ〝流れ出す〟時間帯に「別れている」こと、知られている。

しかし、この海峡は、「危険」だ。日本海側から瀬戸内海へ向かう舟にとって、「待ち」のための係留地が〝必須〟なのである。

また、瀬戸内海から日本海側へ出る舟にとっても、その海流は二つに分岐している。一方の海流は、無論、対馬海流だ。他方の海流は「東鮮暖流」、現在は東韓暖流と呼ばれている。その二つの方向へと海流が「分岐」しているのだ。当然舟にとって「待ち」の係留所が必要だ。

そのような重要な位置に、この「女島」は、当たっているのである。わたしはまだ、この島へ足を印したことがない。だから「断言」は〝さしひかえ〟よう。けれども、ここの「女島」もまた、〝登場〟すべき、充分な資格をもつ。そのことを申し述べるに、今はとどめたいと思う。

四

右の考察中、重要な「発見」に遭遇した。本居宣長は『古事記伝』で「天一根」を「あめひとつね」と〝訓み〟、岩波の古典文学大系本も、これに〝従って〟いる。しかし、この〝訓み〟は妥当なのだろうか。

もちろん「天（あま）」（＝海士）と「根（ね）」ではない。「一」を〝ひとつ〟と〝訓む〟、これは〝大丈夫〟なのか。なぜなら、その直前に

「次に伊伎島《いきのしま》を生みき。亦の名は天比登都柱《あめひとつばしら》と謂ふ。」

とある。これも「亦の名」の形式である。

だから、そのあとの「女島」の方も、もし「あま（あめ）ひとつね」と〝訓ませ〟たいなら、当然、

「天比登都根」

と書くべきだ。だがそうなってはいない。そうなってもいないのに、本居宣長がそう〝訓ん〟だ。なぜか。

宣長には「持論《じろん》」があった。次のようだ。

「わが国の『大和言葉』が本来の、遠い古《いにし》えの世の姿を現すものである。」

と。従って、

「漢字は後代の〝借り物〟にすぎない。」

という立場である。

今の問題でも、「比登都」とあろうが「一」とあろうが、関係ない。「ひとつ」という大和言葉をあてればいい。――これだ。だから、彼は書いた。

「天一根《アメヒトツネ》は、上の天一柱《アメヒトツハシラ》の名義と同じかるべし、根《ネ》は稱名《タタヘナ》の泥《ネ》か、又島根《シマネ》と云ふこともあり。」

ここでは、上述の「比登都」と「一」との〝異同〟は無視されている。要は〝表現上の仕方〟のちがい、枝葉末節に過ぎぬ。そういう立場なのだ。

だが、それは彼の「イデオロギー」である。その「イデオロギー」の大義名分から裁断し、「原本上の差異」などは、全く無視されたのである。

五

反論しよう。たとえば、古事記の神武記の終わりに、天皇の寿命として次の記載がある。

「壹佰參拾漆歲」

これに対して本居宣長は、次の〝訓み〟を付している（『古事記伝』二十）。

「モモチマリミソナナツ」

と。これが本来の大和言葉の伝承であり、「壹佰參拾漆歲」の方は〝借り物〟にすぎない、というのである。

しかし、考えてみて欲しい。「參（参）」という漢字を知っている人が「サン」という発音を〝知らず〟にいるものだろうか。まして先述の「天一根」の「一」が「イチ」という発音であることを〝知らず〟に漢字の字面《じづら》だけ使用する、そんなことがありうるだろうか。

結論は、こうだ。

「『一』は〝ひとつ〟と〝訓み変える〟のではなく、そのまま『イチ』と〝訓む〟べきだ。だからここは『比登都』と表記されていないのである。」

と。これが「古事記、真福寺本の原文表記」そのものを尊重する、真の実証主義の立場だ。すなわちわたしの方法である。

六

では「イチ」とは、何か。すでに『俾弥呼』で、くりかえし詳述したように、「イ」は〝神聖な〟という意義をしめす接頭語である。現代のアイヌ語にも「遺存」している。「イヅ（伊豆）」「イセ（伊勢）」「イエシマ（家島）」「イヨ（伊世）」などの「イ」である。

「チ」はもちろん「神の古称」だ。「アシナヅチ」「テナヅチ」「オホナムチ」「ヤマタノオロチ」の「チ」である。オロチ語と対応するのが「ナム（海）」「ナ（大地）」「ム（水）」などだ。

要するに「イチ」は「神聖な神」を示す。もちろん、今回の著作の「目玉」をなす「邪馬壹国」の「壹（イチ）」と同じである。

わたしは新しい広大な視野を眼下にしている。本居宣長の「皇国訓み」の古事記に今や〝別れ〟を告げ、新たな実証主義研究の沃野がこの眼前に広がっている。

敬すべき本居宣長の先行研究に深く感謝したい。

補

「日本思想大系Ⅰ」（青木和夫・石母田《いしもだ》正・小林芳規・佐伯有清校注、岩波、一九八二年刊）も「女島」を「姫島（大分県東国東郡姫島村）」とする（二五ページ）。また「天一根」を「あメひとつね」と〝訓んで〟いる（メは片仮名）。

その注記に「伊岐嶋（岩波、古典文学大系では伊伎島）を天比登都柱と称したのと同様の発想による名称で、海中の孤島による称。」（二五ページ）として本居宣長の〝訓み〟と理念（イデオロギー）とに従ったまま、現在に至っているのである。

二〇一一年八月二十七日　稿了

（「閑中月記」第七三回、『東京古田会ニュース』第一四〇号）

続・本居宣長批判

一

待っていた本が来た。『本居宣長の不思議』（本居宣長記念館刊）である。本の題意は平易だが、内容は宣長に関する、すぐれた資料・写真類が満載だ。開館の四十周年記念出版として二〇一一年（平成二十三）三月二十五日の刊行である。財団法人鈴屋遺蹟保存会の編集・発行となっている。

わたしには末尾に全文掲載されている「教科書に載った『松阪の一夜』」がなつかしかった。

二

「第十三松阪の一夜

本居宣長《もとおりのりなが》は伊勢《いせ》の國松阪の人である。若い頃から讀書が好きで、将来學問を以て身を立てたいと、一身に勉強してゐた。」

若き宣長は、尊敬する江戸の賀茂真淵《かものまぶち》がこの松阪を通って伊勢神宮へ参内すると聞き、その帰途再び一泊した松阪の夜、念願の面会を果たすことができたのである。

「夏の夜はふけやすい。家々の戸は、もう皆とざされてゐる。老學者の言に深く感動した宣長は、未来の希望に胸ををどらせながら、ひっそりした町筋を我が家へ向かった。」

その後、彼は真淵に会うことはなかったけれども、

「宣長は真淵の志を受けつぎ、三十五年の間努力に努力を續けて、遂に古事記の研究を大成した。有名な古事記傳といふ大著述は此の研究の成果で、我が国文學の上に不滅《ふめつ》の光を放ってゐる。」

と結ばれている。「昭和十三年著作権所有（著作兼発行者）文部省」となっている。わたしの小学校六年生の頃である。広島県の三次の十日市小学校時代だ。

三

今回、この本を求めたのはもちろん、この一文のためではない。宣長（と門弟）作成の「天地図」のためである（二九六ページの図参照）。

何回も、書き直したり、書き足されているようだが、要は「天と地と、その間の現世」の三要素を「目」に見える形で表現したものである。その三要素とは、

第一「高天原」――天上

第二「この世」

第三「黄泉（よみ）の国」――地下

だ。これが宣長の描いた宇宙観である。これに対してわたしは「?·」をもったのだった。

四

「?·」の発端は「高天原」問題だ。この九月に出た、わたしの『俾弥呼』（日本評伝選、ミネルヴァ書房刊）でも引用したように『東日流《つがる》外三郡誌』（『和田家資料Ⅰ』二二四ページ）の「荒吐《あらはばき》神要源抄」に、

「高天原《たかあまばる》寧波《ニンポー》」（『俾弥呼』一〇九ページ）

の一語がある。「寧波」は中国の杭州湾南岸部の実在の地名だ、あの「会稽山」のふもとにあたる。だからこの「高天原」は当然、宣長の「天地図」に〝想定〟されたような、数万キロに及ぶ「天上」などではない。「た」は〝太郎〟の「太」。〝第一の〟の意。「か」は「川（かわ）」の「か」。神聖な水をしめす、本来の日本語である（古田「言素論」『多元』連載、参照）。

「原（ばる）」とは〝聚落〟をしめす、九州の地名に多いタイプ。「平原（ひらばる）」「田原（たばる）坂」などの「ばる」である。

「天（あま）」は、もちろん「海士（あま）族」の「あま」を「天」という「美しい文字」で〝当て用いた〟ものにすぎない。これが「東日流外三郡誌」の立場である。

このような立場と、宣長のような「天上説」といずれが〝まとも〟なのか。人間の理性で「理解できる」のはどちらの立場なのだろうか。

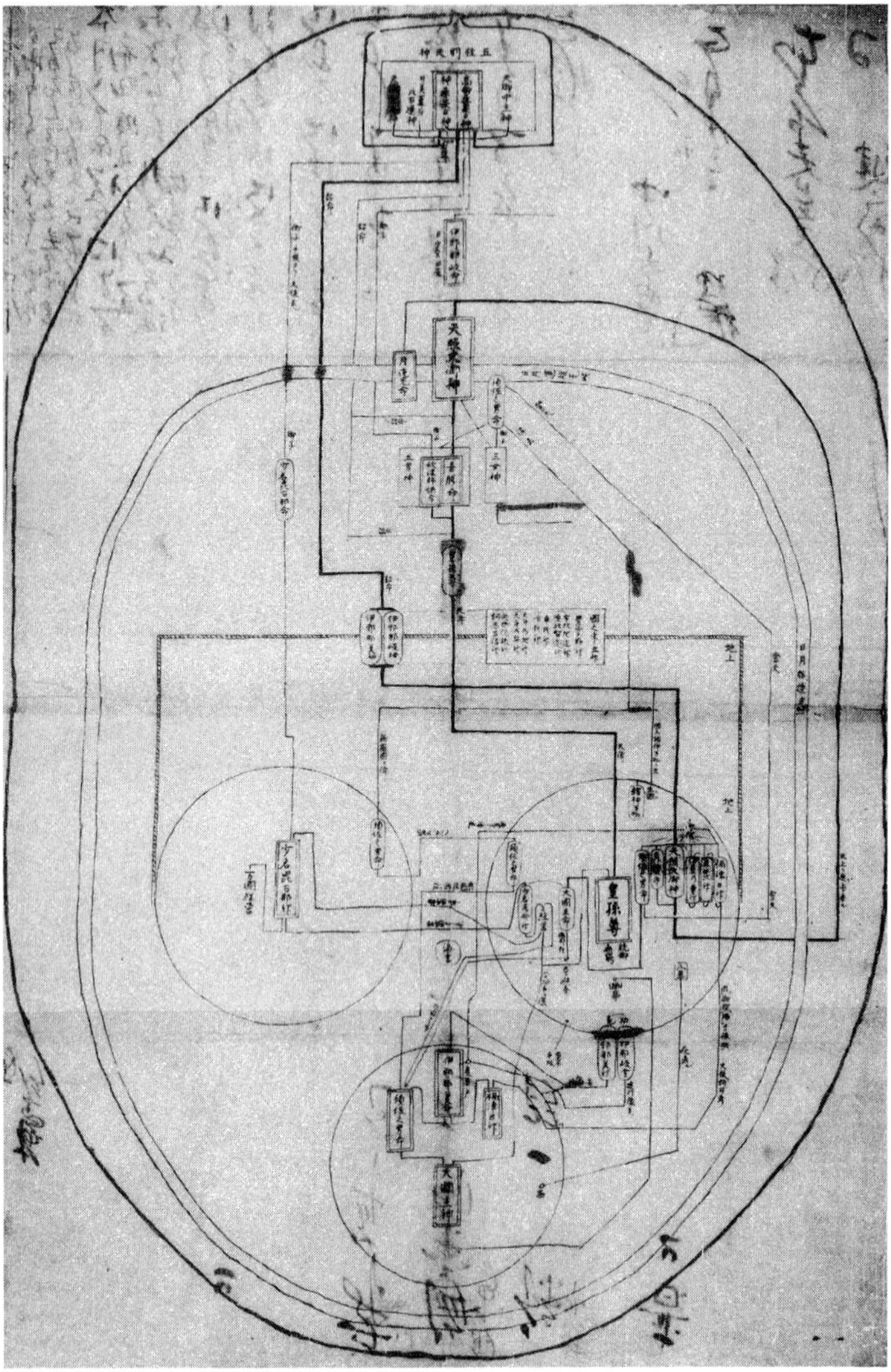

『本居宣長全集』第14巻（筑摩書房，1972年）より

五

実は、宣長の『古事記伝』の「国生み」の段では「古事記の真福寺本」という根本史料に対して〝勇敢な、手直し〟を実行している。原文では、

「天沼弟（あまのぬおと）」

となっている。「ぬ」は「小銅鐸」だ（大阪府柏原市に「鐸（ぬで）神社」がある。「て」は「手」。銅鐸の〝ひも〟か）。

「弟（おと）」は「音（おと）」の〝借り字〟だ。〝sound〟である。

「天の浮橋」は海岸の岸辺から接岸した舟へ乗るときの〝平たい板〟だ。一メートルくらいの長さで、現在も島根県（隠岐島）や広島県（瀬戸内海側）で「実用」されている、船頭たちの「日用語」である。

「天（あま）」は、もちろん〝海士（あま）族〟の意味だ。

現に、古事記の、その段には有名な擬声語がある。

「鹽許々袁々呂々邇（しほこほろこほろに）」（岩波古典文学大系、古事記、五二ページ）

これは小舟の「浮橋」（平たい板）から、紐を海中にひたしての（約一メートルくらいか）「小銅鐸」の〝鳴る〟音として、もっともふさわしいのではあるまいか。

断じて、宣長の「夢想」したような

「何万メートルの天上から、何万メートルもの『矛』を海中に突き刺して、出る音」

などではありえない。これは当然の道理ではあるまいか（古事記の真福寺本の「弟」字を全て検証し、確認

した。他の機に掲載する〔『多元的古代の成立』上・下、復刊本、ミネルヴァ書房、参照〕）。

残念ながら宣長の「脳中」に描かれた「高天原」は「架空」だった。現実の「高天原（たかあまばる）」は、現在の壱岐島（長崎県）の北端に現存する「天の原（あまのはら）海水浴場」の地付近に他ならなかったようである。

海士族《あま》にとっての〝聖地〟、否、「美しい水のでる、無上のいこいの地」の一つだったのだ。

六

以上の論証は、当然以下へと〝波及〟せざるをえない。宣長が「天上」と〝考え〟た「高天原」と〝対《つい》をなす〟世界、「黄泉（よみ）の国」という、宣長の「観念」に対する検証問題である。
古事記上巻の「伊邪那岐命と伊邪那美命」の「6、黄泉国」の項に「イザナミの死」と「イザナギの『ヨミの国』への往還」の説話が語られていること、著名だ。そこでは、
黄泉国（よみのくに）
黄泉戸喫（よもつへぐひ）
黄泉神（よもつかみ）
といった「訓み」が付せられてきた。いずれも宣長の古事記伝の「解釈」が〝継承〟されているのである。
また日本書紀でも、
黄泉（よもつくに）――第六・一書（岩波、日本古典文学大系、上。九二ページ）

といった「訓み」が〝与え〟られている。
ところが、右と同じ、第六・一書で、
泉津（よもつ）醜女（しこめ）——同右
泉津（よもつ）日狭女（ひさめ）——同右
泉津（よもつ）平坂（ひらさか）——同右（九三ページ）
という風に「黄泉」でなく、「泉」だけでも、「よみ」「よも」（東京古田会注・「よも」は「よみ」の古形）
といった「訓み」が与えられてきた。これは果たして〝妥当〟な「訓み」なのであろうか。

七

端的に言おう。

「泉」は「いずみ」だ。「泉」は「泉州（大阪府）」ではないだろうか。現在の関西空港があるところだ。「黄」は「き」である。「紀州（和歌山県）」だ。すなわち「黄泉」は「紀州と泉州」〝和歌山県から大阪府にかけて〟の地帯だ。それを「死者の国」めいた〝当て字〟をしているだけだ。だから「黄泉」と「泉津」と、同一文中に〝別々に〟出現できるのである。「本来」が「死者の国」としての「よみのくに」なら、こんな「泉」だけの「分離した書き方」は、できないのではあるまいか。

八

わたしが「最古クラス」の「国生み神話」として、いつも引用している、日本書紀の「第十・一書」は次のようだ。

「陰神《め》先づ唱へて曰《いわ》く『妍哉（あなにゑや）。可愛少男（えをとこを――あるいは『かわい　わかきを』）』といふ。便《すなは》ち陽神《を》の手を握《と》りて、遂に為夫婦（みとのまぐはひ）して淡路洲を生む。次に蛭児（ひるこ）。」

（上、八六ページ）

この末尾の「蛭子」は古事記で「神の名に入れず」として「葦舟に入れて流し去った」とされる「水蛭子」と共通のイメージを持つ「漢字使用」だ。

だが、右の「第十・一書」全体の文脈では「女性優先」の立場に依拠し、その「女性先唱」によって「淡路島」と「ヒルコ」（太陽神）が誕生したとされているのである。この「ヒルコ」は「ヒルメ」と並ぶ「男性神」だ。輝ける太陽神の誕生譚である。

しかるに「漢字面」では、古事記と同じ「いやしめられた文字」が〝当て〟られている。

右の「黄泉」問題も、同じだ。「黄（き）」と「泉（いずみ）」の二国を〝並称〟するさいに、中国風の「黄泉（死者の国）」の漢字面が〝当て〟られているだけではないだろうか。

くりかえし出現する「泉津」の「平坂」は「日（ひ）ら」の「ひら」だ。〝太陽の出る坂〟（「ら」は接尾語。「村」「空」等）の意が、本来の源初としての「言語」なのではあるまいか。

「イザナギ」が「黄泉国」から逃げ返ったというところが、

「筑紫の日向（ひなた。従来の〝訓み〟は「ひむか」）の小戸（をど）の橘（たちばな）の檍原（あはきはら）」

といった、筑紫（福岡県）の「日向（ひなた）」（能古島の対岸か）といった、「具体的な（地上の）場所」を指し示している点から見ても、「黄泉」は「和歌山県と大阪府」という、今回の理解の方が「スッキリ」するのではあるまいか。

九

楽しい話題を加えよう。古事記では「黄泉戸喫（よもつへぐひ）」、日本書紀の「第六・一書」では「湌泉之竈（よもつへぐひ）」（九二ページ八行）とされているもの、これは何か、というテーマである。

古事記の「黄泉」は、先述のように「和歌山県と大阪府」が、その〝実体〟だ。では日本書紀の「第六・一書」の「湌（＝飡）」は何か。「さの」である。関西空港のそばには「泉（いずみ）佐野（さの）」の地名あること、関西の人々には著名である。その「佐野」が、この「へぐひ」の本家本元だ、と言っているのである。この「へぐひ」とは、何か。

おそらく〝色々の食料を、すべて食べ物として上手に料理してあるもの〟の「名」ではあるまいか。今で言う「大阪の食い倒れ」だ。〝何でも食べる。旺盛な食い物〟のことなのであろう。

当時の「代表」は、「くじらの肉」だ。「いざなぎ」と「いざなみ」は、男女の「くじら」を神格化したものだ。「いざなぎのみこと」の墓は淡路島にあり、「いざなみのみこと」の墓は和歌山県から三重県寄りのところにある、という。現在も、九州の五島列島（長崎県）で「いさな祭り」が行われているように、「いさな」は〝くじら〟の異称である。「牛」や「馬」の（集団的に、あるいは養殖として）いなかった時代、「くじらの肉」は最高の美味、それこそ「神の与えたもうた、無二の食べ物」だったのではあるまいか。

先日も、大阪の海の沖合に「ナガスクジラの子供」が〝迷い込んできている〟旨の報道があった。当の大阪市内の土中から、少なからぬ「クジラの骨」が出土し、展示されていること、著名である。

わたしも、貧しかった青年時代、信州（長野県）において「クジラの肉」にささえられていた日々のことを、深い感謝の念をもって今、想起しているのである。

補

日本書紀の「第六・一書」の説話の「成立の場所」と「成立の時期」については、改めて詳述する（「蛭児」といった〝漢字当て〟は、当然ながら、中国から「漢字」が輸入されたあと、との時間帯に属しよう）。これに比して、右の「女性先唱」のスタイルは弥生の〝男性先唱〟への『書き換え』以前の成立期に属する。すなわち縄文以前の原初的スタイルがここには表現されているのである。

以上。

二〇一一年十月二十五日の暁に記了

（「閑中月記」第七四回、『東京古田会ニュース』第一四一号）

第五篇　もう一つの消された日本の歴史——和田家文書

毀誉褒貶——和田喜八郎さんに捧ぐ

一

「この三ヶ月間、生きていて本当によかった。」

朝の光を浴びつつ、そう思った。忘れられぬ方々の死に次々と接したこの期間であっただけに、その思いは深い。(1)

この三ヶ月間の発見、それは〝法外〟とも言えるものだった。古事記の中の倭建命（小碓命）と美夜受比売との応答歌にはじまり、(2)万葉集の中の中皇命をめぐる歌謡（巻一）、日本書紀の成立と魏書（「北魏」の正史）との重大な関係、郡評問題の真相、明暦本古系図（文久誌）(3)の分析等、いずれも、

「九州王朝の前提（「仮説」）なしに、日本の古典は、正確に、そして厳密には理解できない。」

という事実を、徹底的に実証的に証明することとなったのである。

この七〜八月、新聞紙上や国会で話題となった、例の「君が代」の解明も、もちろんその一環だ。

二

この秋は、思いがけない方々の論文に次々と接した。

川端俊一郎氏「倭国の市と大和の市」（『北海学園大学経済論集』第四三巻第三号、一九九五年十二月）。

魏志倭人伝中の「国々に市あり。」の一節を発端として、三世紀の倭国を〝経済学から考古学へ〟の通路から分析する。考古学の各専門家（森浩一・高倉洋彰・白石太一郎・樋口隆康氏等）の所説を再吟味し、その「年代決定論」に対し、深い疑問を投じている。「魏志倭人伝を媒介にして、遺跡に年代の目安をあたえるという方法が不可欠」と帰結する。わたしの年来の主張だ。

そして九十人の考古学者が参加した岩波講座『日本考古学』でも、別巻二冊（一九八六年）でも、「古田武彦の問題提起はまったくとりあげられていない。」と指弾する。

これは、エドウィン・ライシャワーが日本のインテリのもつ〝偏向〟について述べた如く、日本の考古学界が（「考古学編年」に関して）「理性よりも信念でその教義を受け入れている」ためであろう、と批判されている。

氏は、同大学の大学院の教授との由であるが、わたしは四年も前に、このような論文が出されていることを全く知らなかった。

三

同氏「この国のかたちと常識・七世紀の政権交代――東アジアの中の日本」（同論集、第一〇一号、一九九九年九月）。

氏は進んで「歴史学」全体へと視野を拡げた。司馬遼太郎が、七世紀になって「あっというまに」大和政権による統一性の高い国家ができてしまう「おどろき」を述べているのに触れ、そのように「一夜にして」統一国家ができてしまったように見えるのは、おかしい。やはり司馬の抱いている「歴史上の常識」の方を疑ってみる必要があろう、と論じはじめる。そして井上秀雄・森公章・遠山美都男氏等の「白村江」に関する叙述や藤井功・亀井明徳・石松好雄・高倉洋彰氏等の「太宰府」に関する記述等をとり上げ、いずれにも重要な欠落があるという。それはやはり、わたし（古田）の提起した「倭国（九州王朝）」という存在を〝考察対象〟に全く入れていない、そのためではないか、と鋭く批判する。「筑紫都督府」についての詳細な分析も行われている（ただし、現在では、わたしはこれを〝南朝系列〟及び〝「九州王朝」系列〟の都督府と考えている）。

氏は、この九月、三十日間にわたって中国の北京周辺に滞在し、中国側の歴史学者たちと対話・討論を重ねられた由である。(4)

四

西村俊一氏「日本国の原風景——『東日流外三郡誌』に関する一考察」（日本国際教育学会、第十回大会報告、一九九九年十一月七日、〈於〉京都・同志社大学）。

この長文の報告を読了して一驚した。和田家文書に対する適確な叙述、文書に対する実地調査、わたし（古田）の研究に対する緻密な評価、偽書派に対する忌憚なき批判、と、逐一詳細な論述が加えられている。

その上、わたしの「九州王朝」（倭国）説に対してもまた、論を進め、「今や旧来の正統史学を沈黙に追いやる気配さえある。」と言う。

先に、川端氏によって指弾された学界の閉塞状況が、ここでも一言にして見事に集約されている。氏は東京大学出身、現在東京学芸大学の教授であり、右の日本国際教育学会の会長である、という。わたしとしては、以て瞑すべし、の一言に尽きる。

五

大先輩の評価、それは森嶋通夫氏からである。氏は、国際的な経済学者にしてロンドン大学の名誉教授である。

『新・古代学』第四集（一九九九年十一月、新泉社刊）の冒頭の、わたしとの対話で、次のようにのべておられる。

「わたしも、古田さんの本を読み続けて、『「邪馬台国」はなかった』の朝日新聞の本からはじまって、おもしろいから次々と読んできたが、大体において古田さんのいわれることは賛成なんですがね、（中略）与えられた文献史料から結論を出すというやり方の限りでは、古田さんのやり方は完璧で論理的であると思うんです。」

望外の評価である。わたしとしては、言うべき言葉がない。

もちろん、〝中傷・攻撃〟の輩は今後も跡を断たないであろうけれど、もはやわたしが「反応がない。」と言うべき時間帯は、すでに通り過ぎたようである。[5]——日本の「古代史学界」の沈黙を除けば。

なお、氏はわたしに対し、「毀誉褒貶にわずらうな。」と丁寧に告げておられる。その通りだ。早くして文化勲章を受章された氏であるから、その言葉には実感がこめられている。

六

生涯の終りを「毀誉褒貶」で悩まされつづけた方、それは敬愛する、わが和田喜八郎氏であった。逝去されたのは、今年（一九九九）の九月二十八日の午前四時。だが、まだ「昨日」のようにしか思われない。

最後にお会いしたのは、九月十九日（日曜日）の朝、氏の入院された、その病室であった。本来なら、何事をも押して「挙行」の中心になられるはずの、前日（十八日）の夕方から夜にかけての行事、そして当日の石塔山の行事にもはじめて欠席されたのである。その朝だ。

「あれは、大変なものだ。あれはすごい。あれで、日本の歴史はすっかり変る。」

病室に入ったわたし(及び同行の方々)(6)に対して、先ず、うめくように言われた、和田さんの言葉、その第一声がこれだった。

八月下旬、わたしは和田さんと、

「寛政原本は出したのか。」

「ああ寛政原本を出したよ。」

という会話を、まちがいなく交わしていた(電話)。

だから、右の「うめき」は、(他の人々には、いざしらず)わたしの耳には、「寛政原本」に関する、和田さんの感想。そう聞えたのである。そのあと、

「おれが死んだら、息子や娘に開けてもらってくれ。」

ハッキリ、そう言った。もう、このあたりは、同行の方のテープにハッキリと録音されている。これが、和田さんの貴重な遺言となった。

七

だが、そのときは、わたしはまだ、この言葉の真の意味を「理解」していなかった。なぜなら、わたしと和田さんは同年、正確に言えば、わたしより四ヶ月若い。だから、「おれが死んだら」という言葉は、ずっと先、おそらく「わたし(古田)が死んだら」という場合と、〝似た〟ニュアンスで聞えたのだ。

それが、まさか、その日から「十日」あと、の話だとは、神ならぬ身の夢にさえも思わなかったのである。

それが、当日（十九日）の石塔山の御挨拶における、

「寛政原本を見せていただかない限り、もう、ここへはおうかがいしません。」

という、わたしの〝訣別宣言〟となったのである。

八

十月三日（日曜日）、それはとどこおりなく行われた。五所川原市の長円寺における葬儀である。先日（九月十七日）、東京のお宅におうかがいして、さわやかな、楽しい時間をもたせていただいた、故・安倍晋太郎氏の奥様〔首相〕晋三代議士の御母堂）が早速お出でいただいていた。有難かった。いつも、喜八郎さんが心配していた、お孫さんとも、手が〝痛くなる〟ほど、握手を交わした。心残りはなかった。

今後の、和田家文書の運命は、いかに。わたしではない、もちろん、和田家の御一族の決断に委ねられている。喜八郎氏の「遺言」が実行されるか否か。それも、同じ。

わたしはただ、わたしの手に委ねられた、明治写本のおびただしい資料群、その宝庫と日々対面している。それがわたしの仕事だ。

たとえば、今手もとにあるのは『丑寅風土記、第（全）六ノ三』である。

「序言」「朝熊隠居之譜」（秋田城之介実季《さねすえ》、元和乙卯、記）「東日流語部之事一」（文化壬申年十一月一日、

語部語邑伝介談、和田長三郎（吉次）聞書）とつづく。いずれも、貴重な記録だ。

中でも、注目すべきは、次の文書だ。

「（前略）自由ありて人自から善悪の法を自由民権護持し（「す」）べく、立憲は万民救済のものにて、民を下敷く独裁輩の横暴を珠滅せる法なり。茲に歴史の片そばかしき（ママ）倭史ぞ信じるに足らん。まして神代（の）事ぞ無幻想幽のものなればなり。真の神はもとより相無き霊力にして、世にあるみながら神なる神通力にてなれるものなればなり。

国王たりとて、人の生々を異に生々なく、神なる授身に非ざるなり。

依て民心を併せて国造るべきの世を挙ぐ可（べし）。

明治十五年一月一日

三春自由民権党」（常用漢字に改む。古田）

『福島自由民権運動史』（理論社）にはじまり、『増補福島事件』（三一書房）等に至る、当問題の碩学と言うべき高橋哲夫氏（三春出身、現、郡山市）によれば、右の「三春自由民権党」という「党名」は聞いたことがない、という。すなわち「作文者（X氏）」の仮称（匿名）であろう。

そこに述べられている独自の歴史観や宗教観には、一面において和田末吉との共通面（「倭史」排撃）をもちながら、反面において「アラハバキ信仰」ならぬ、一種の「無（「夢」か）幻想幽」主義に立つ点、末吉自身とは、また異なっている（「書写者」名は末吉、筆跡は息子の長作）。おそらく、末吉と何等かの〝関係〟をもった人物と思われる。

ともあれ、これは、いわば「同時代写本」である。「寛政原本」には存在しないこと、もちろん確実だ。

この三日あと（一月四日）、有名な「軍人勅諭」が出された。〝明治以降〟の日本の運命を決した、思想史上も重要な勅諭であること、言うまでもない。それと時を同じうして書かれたもの、この史料の重要さもまた、疑いえない（「福島事件」は、明治十五～十六年）。

「毀誉」はいったん留保し、文書それ自身を万人の眼前におき、冷静な検討にゆだねる。これこそが学問的に重要だ。中傷の秋《とき》ではないのである。

近代思想史は、勅諭の理解の重要さと共に、ここに一段と立体性と深みを増すに至るのではあるまいか。

和田喜八郎さんに向って、つつしんで報告する。

連作（四首）

毀誉褒貶、多事多端
　朝風来り夕風は去りし
中傷者こそ、神なれ
　学べ学べと、さとして止まず
和田喜八郎さん、貴方と出会い
　わが人生は虚にあらざりき
人生悲喜こもごも
　ただわれ、学びて死に至らむ

注

（1）成瀬恭氏（原書房会長）逝去（十月十五日）。
（2）浅野雄二氏（「多元的古代研究会」）の御教示による。
（3）高良大社（明暦三年、物部安清。文久元年、物部定儀誌）。古賀寿氏による。
（4）中国側の学者は、七世紀末の「転換」に関しては、何のこだわりもなく、同意であった、という。
（5）並木信義氏（経済学者）『日本を正気にするために』（毎日新聞社、一九九八年十一月刊）にも、わたしの説が紹介されている。
（6）松本俊一氏及び高田かつ子・福永晋三・古賀達也・佐々木広堂・前田準・青田勝彦氏。

一九九九年十一月十三日　記了

（「閑中月記」第四回、『東京古田会ニュース』第七〇号）

寛政原本の出現

一

寛政原本が出現した。二十数年間、求めに求めてきたもの、その古写本がついに出現したのである。わたしは竹林の間の道を歩きつつ、垣根の椿の花の咲きほこる、いつも見馴れた光景にふれつつも、この世界が一変したという、未曾有の感慨にひたされていた。この八十年の生涯の中で、この日に会うたこと、その喜びは筆舌に現わしがたい。

この学問論の第三回に、このテーマを扱いうることを、この上なき喜びとする。

二

その日は、二〇〇六年（平成十八）十一月十日であった。八王子で行われた大学セミナーの講義「筑紫時代」のはじまる前夜、わたしはそれを見た。

青森県弘前市の竹田侑子さんから、東京に住む息子さんのもとに送られ、そこから会場の八王子セミナーへと運んでこられたもの、その史料群の中に、それは存在したのである。

わたしがまだ京都にいるとき、竹田さんから「手もちの古文書を公開してほしい。」とのお申し出があり、わたしが数日後に八王子でセミナーに出る旨申し上げると、その場での公表を望まれたのである。

そこで京都の自宅へ送られると、東京への出発の日と前後するため、直接東京へ送ってくださるようお願いし、これを快諾されたのであった。その仲介役を息子さんに依頼されたのである。

三

送られてきた史料の大部分は、わたしにとってはすでに見馴れたものだった。明治写本を主とする和田家文書である。

明治写本とは、厳密には幕末からはじまり、明治時代の全体、そして大正時代、さらに昭和の初期（六年頃）に至る古写本群である。けれども、その大半は明治期に属しているから、これらを総括して明治写本と呼んでいる。これは「書写年代」である。

次の和田家文書とは、青森県五所川原市の飯詰《いいづめ》にあった和田家（一九九九年、喜八郎氏没）に伝来されていた古写本群の総称である。その在所は、同市の石塔山神社近辺の洞窟等及び和田家内であった。

本来、三春《みはる》藩（福島県三春）に属する武士、秋田孝季が藩主の命を受け、秋田家の祖先である、安倍（安東、さらに秋田と改称）家の伝来と歴史の「復元」を求め、それを各神社・寺院・旧家の文書類の書写によって集大成しようとしたもの、それが「東日流《つがる》外三郡誌」と呼ばれる、膨大な史料群である。

江戸幕府の意向を受けて各藩から提出させた「書物」を類集したものとして、塙《はなわ》保己一《ほきいち》（一七四六～一八二一）の『群書類従』が著名である。明治以後の「歴史の教科書」では、必ずしもその画期的な意義を特筆大書しないけれども、フランスの百科全書派の成立にも比すべき、あるいはそれ以上の、幕府による一大文化事業であった。

秋田孝季の事業は、これと比肩すべき大事業である。しかし両者の間には注目すべき差異がある。

その一は、塙保己一の場合は、江戸幕府という体制側の命による収集であること。

その二は、従って「反体制側の書物」を欠落していること。

その三は、十分な財力と人数を擁していたこと。

両者はほぼ同時代の事業であったが、秋田孝季の場合、次の特質があった。

第一は、三春藩が、自己（秋田家）の祖先である安倍（安東）家時代の歴史の「復元」を求めたこと。

第二は、それは主として「津軽時代」の秋田家の歴史であるため、現主たる津軽家（大浦為信を祖とする）とは、「敵対関係」にあった時代を記録した文書類を多く含むこと。

第三は、基金は三春藩から出されたようであるけれど、その実質は秋田孝季と妹りく、その夫となった和田吉次という、三者の協力による「孤独の事業」であったこと。

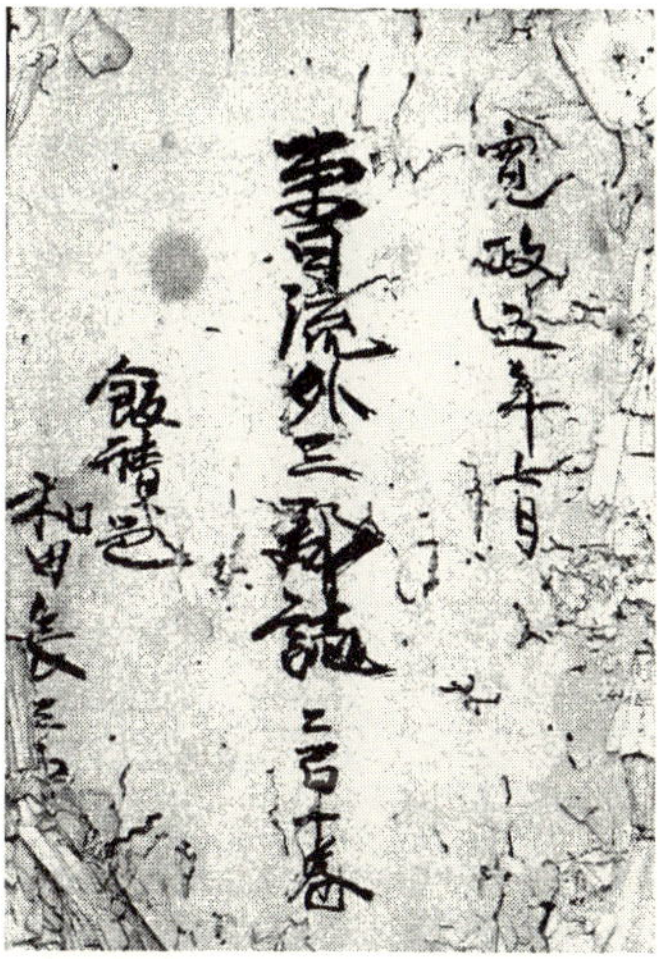

「東日流外三郡誌」（第一）表紙

これらの点は差異があった。ことに、『群書類従』

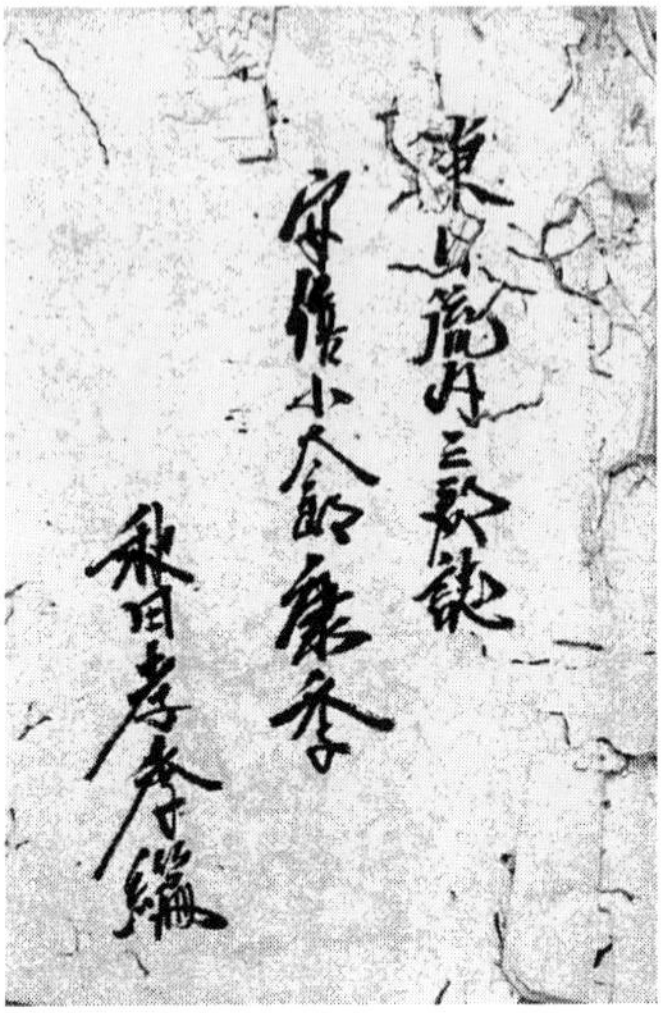

「東日流内三郡誌」（第二）表紙

の場合の収集対象は、主として「書籍」であったが、「東日流外三郡誌」の場合は「文書」を主とし、その他に各地（たとえば、アイヌなど）の言語や伝承等の収集をふくむなど、『群書類従』より、さらに一段と広汎な知的関心の上に立って編集せられている点、特筆大書せられねばならない。

四

明治維新は明治革命ではなかった。江戸幕府中心の体制から天皇家中心の体制へと移行した。それは確かだ。だが、その内実は江戸時代の各藩の統治組織を「廃藩置県」の名において継承したものであった。それ故、各藩が自己（現統治者）中心の歴史を「表面化」し、「一般化」しようとしていた。その「現統治者中心の歴史」という旧性格を、そのまま明治体制は受け継いだのである。その結果、

「明治は遠くなりにけり」

という有名な名句があるけれど、歴史の事実においては、逆に、

「江戸は近くありにけり」

というのが実態であると言わねばならない。

五

従って明治政府は、西では黒田藩（福岡県）等の「公的歴史」を受け継ぎ、東では津軽藩（青森県）等の「公的歴史」を継承し、「換骨奪胎」させた。そのため、一方では、貝原益軒等による「九州年号」や「九州王朝」否定の〝わく〟を護持し、他方では、津軽の大浦家支配以前の安倍・安東の歴史を欠落させたままとする、「津軽藩のわく」を護持する教科書を百数十年にもわたり、作りつづけ、流布させつづけて今日に至っているのである。幕藩体制はいまだ死滅せず、国民の脳裏を支配しつづけている、と言って全く過言ではないのである。

六

このように大観してみれば、この「東日流外三郡誌」に対して、いわゆる「偽書説」の論者達が輩出したこと、全く不思議ではない。道理にかなっているのである。

なぜなら、もし九州王朝説や東北王朝説が日本の正当な歴史の中に組み入れられるとすれば、従来の「幕藩体制の描いてきた、公的歴史」が崩壊せざるをえないからだ。

それらは決して従来の歴史の教科書に対して、「東西の地方史」を書き加える、といったていのものに「収まる」ことはできない。たとえば、「天皇家一元の歴史」とか、「万世一系の歴史」とかいう〝美辞麗句〟は雲散霧消せざるをえないこととなろう。

代って日本列島の中の真実の歴史が蘇生して来る。そして真に、美しい歴史の輝く姿にわたしたちはまさに当面することとなろう。その新しい発端、それが今回の寛政原本の出現なのであった。

二〇〇七年一月　記了

（「学問論」第三回、『東京古田会ニュース』第一一二号）

寛政原本の内実

一

昨年（二〇〇六）の十一月十日より、今年の二月上旬に至るまで、わたしの入手した「寛政原本」は「全、五種類」にわたる。五冊である。入手順に記す。

第一
「寛政五年七月、東日流外三郡誌二百十巻、飯積邑和田長三郎」
第二
「東日流内三郡誌、安倍小太郎康季、秋田孝季編」
第三
「付書第六百七十三巻、寛政二年五月集稿、陸州於名取、東日流内三郡誌、秋田孝季、和田長三郎吉次」（ただし、コピー版）

第四

「建保元年七月安東七（「十」か）郎貞季殿之軍謀図ナルモ是ノ原図追書セルハ巴（「已」か）道ナリ

東日流外三郡大図

文政五年六月二十一日写之

和田長三郎吉次（花押）」（カラー版）

第五

「東日流内三郡誌、次第序巻、及び第一巻　土崎之住人、秋田孝季」

以上だ。

二

わたしがこの三十有余年、ひたすら「寛政原本」の出現を求めつづけてきた動機、それは従来市販の「東日流外三郡誌」の「文章の拙さ」にあった。それは、市浦村史版、北方新社版、八幡書店版のいずれにも共通した性格である。その「元本《もと》」である明治写本（現、竹田侑子氏蔵。コピー本、古田蔵）でも、変らない。右の三活字本が、いずれも明治写本（幕末から昭和初年に至る。和田末吉、長作の筆跡による）の「活字化」であるから、当然である。

これに対し、わたしは考えた。

「これはこの明治写本の〝原本〟（寛政原本）を、末吉と長作が『再写』するときに生じた、筆写ミス、なのではあるまいか。」
と。なぜなら、明治写本の中には、しばしば、

「原《げん》、漢文」

の一句が書かれている。すなわち、「原本」に漢文で書かれていたものを、末吉・長作が「読み下し」しているのだ。

だが、その「読み下し」文が、実は、もとの漢文を〝訓《よ》みちがえ〟たのではないか、と思われる個所が少なからず存在するのである。

また仮名の「和文」の場合も、「文章の流れ」からみて、〝変な〟個所が往々「発生」している。これも、「原文」の本来の「和文」を〝訓みちがえ〟たために生じた、一種の「悪文」なのではないか。わたしは、そう疑ったのである。

三

この点、いわゆる「偽書説」に奔《はし》った人々の場合も、その「原点」には右と同じ問題が（少なくとも、その一因として）存在したのではあるまいか。文章心理上の問題である。

しかし、わたしは「その道」へ向うことがなかった。かつて一度もなかったのである。なぜなら、そのような「悪文」まじりにもかかわらず、「千古不滅の魂」と言うべき光が、文章の紙背から鋭く光ってくる、その姿を見失うことができなかったからである。

たとえば、「東日流外三郡誌」の跋文に、ここに書かれた自家の文章は、決して「同時代」の人々の

ために非ず、将来の世に「聖者」現われ、世を恐れず、自家の伝えるところの真実を汲み取ってくれる日の来たらんことを信じて、是を書いた、というごとき、凡庸の人の凡筆の及びうる筆致ではない。わたしはそう感じたのである。

また、「人（民）」と「土地」との関係を論じ、

「土地の、人のものたるはなし。」

と言い、その理由として、

「人は移るなり。」

と言い切っている。もちろん、安倍氏が津軽に移って「安東」を称し、さらに秋田・三春へと移って「秋田」を称したこと、その歴史的経緯を背景にしての一文ではあろうけれど、右の短文はさらにこれを押しすすめ、人類における「人と土地」の関係に関する、一種の「哲学的思索の結晶」となっている。

現代でも、人類にとっての「禍根」の観を呈している、中近東の「争乱」の歴史的背景も、実はこの「孝季の一言」によってその真相が〝道破《どうは》〟されている、とも言いえよう。

ユダヤ教やキリスト教、また回教などがこぞって「一地域」（エルサレム）を〝己が固有の土地〟と称し、それが「争い」の一根源となっているようであるけれど、これを秋田孝季をして評せしむれば、右の短文を以て、歴史の深相を摘抉するのではあるまいか。まさに、偉大なる思想家の「思想的思惟」の結晶である。

このような「深厚にして鋭敏な思惟」は、果たして、一個のペテン師（「偽作者」）のなしうることであろうか。もし、「なしうる」と称する人あれば、試みに問う。

「君、それをなしたまえ。」

と。もし、本当に、「君」がこのていの名文をなしえたならば、わたしは「君」を「世界一流の思想家」として遇するに、何のはばかりもない。

しかし、わたしと同年の、あの〝愛すべき〟人物、和田喜八郎氏などが、〝さか立ち〟しても、及ぶところではない。その点、このわたしもまた。同断だ。

それゆえ、わたしは従来の「東日流外三郡誌」の「悪文」まじりの文面《めん》を以て、秋田孝季その人の文章と見なさず、農民としての努力家、和田末吉・長作の「写誤」「誤読」に属するものか、と疑ってきたのである。

わたしの、この「仮説」が真か偽かこれを立証すべきもの、それが秋田孝季・和田吉次自身の紛れなき「自筆」による「寛政原本」の出現なのであった。

四

第三の「寛政原本」の序文に言う。

「注言戒遺之事
　此之書巻他見無用門外不出心可若是及他見亦貸付即坐朝幕藩之受科者也至子々孫々」

（古田読下し）
「言を注《しる》し、戒め遺《のこ》すの事
此の書巻は他見無用、門外不出なり。心う可し。若《も》し是《こ》れ、他見亦貸付けに及ばば、即ち朝・幕・藩の受科（とがを受くる）に坐せん者や（也）、子々孫々に至らん。」

「東日流外三郡誌」に頻出する趣意であるけれど、漢文として〝一糸乱れぬ〟構成となっている（勿論、「和風漢文」）。

特に、「とがめ」を与える、その権力者を「朝・幕・藩」（朝廷と幕府と各藩）という形で明記している点、注目される。「藩」の主たるものは、当然津軽藩であろうけれど（始祖、大浦為信。安倍〈安東〉を津軽から追い出す）この「藩」という表現そのものは、「各藩」を指す。幕藩体制そのものを、迫害者と見なしているのである。そしてその筆頭に朝廷が置かれている。幕藩体制が「征夷大将軍」としての幕府の下の権力機構であることも、孝季は見失っていないのである。

この序文の末尾は次のようだ。

「因念深天下吾等一族實傳乃至晴天白日機當來是掟護持遺戒右如件」

（古田、読下し）

「因りて天下を深うする吾等一族の實傳の、青天白日[1]の機の當來するに至らんことを念じ、是の掟を護持せよ。戒めを遺す。右、件《くだん》の如し。」

複雑な「文脈」の漢文だが、見事にルール通り書かれている。それより、さらに見事なのは、「思想的な表現」だ。「天下を深うする」の一語である。〝今まで、朝廷や幕府や津軽藩などの各藩がしめしてきた歴史像とその世界は浅い。表層の世界の理解に留まっている。是に反し、私たちの提示する歴史像とその世界を知ることによって、この「天下」を深くすることができる。〟——そういう思惟《しい》の表現なのである。

このような思想表現を、わたしはいまだかつて見たことがない。日本語の文章の中に存在したことがなかったのだ。「深い」という形容詞はありふれているけれど、「深くする（深うする）」という動詞を、これほどの〝精神のみなぎり〟の中で使われたのを見たことがない。

おそらく、英語やドイツ語やフランス語などの文章世界でも「稀《まれ》」なのではあるまいか。少なくとも、わたしは英語やドイツ語の文章、シェークスピアやゲーテの文章においても、見たことがない。恐らく人類の文章世界において、「絶無」と言わずとも「稀有」なのではあるまいか。わたしにはそのように思われる。

おそらく孝季がこれを書く時、あの、

「(わが一族の血脈は)人の上に人を作らず。人の下に人を作らず。」

の一句もまた、念頭にあったことであろう。この一句はまた
「天は(中略)人の上に人を作らず、人の下に人を作らず」

の文脈でも、出現している(『真実の東北王朝』駸々堂出版、参照)。

福沢諭吉はこの一文を「借文《しゃくぶん》」したけれど、彼の『学問のすすめ』の全体も、彼の生涯の思想的所述も、共に、この一句の「思想」によって、彼の思想的著作の「全体」を〝深うする〟ことは、ついになかったようである。残念にも、一片の「借文」に終っていたのであった。

昨年(二〇〇六)十二月十日、世にも不幸な一書が上梓された。名づけて『偽書「東日流外三郡誌」事件』(東奥《とうおう》日報編集委員、斉藤光政著、新人物往来社刊)という。いわゆる「偽書説流布者」側の視点から、全書が構成されているけれど、その最後の章は、

「寛政原本はついに出ず」

の一文が(小見出しに)題目とされている。それがことの「結論」だというのだ。

だが、その発刊の、ちょうど一ヶ月前、十一月十日に、奇しくも「寛政原本」(第一)が出現してい

たのである。著者は（早耳《はやみみ》のジャーナリストの本分にも似ず）、これを知らずに、この一書を刊行されたのであった。運命の女神の下し給うた「痛烈な皮肉」である。

これを、（やはり、新しい情報を知らぬまま）各ジャーナリズムが〝後追い〟した。日経や京都新聞（共同）、また読売新聞が「書評」の形で〝追随〟した。やはり各紙とも、「事実」を（たとえば、わたしに）確認することが一切ないままだった。

学者の中にも（見苦しい形で）所論を〝変説〟するものさえ現われた。

しかし、事実をくつがえすことは、いかなるジャーナリストにも、いずれの学者にも、金輪際不可能である。その後、続々と「寛政原本」が現われ（竹田侑子さんよりの送付）、今や五種（五冊）の「寛政原本」がわたしの手元にある。否、「手元にあった」というべきだ。プロによる複数種類のカラー写真や一連の電子顕微鏡の報告データが、すでにわたしのもとにとどけられたのである。

もはや、天地がくつがえされても、「寛政原本、存在す。」この事実を変えることは、誰人にも不可能である。これが現在だ(2)。

注

（1）「青天白日」は、朱子学において愛用された用語。〝無実《むじつ》の罪を晴らす〟たとえ。

（2）各「寛政原本」は、安全な場所に保管されている（竹田侑子さんは、故和田喜八郎氏の盟友の故藤本光幸氏の妹に当る）。

二〇〇七年三月五日　記了

（「学問論」第四回、『東京古田会ニュース』第一一三号）

寛政原本のリトマス試験紙

一

寛政原本は、日本の学界水準に対するリトマス試験紙である。

従来は原本が欠落していた。和田末吉、長作による「明治写本」のみが、わたしたちの眼前にあった。明治・大正・昭和初にわたる時期の古写本である。これに対し、敗戦後の現代人（あるいは、「東日流外三郡誌」の『市浦村史』版の編集者、A氏。あるいは「明治写本」の所有者、和田喜八郎氏）による「偽作」物と称してきた。これがいわゆる「偽作説」論者の〝主張〟なのであった。

けれども、わたしにとって、このような「偽作説」は全く成立する余地がなかった。その理由は、次のようだ。

第一、わたしの実見した「明治写本」の筆跡は、全くこれらの「（敗戦後の）現代人」の手によるものではなかった。ことに、近年「偽作者」と〝主張〟されるに至った、和田喜八郎氏に関しては、同人の「筆跡」は、わたしへの来信の「宛て書き」類によって、数多くわたし自身が「所見」し、かつ「所蔵」

するところだった。それらは、いわゆる「明治写本」などとは、「似て非」というより、「似ずして非」なるものだったからである。

第二、さらに、問題はこの「東日流外三郡誌」の内容だ。一言にして複雑多岐、いわば「百科事典以上」の諸科目を収録している。各神社や各寺院等に収蔵されていた文書類が書写され、収載されている。その上、たとえばアイヌの古老の「語り」また東北地方の「語り」や「単語」なども、収録されている。すなわち、秋田孝季と同時代の塙保己一（一七四六〜一八二一）の『群書類従』に似て、むしろそれ以上の広汎な知的関心にもとづく収集なのだ。

これに対し、現代の「偽作者」に擬せられた、和田喜八郎氏はその教養の、失礼ながら必ずしも〝広からざる〟こと、わたしにはかねて周知のところであった。従って氏との会話中、氏がしばしば、「東日流外三郡誌」に書かれた「歴史上の基礎知識」を有せず、その内容を全く誤解していたこと、わたしのしばしば経験したところであった。たとえば、「金光抄」中の「綽空（親鸞の別名）」を以て、「日蓮の弟子の一人」と思いこんでおられたことなども、その一例であった。

この金光上人（法然上人の弟子）が佐渡島（越後国ではない）へ行き、親鸞に会ったという記事（「東日流外三郡誌」の中の「金光抄」）が、真実（リアル）なる事実であったこと、ごく最近（二〇〇七年一月）〝証明〟されたところであった（「真宗連合学会」で今年六月八日、古田発表の予定。京都、大谷大学）。

このような経験を幾多もっているわたしにとっては、故、和田喜八郎氏を以て、この厖大・浩瀚《こうかん》な「東日流外三郡誌」の「著者」に擬することなど、到底不可。あたかも、一個の淡きシャボン玉を以て「天空の輝く太陽」に擬するにも等しきていいの暴挙なのであった。

二

第三は、思想の差である。

前回にのべたように、秋田孝季は「朝・幕・藩」に対し、鋭い批判の矢を向けている。彼等の「公認」する歴史は〝浅い歴史〟にすぎず、歴史の「深相」をうがってはいない、というのである。

これに対し、孝季は自分たちの編纂した「東日流外三郡誌」「東日流内三郡誌」のしめす歴史によって、はじめて「天下を深うする」ことができる、と主張しているのである。

そしてそのような、真実の歴史は、将来必ず「晴（青）天白日」の日を迎えるであろう。そのように断じ、これを予告しているのである。

それに対し、和田喜八郎氏の場合、実はまぎれもなき「皇室への尊崇者」である。ことに、昭和天皇に対する、厚き崇慕の情の持主だ。天皇の崩御のさい、直ちに、皇居の広場へかけつけて、深い哀悼の意を亡き天皇にささげた。他の多くの日本人とも、共通すべき心情の持主だ。この点、わたしは氏自身から直接お聞きしていた。

右のような両者の間の「思想上の鋭い差異」はまた、わたしのかねて熟知するところであった。喜八郎氏にとって「祖先の遺した文書（「東日流外三郡誌」）」への愛情と、天皇（ことに昭和天皇）への無上の尊崇とは、必ずしも相矛盾するものではなかったようである。

このような差異を、平常熟知するわたしにとって、この喜八郎氏を以て「東日流外三郡誌」の「偽作者」に擬することなど、全くの非、論外と言う他はなかったのである。

三

今年の四月五日刊の『週刊文春』に、立花隆氏の文章が掲載されている。「私の読書日記」の連載である。「偽書、地図、外交機密、女性のパーツ」と題する。

先ず、斉藤光政『偽書「東日流外三郡誌」事件』(新人物往来社、二〇〇六年刊)が次期大宅賞の候補作品とならなかったことを「残念」とし、次のようにのべられる。

「(上略)この書をめぐって邪馬台国論争で名高い古代史家の安本美典と古田武彦が偽書と真書の立場から激しい論争を繰り広げたため、世の注目が一挙に集まった。

筆者の斉藤氏は、地元東奥日報の記者として、この偽書事件を最初から終りまで見据えた人。実に念入りな取材によって、史上最大といわれるこの偽書事件の全貌を暴いた。偽書をでっちあげ自ら発見者となった和田喜八郎という奇怪な人物の陰影を見事に描写。

ナゾ解きものとしても、なまじの推理小説よりはるかに面白い。だがそれより、壮大すぎるほど壮大なウソの積み重ねの上に築かれたこのような偽書が、なぜかくも多くの人をだませたのか、不思議な都市伝説的社会現象の臨床解剖の書と見るとさらに面白い。」

立花氏は、斉藤氏が「実に念入りな取材によって、史上最大といわれるこの偽書事件の全貌を暴いた。」と言われたけれど、事実はこれに反する。

第一、わたし(古田)は、和田家の悩んだ「いじめ」問題に憂慮を抱き、東奥日報社をたずね、この点についての配慮を当社に求めた。この点が記録されている(当社の斉藤光政氏、出席)。

第二、しかし、斉藤氏自身は、一回も取材にわたしの所へ「来た」事はない。この点も、この本を読めば、明白である。なぜ、これが「実に念入りな取材」なのか。少なくとも、「真書説」の中心にいたのが、そしているのは、わたし自身であること、立花氏自身も、書いておられる通りだ。だのに、その「真書」説の当人に対して、一切「取材」もせず、何が「念入りな取材」なのか。「取材」という言葉と方法に対する理解、それが立花氏とわたしとでは全く別物のようである。

聞くならく、アメリカのジャーナリズムでは、相手（反対意見の持主）に対して、正面から忌憚なく「問う」こと、しつこく「問い」つづけること、これを根本とする、と。わたしはかねてそのように聞いている。

しかし、立花氏の「日本的ジャーナリズム」の方法は、これとは全く異なっているようである。例の「田中角栄事件」に関する、颯爽たる活躍を見てきたわたしには、ここでは「全く別の立花隆の相」を見て、愕然とした。

その上、斉藤氏自身も、当の「和田喜八郎氏」に取材したことなど、全く記せられてはいないのである。

四

わたしの敬愛する、ハインリッヒ・シュリーマンはその自伝『古代への情熱』の中で次のようにのべている。

「まだ一度もヒッサリックの廃墟を見ることもなしに、退役大尉のベッティヒャーは長年にわたりいくたの論文によって意見をたて、シュリーマンの初期の著書から個々の不十分な報告をもとにして、トロヤの城塞は一大火葬場にほかならない、ともっともらしく証明した。彼はシュリーマンもデルプフェルトもともに責めていわく、『彼らは実態についての虚偽の写真と虚偽の叙述を提供した。いや、それどころか、古い宮殿が存在したという彼らの考えに矛盾するようなものを、故意に破壊したのである』と。ベッティヒャーは一八八九年にパリにひらかれた人類学会大会にこのテーマについて一著書を提出したが、おどろくべきことにはこの著書がフランスのすぐれた一古代研究家を実際にその支持者にもつことになった。」（岩波文庫一三三～三四ページ。博士アルフレット・ブリュックナー氏、補正）

フランスにも、「立花隆氏」がいたようである。しかしながら、幸いにも、逆に、ウイーンのニーマン教授とプロシア王国陸軍少佐シュテッフェンがシュリーマンと協力者、デルプフェルトの考えを確証したという。

寛政原本の場合も、明治写本と寛政原本を詳細に調査し、和田喜八郎氏にくりかえし「取材」した、西村俊一氏は、寛政原本が江戸時代の古写本であることを確認されたのである（『なかった――真実の歴史学』第三号、参照）。

五

わたしは最初、第一回（昨年十一月十日「発見」）の寛政原本（写真）を持って、東京の各所を訪れた。東京大学の史料編纂所（情報センター）や国立公文書館等である。

「この写真の史料の〝実物〟を御覧いただきたいのですが。」

わたしの願いに対して、いずれも首を「横に」振った。「見たくない。」というのだ。わたしの学問にとって古文書研究の基本は、いつも「原本を見る」ことにあった。止むをえなければ、写真だけれど、やはり「原物そのもの」を熟視する。これが根本の姿勢だった。

それなのに、彼等（いわゆる「専門家」）は、それを〝避け〟た。「原物」を見ようとは、しなかったのである。

そこで「問題」とされたのは「罫紙《けいし》」だった。この第一回の寛政原本には、表紙以外には「罫紙」が引かれている。薄茶色だ。

「『罫紙』は、明治以後が多いですからねえ。」

これが、彼等の〝言い分〟だった。わたしには、「罫紙」についての知識がなかった。

「どんな研究書で調べたらいいでしょう。」

寛政原本のリトマス試験紙

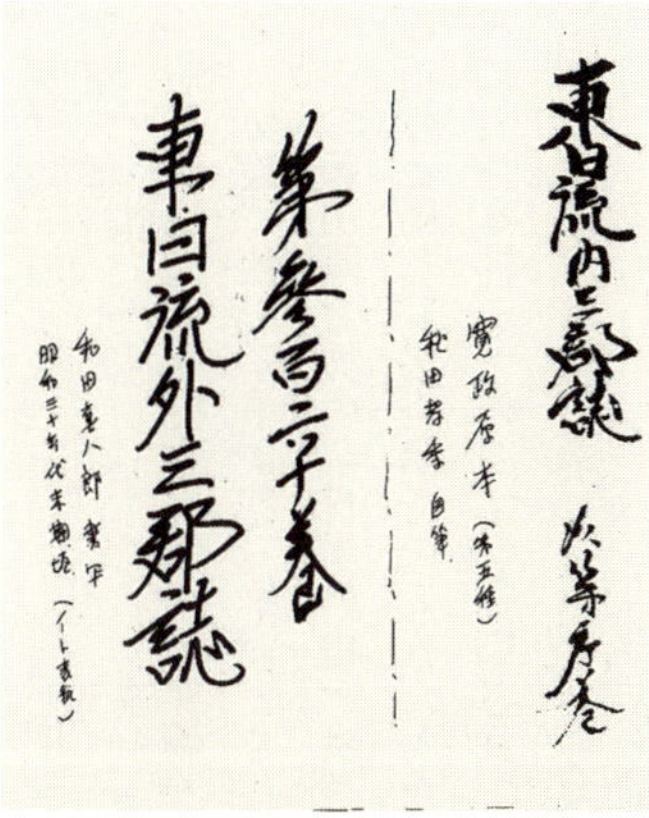

秋田孝季と和田喜八郎氏の筆跡比較
（解説は古田）

と問うと、

「知りませんよ。貴方が京都なら、そちらで調べることができるでしょう。」

との答え。帰って、京都の和紙の各専門店を歴訪した挙句、ようやく再び東京の久米保雄さんに辿り着いた。

毎日新聞社O・Bの久米さんの御教示を得たのち、

①藤原貞幹（一七三二〜九七）「好古日録」（静嘉堂文庫）

②頼山陽（一七八〇〜一八三二）「日本外史」（『頼山陽展』）

——松尾靖秋『原稿用紙の知識と使い方』（南雲堂、

一九八一年）を知った。

静嘉堂文庫で「好古日録」の実物を実見した。原稿用紙の形の芸術的な姿、それは十八世紀中葉の成立。勿論、秋田孝季より〝早い〟時代の存在である。

次の頼山陽。彼の「日本外史」は達意の名文として、青年時代から親しんできた。旧制広島高校出のわたしと同じ、広島出身の偉人だった。彼の「日本外史」の場合は、文字通り縦の罫紙を印刷し、その背に「日本外史」の四字が印刷されている。この著作用の罫紙なのである（頼新《あらた》氏所蔵）。

頼山陽は、当時自宅に幽閉という不遇の中で、天保三年に没した。秋田孝季の死は、その前年（天保二年）の十二月三日だ。ただ、孝季の方が生れは早く、より長寿をとげたようである（『孝季入滅之事』和田吉次、天保三年二月七日の記）。同時代だ。

六

「十八世紀の後半ともなれば、罫紙は全く問題になりませんよ。」

ことも無げに、そう教えて下さったのは、国際日本文化研究センターの教授、近世古文書学の専門家、笠谷和比古さんだった。寛政原本の五種（五冊）とも、長時間かけて熟視した上で、これらの五冊とも、間違いなく、江戸時代の古写本である、と確言して下さったのである。それぞれの電子顕微鏡写真の撮影も、行って下さった。「問題なし」であった。

真実に対して目の見えない人もあれば、目の見える人もある。それが世の常だ。今回の寛政原本の出現は、此のような姿を厳しく映し出す、リトマス試験紙となったのである。

二〇〇七年四月三十日　記了

（「学問論」第五回、『東京古田会ニュース』第一一四号）

東奥日報人にささぐ

一

尊敬する青森県人と東奥日報人にこの一文を捧げる。願わくは貴重な一刻をわたしに分っていただきたい。

今回、幸いにも「東日流外三郡誌」及び「東日流内三郡誌」の原本、いわゆる「寛政原本」を次々と見出すことができた。誰人よりも、これを報告すべきは、尊敬する青森県人、なかんずく東奥日報の読者及び社主、社員等の皆様方に対してであろうと、わたしは信ずる。

なぜなら、当紙はながらく三郡誌に対して厚い関心をもち、多大の紙面を割いてこられたからである。もちろん、それらの多くはこの三郡誌の史料価値を疑う、あるいは否定する立場からのものであったかもしれない。しかしそれはいわば評価と価値判断の問題にすぎず、その根底においてこの三郡誌という存在そのものに対して、ジャーナリストとして関心をもち、また読者にそれを訴える、文化的立場に立たれつづけていたこと、偉とすべきであろう。わたしはそれを信ずる。

それゆえ今回の根本史料の発見にさいし、誰人よりも青森県人、ことに東奥日報の読者と社主等の方々に対し、つつしんでこの一文を献じさせていただきたいのである。

二

先ず、当史料発見のいきさつについて簡明に記する。

昨年（二〇〇六年〈平成十八〉）の十一月十日（金曜日）、わたしはそれを見た。竹田侑子さん（弘前市）から送られてきた文書群の中にそれがあったのである。場所は、東京都八王子市の大学セミナーハウスの講師控室であった。見馴れた和田家文書（明治写本）の中に、その一点があった。次にあげる「第一」である。一晩、寝もやらず熟視、熟考した末、これをまぎれもなき寛政原本の一と見なさざるをえなかったから、翌十一日、古代史セミナー（「筑紫時代」）の第一日にこれを参集者（約七十名）に紹介し、御覧いただいたのである。当日（及び翌日）の司会者は、大学セミナーハウス館長（元、都立大学総長）の荻上紘一氏であった。

この一点の存在を提供者の竹田さんに報告したところ、相次いで（京都の自宅に）送られてきた文書群の中に、次にあげた「第二、第三、第四」の「寛政原本」が存在したのであった。さらに、今年二月はじめ、送られてきた文書群の中に含まれていたのが、次にあげる「寛政原本」の「第五」であった。列記する。

第一、東日流外三郡誌（寛政五年七月、和田長三郎）二百十巻

第二、東日流内三郡誌（秋田孝季編）安倍小太郎康季

第三、付書〈コピー〉（寛政二年五月、秋田孝季・和田長三郎吉次）第六百七十三巻
第四、東日流外三郡大図（文政五年六月、和田長三郎吉次写）安東七（十か）郎、建保元年七月
第五、東日流内三郡誌、次第序巻、及び第一巻（土崎の住人、秋田孝季）

いずれも、電子顕微鏡撮影の結果は近世文書として疑惑がなかった。その上、筆跡も近世文書（寛政～文政）として疑う余地のないものであった。この点、元、東京学芸大学教授、西村俊一氏、また国際日本文化センター教授、笠谷和比古氏のような、あるいは近世思想史上の文書渉猟、あるいは近世文書の専門的研究において永年練達せる方々が、いずれもこれらを疑いなき近世文書として認定されたのであった。

三

わたし自身もまた、中・近世文書の筆跡研究を以て学問研究の一出発点とした。蓮如の筆跡の年代別変遷の研究や親鸞の教行信証坂東本（自筆本）の筆跡異同の研究、また法華義疏中の料紙と筆跡の、顕微鏡撮影と研究調査等である。

およそ厳密な古写本の筆跡点検なしに、壮大な歴史現象を論ずるとき、時として砂上の楼閣と化すること、少しとしない。拙才といえども研究上、「筆跡」問題を一専門分野とするわたしにとって、今回の新出史料はまぎれもなき「真実の近世文書」以外の何物でもありえなかったのである。

四

新出史料が竹田侑子さんのもとに蔵されたいきさつを簡明にしるそう。

竹田さんの実兄は藤本光幸氏（青森県藤崎町）である。藤本氏はリンゴ会社の社長業のかたわら、鋭意「東日流外三郡誌」の探究にその生涯の情熱をそそがれた。和田喜八郎氏の友として永年厚き交流関係を結んでこられた。

そのため、和田氏の没せられる以前から、すでにくりかえし古文書を〝渡され〟ていたという。さらにまた、和田氏の没せられてあと、藤本氏は和田家に蔵されていた、すべての文書・蔵書類の「使用権」をゆずりわたされたのであった（喜八郎氏の長男〈孝〉・長女〈章子〉に対し、竹田侑子さん、藤本氏の長男〈長伸〉と共に、計五名の会合。石塔山にて）。

このあと、二〇〇五年十月二十一日、藤本光幸氏没し（孝氏も没）、文書・蔵書類はすべて竹田侑子さんに託されたのである。

五

人あって、竹田侑子さんを難じた。「文書が偽物だから、公開できないのだ。」と。潔癖な竹田さんは心中深く抗された。そのため、昨年の十一月初旬、わたし（古田）の家へ電話され、「適当なところで、公開したい。」とお申し出があったのである。

八王子の大学セミナーの開催を数日あとにひかえていたわたしは、喜んでこれに応じさせていただいたのである。これが「十一月十日」以前の経過であった。

六

尊敬する青森県人よ、なかんずく歴史と文化に深く、かつ公正な関心を有せられる東奥日報の読者と社主・社員の諸賢よ、次の二事に注目していただきたい。

一は、この五月末公刊された『なかった――真実の歴史学』第三号（ミネルヴァ書房刊）を手にとって見ていただきたい。そこには「寛政原本」（第一、第二、第三）のカラー写真（口絵）と共に、わたしの論文が第四（コピー版）をもとに述べられている（第五以降は未収録）。

二は、今年の七月以降に刊行される予定の「寛政原本」の全コロタイプ版（オン・ブック社刊行）を熟視していただきたい。百聞は一見にしかず。この金言を痛感せられることであろう。

以上だ。

七

わたしは今年の六月二十二日（金曜日）と二十四日（日曜日）の二日間、弘前市の竹田侑子さんのお宅をおとずれた。笠谷和比古氏のおすすめにより、「悉皆調査」を行うためである。

その結果、両日とも、それぞれ（わたしにとっては未見の）、新たな「寛政原本」（二十二日）と、それとおぼしきもの（二十四日）、を「新発見」させていただいたのである。

弘前市よりの帰途、秋田市に滞在し、元、秋田大学学長の新野《にいの》直吉《なおよし》氏、及び秋田市立中央図書館の学芸員の方々にお会いし、右の各文書（二十四日分を除く）を御覧いただいた。諸氏とも、これらの文書類が〝早くから〟学界に知られていれば、いわゆる「偽書説」はありえなかった。もし、あったとしても、いちじるしくレベルのちがう（高度の）ものとなったであろうこと、それを口々に言及され、かつ深く首肯されたのであった。

八

わたしの生命は、思うにそれほど長くはない。否、明日をも知れぬと言っても、おそらく過言ではないであろう。

ゆえに提言する。尊敬する青森県人、ことに東奥日報の読者及び社主、社員の諸賢よ、わたしに命じて、直接わたしの証言を聞きたまえ。また事実（原本や原本の写真）をハッキリと見たまえ。それは何よりも、この〝悪名〟高かったテーマに対して冷静な判断をうべき最上の方法である。和田喜八郎氏も、藤本光幸氏もすでに亡い今、おそらくわたしは〝今後容易に見出しがたき〟真実の歴史の証人であろうから。

「真実ならず」となお主張しつづけようとする人々があれば、その人々にとってこそ、この証言と反証言は不可欠のテーマなのではあるまいか。わたしはそう信ずる。

明後日では、あるいは遅いかもしれないのである。わたしはすでに八十歳も終り近いときにこの朝夕を生きているのであるから。

尊敬すべき青森県人、そして東奥日報人に対して、つつしんでこの一事を伏して求めたいのである。

さらば。

二〇〇七年七月四日　記了

（「学問論」第五一二回、『東京古田会ニュース』第一一五号）

寛政原本と福沢諭吉

一

今回「発見」された寛政原本中、出色の逸品、それは「東日流内三郡誌」次第序巻・第一巻（合本）だった（第五種。今年二月初、竹田侑子さんよりもたらされたもの）。

そこには秋田孝季独自の宗教論や宇宙論、そして年来の人間観がもり込まれている。冒頭の「緒言」には次のような一節が入っている。

「天日はたれのものぞ
大地は萬物を産み大海また如件
人をして天日の下に生々せるにや神なる一系のあるべからずひとをして歴史の非ざるはなし凡そ吾邦の國
史たるや蝦夷のみ践（「賤」か）しむは何事ぞ

蝦夷とは魂のなき非人なるか亦
血の赤からぬ民ぞや」
このように述べたあと、結末へ向う。
「依て本書を
以て誠なる歴史を時代に遺さむため
茲に東日流外三郡誌東日流内三
郡誌に綴り置ける史實を永代に
吾が一族のために遺したるものなり」
これに対して次のような年時・署名が記せられている。
「寛政五年七月十八日
　秋田土崎之住人　安東孝季」
ここに鮮烈に表明された思想内容は、すでに活字本でわたしたちの「認識」していたものであった。

二

先ず、「安倍頼時之遺文」として知られた次の一節がある（『東日流外三郡誌』北方新社刊、第一巻五二〇ページ）。
「絹衣を朝夕にまといし都、麻を着る民の汗をついばむ輩に、何が故の献税ぞや。——平等救済に国造らむ」

右は「天喜元年（一〇五三）五月二日」のものを、秋田孝季が「寛政五年十月」に書写したものである。冒頭の「緒言」と相呼応すべき内容だ。時期も、同時期である。

次に「安東一族抄第六巻」として藤井伊予の記した一文を見よう。

「安東一族は古来よりかくなる人祖の理を賞《かた》り、天秤の如く、ひとをして上下を造らず、種別を嫌はず、戦を好まざる民族なり。」

「元禄十年（一六九七）年一月八日」の文章であるが、冒頭の「緒言」で孝季が、

「安東孝季」

と名乗っていることと、密接に対応している。彼個人の主張はすなわち「安東一族」の立場を背景とするものだったのである。すなわち「人をして上下を造らず」の立場だ。

三

さらに、右のような思想を端的に表現したもの、それは「日之本将軍安倍安国状」だ。

「もとより、天は人をして上下に造りしなく、光明は無辺に平等なれば、いかでやおのれのみ、もって満足に当んや。

わが荒覇吐の血累は、主衆にして一人とも賤下に制ふる験しなし。主なりとて、生命の保つこと久遠ならず、従なければ天ならず。民一人として無用なるはなかりき。

よって、わが一族の血には、人の上に人を造らず、人の下に人を造ることなかりき。」

この一文を秋田孝季が書写したのは、「寛政五（一七九三）年八月」である。即ち、冒頭の「緒言」の

一ヶ月あとの書写だ。従って両者「同一の思想表明」と見なすこと、もっとも合理的（リーズナブル）である。

四

福沢諭吉は明治五年（一八七二）の『学問のすすめ』の冒頭に著名の一句を冠した。

「天は人の上に人を造らず人の下に人を造らずと云へり」

この一句が「と云へり」で結ばれているように、これは自家（諭吉）の創句に非ず、他からの引用であることを明示していたのである。では、どこからの引用か。

論者は、アメリカの独立宣言やフランスの人権宣言を以て「典拠」として論ずることを常としたけれども、そこには「思想」はともあれ、「表現」において同一のものはなかった。

これに対し、和田家文書の場合、思想のみならず、表現まで同一である。

寛政二年（一七九〇）七月に書かれた「荒覇吐神之事」では、

「神は人の上に人を造らず、亦人の下に人を造り給ふなし」

とあって、「表現」も、ほぼ同一である。「神」でなく「天」が主語である点は、先の「日之本将軍安倍安国状」がそれだ。また今回「発見」された寛政原本「東日流内三郡誌」の「緒言」でも、

「天日はたれのものぞ」

「天日の下に」

とあって、この「天」という概念が「道理の根源」であることがここにも十二分にしめされている。

論じてここに至れば、人が人間の理性を失わない限り、

「和田家文書（秋田孝季）→福沢諭吉（『学問のすすめ』）」

という「前後関係」そして「影響関係」は、これを疑い得ないのではあるまいか。

和田末吉が、

「祖訓の一句を、有難くも、福沢諭吉先生が御引用仕り、『学問ノ進メ』に、天ハ人ノ上ニ人ヲ造ラズ、との御版書を届けられしに、拙者の悦び、この上も御座なく、幾度も読み返しをり、（下略）」

と「明治庚戌（四十三年）一月一日」の文章にのべていたこと、決して荒唐無稽ではなかったのである。

五

たとえ「寛政原本の出現」以前であっても、この道理は、先入観なく、物を「見る」ことのできる人々にはおよそ明瞭であった。なぜなら、

A「和田家文書の中の、多数の同類表記→『学問のすすめ』の一句」
か、それとも
B「『学問のすすめ』の一句→和田家文書の中の多数の同類表現」
かを考えてみれば、いい。この同類表現は、およそ、少なくとも二十四例を計しうるのである（『真実の東北王朝』駸々堂出版、二四二〜二四六ページの表、参照）。

あの福沢の簡潔な一句から、これほど多種のバラエティに富む文章群を、果して「産出」しうるものか。思えば、自明のことだ。

「言葉」の上では、AとBと両ケースとも「可能性」としてはありえたとしても、「文章」を作る者の実地の立場に立てば、Bのケースは実際上、無理至難であること、明々白々なのである。要は、明治維新以降の「西欧崇拝」そして「日本軽侮」の精神、そのイデオロギーのみが、人間の平静な理性を無残にも失わせていた。そう言っても、おそらく過言ではなかった。

そこへ決定的な一石が投ぜられた。今回の寛政原本の「発見」である。

六

かつて親鸞架空説が、明治から大正にかけて、学界内部に流布されていた。それが辻善之助の親鸞筆跡研究を発端として反撃され、今日ではその跡形もない。

たとえば、親鸞の書状。すでに若干の真筆本が「発見」されている。もちろん、他の多くの御消息集などの書簡などは、「後代の書写本」のみであり、真筆は今もない。ないけれど、すでに、その信憑性を疑う論者はいない。なぜなら、若干存在する真筆本と、「思想」と「表記」の両者が共通しているからである（もちろん、部分的には異論がある）。

これと同じだ。今回の寛政原本（第五種）の「緒言」の出現は、同類の「思想」と「表記」をもつ活字本（明治写本にもとづく）の和田家文書、その文書としてのリアリティを見事に立証しえたのである。

七

以上は、今回の「発見」に基づく史料批判の一環だ。これは探究の一部、その出発点にすぎない。けれども、これからの問題展開は、日本の歴史にとってやがて画期的な新時代となろう。なぜなら「西欧追従」のイデオロギーの時代に訣別し、論理と道理にのみ敢然と従う、そのような学問の時代の新たな開始を意味するからである。

思えば、明治維新前後から日本国民を導いた「国粋主義」、いわゆる皇国史観は、その表面の〝過激な主張〟に似ず、その実体は「拝西欧」の〝裏返し〟にすぎなかった。だからこそ「九州王朝」など、歴史のしめす論理の導くところに対しては、堅くその両眼をおおってきていたのである。

新しい探究の道はやがて「ヨーロッパ人の古典学」や「アメリカの原理主義」などに代る、人類の新しい指標をわたしたちにしめしてくれることであろう。

それは秋田孝季が、ひそかに信じ、深く未来に望みつづけた世界なのであった。

二〇〇七年八月二十六日　記了

（「学問論」第六回、『東京古田会ニュース』第一一六号）

知己あり、三郡誌

一

すばらしい論文に〝遭遇〟した。題して「東日流《つがる》外三郡誌の科学史的記述についての考察」という。執筆者は「いわき市、吉原賢二氏」である。『古田史学会報』第九七号の掲載だ。

吉原氏は「東北大学名誉教授」とあるから、わたしと「同窓」である。わたしが法文学部日本思想史科を昭和二十三年に卒業したのに対し、氏は化学の出身。二十五年入学とのことであるから〝すれちがい〟だ。だが、電話ながら、意気、直ちに相通ずる方だった。現在八十一歳。科学史学の専門家として斯界には著名の方のようである。

二

氏は次のように書いておられる。「最近は偽書説が勢力を伸ばし、インターネットのウィキペディアまでが偽書説に軍配をあげたようにさえみえる。」としながら、「この稿では筆者の関心の強い自然科学や科学史に関連した『東日流外三郡誌』の記事について考察した結果を述べる。主として北方新社版『東日流外三郡誌』全六巻（一九八三―八五）による。」という。

そして「記録によれば秋田孝季は寛政五年（一七九三年）八月から長崎で三六日間英人史学教師エドワード・トマスの博物学あるいは自然史の講義を聞いた（Ⅰ巻二二七―二二八頁、Ⅳ巻五三八―五四五頁、Ⅵ巻二七―三〇頁）。それは宇宙の始まりから生物の進化にいたる壮大なものであった。」とのべ、氏の専門の立場から厳正な考察を行った結果、「こうしてみると秋田孝季が長崎で紅毛人に博物学の講義を受けたという記事は確実とみられる。素人の偽作者がこんなことまででっちあげるのは無理というもので、まず不可能といってよいだろう。『東日流外三郡誌』を和田喜八郎氏の一〇〇％偽作とする偽書説は荒唐無稽といってよいだろう」という結論をしめされた。

偽書説はここに新段階を迎えた。ハッキリ言えば“the end”の時点にいたったのである。

三

それだけではない。氏はさらにオランダ大使館や日蘭学会側の情報を入手した結果、エドワード・トマスが乗船してきた船はエルプリンス号であり、オランダ領インドネシアのバタビアから長崎に入港したことをキャッチされた。そこには新商館長ヘンミが乗船していたという。その船は一七九三年（寛政五）八月に入港し、同年十月に帰ったという。足かけ三ヶ月の「短期滞在」である。

すなわち、秋田孝季たちがこの年（寛政五年）の八月から三十六日間エドワード・トマスから講義を受けた、と書いていることと、ピッタリと一致し、対応していたのである。

わたしはそれを氏から聞き、早速その執筆をお願いしたところ、快く御承諾いただいた。それが本号所載の氏の論文である。「東日流〔内外〕三郡誌」研究史上、画期をなす名稿である。

わたし自身、文献上の史料批判の立場から〝詳論〟すべきテーマがある。それは「数値の後時、加筆」問題だ。氏自身も留意しておられるように、文献上の「筆跡問題」その他、論及すべき諸問題がある。わたしの史料批判の立場から、機を得てこの点詳論したい。しかしそれは氏の名稿にとっての「瑕《か》瑾《きん》」にすぎない。

学問に対する、厳正な視点に立つ、この画期的な論稿の出現を喜びたい。

二〇一〇年四月二十二日　稿了

（「閑中月記」第六五回、『東京古田会ニュース』第一三二号）

編集にあたって

古田武彦と古代史を研究する会 会長　藤沢　徹

古田武彦と古代史を研究する会（東京古田会）は、昭和五十七年（一九八二）に発足した古田史学を支持する人々の集まりで、一番古い伝統ある会です。

古田武彦先生は「知の巨人」であります。ミネルヴァ書房から約三十巻に及ぶラインナップで復刻出版されている「古田武彦・古代史コレクション」はその証拠です。また、同じくミネルヴァ書房の日本評伝選の『俾弥呼《ひみか》』（二〇一一年）は金字塔と言えます。

どのような思考形態、学問の発想・方法論を以てこの厖大な研究を成し遂げたのか、その秘密は、日常の所感を日記ならぬ月記として書き綴った、『東京古田会ニュース』（東京古田会の隔月会員誌）の「学問論」「閑中月記」というエッセイ集に表れています。

東京古田会は、毎号の『東京古田会ニュース』に連載されている、この「学問論」「閑中月記」（テーマは必ずしも分別されていない）を、一九九九年五月発行の第六七号から、二〇一二年一月発行の第一四二号までをテーマ別に分類・編集し、三巻本として出版できる段取りといたしました。

第一巻「俾弥呼《ひみか》の真実」

（銅鐸論、万葉論、東日流外三郡誌《つがるそとさんぐんし》論など、古代史論考を集成）
第二巻「史料批判のまなざし」
（ソクラテス論や南米考古学論を収録、史料批判ひいては学問のあるべき姿勢を論じる）
第三巻「現代を読み解く歴史観」
（万世一系論、原発論などを収録、現代日本のあり方を批判する）

そしてミネルヴァ書房は「古代史コレクション」シリーズと並んで、この三冊を皮切りに「古田武彦・歴史への探究」シリーズを発足するようになりました。

＊

古田先生の思考には三つの原点が覗えます。

一、旧制広島高校の恩師岡田甫《はじめ》先生の、プラトン「ソクラテスの弁明」に基づく「論理の導くところへ行こうではないか。――たとえそれがいずこに至ろうとも」。この言葉は生涯のモットーとなっています。

二、「本居宣長」研究の東北大学思想史学科の村岡典嗣《つねつぐ》教授の教えです。「認識されたものの認識」というドイツのアウグスト・ベークのフィロロギー（文献学と訳されるが、ロゴスを愛する意で言語学も含む）方法論を信奉していたものの文献主義に偏る村岡氏を同じ方法論の実証主義の観点から批判し、論文「村岡学批判」で師の説を乗り越えました。記紀万葉はもとより、中国の魏書、三国志、後漢書さらには旧・新約聖書、トマスの福音書、ギリシャ神話などの原典を批判し、事実（考古学）の裏付けのある創造的解釈を展開しました。

三、一九四五年（昭和二〇）八月十五日原爆投下直後に近い広島の惨状を目の当たりにした、十九歳の古田武彦青年は原水爆を絶体悪とするルサンチマンを心情深く刻み込ませました。多数決論で原爆投下の正当性を唱えるアメリカ民主主義や、戦勝国の支配する国際連合を批判する視点です。東日流外三郡誌を書いた秋田孝季《たかすえ》の言葉「法とは勝者の利益のため敗けた方に押し付けたもの」「いずれの土地でも民族のものではない。人は移り行くもの」なり。この思想に共鳴し、偽書説を否定するのは当然であります。

＊

「古田武彦・歴史への探究」シリーズは、このような古田先生の歴史観・志《こころざし》をやさしく理解できるものです。先生の本をすでに読まれた方、歴史に興味を持たれた方、すべての真実を愛する方にお薦めいたします。

古田武彦・古代史コレクション

既刊は本体二八〇〇～三五〇〇円

〈既刊〉

①「邪馬台国」はなかった
②失われた九州王朝
③盗まれた神話
④邪馬壹国の論理
⑤ここに古代王朝ありき
⑥倭人伝を徹底して読む
⑦よみがえる卑弥呼
⑧古代史を疑う
⑨古代は沈黙せず
⑩真実の東北王朝
⑪人麿の運命
⑫古代史の十字路
⑬壬申大乱
⑭多元的古代の成立（上）
⑮多元的古代の成立（下）

〈続刊予定〉

⑯九州王朝の歴史学
⑰失われた日本
⑱よみがえる九州王朝
⑲古代は輝いていたⅠ
⑳古代は輝いていたⅡ
㉑古代は輝いていたⅢ
㉒古代の霧の中から
㉓古代史をひらく
㉔古代史をゆるがす
㉕邪馬一国への道標
㉖邪馬一国の証明
㉗古代通史

ミネルヴァ日本評伝選

俾弥呼——鬼道に事え、見る有る者少なし

古田武彦著

四六判四四八頁
本体二八〇〇円

刊行のことば

いま、なぜ古田武彦なのか——

古田武彦の古代史探究への歩みは、論文「邪馬壹国」（『史学雑誌』七八巻九号、一九六九年）から始まった。その後の『「邪馬台国」はなかった』（一九七一年）『失われた九州王朝』（一九七三年）『盗まれた神話』（一九七五年）の初期三部作と併せ、当時の「邪馬台国論争」に大きな一石を投じた。〈今まで「邪馬台国」という言葉を聞いてきた人よ。この本を読んだあとは、「邪馬一国」と書いてほしい。しゃべってほしい。…〉（『「邪馬台国」はなかった』文庫版によせて）という言葉が象徴するように、氏の理論の眼目「邪馬一国論」はそれまでの定説を根底からくつがえすものであった。

しかも、女王の都するところ「博多湾岸と周辺部」という、近畿説・九州説いずれの立場にもなかった所在地は、学界のみならず、一般の多くの古代史ファンにも新鮮な驚きと強烈な衝撃を与えたのである。

こうして古田説の登場によって、それまでの邪馬台国論争は、新たな段階に入ったかに思われた。

古田説とは、(1)従来の古代史学の方法論のあやうさへの問い、(2)定説をめぐるタブーへのあくなき挑戦、(3)真実に対する真摯な取り組み、(4)大胆な仮説とその論証の手堅さ、を中核とし、我田引水と牽強付会に終始する従来の学説と無縁であることは、今日まで続々と発表されてきた諸著作をひもとけば明らかであろう。古田氏によって、邪馬台国「論争」は乗り越えられたのである。しかし、氏の提起する根元的な問いかけの数々に、学界はまともに応えてきたとはいいがたい。

われわれは、改めて問う。古田氏を抜きにして、論争は成立しうるのか。今までの、古田説があたかも存在しないかのような学界のあり方や論争の進め方は、科学としての古代史を標榜する限り公正ではなかろう。

ここにわれわれは、古田史学のこれまでの諸成果を「古田武彦・古代史コレクション」として順次復刊刊行し、大方の読者にその正否をゆだねたいと思う。そして名実ともに大いなる「論争」が起こりきたらんことを切望する次第である。

二〇一〇年一月

ミネルヴァ書房

古田武彦・歴史への探究①

卑弥呼《ひみか》の真実

2013年3月10日　初版第1刷発行　〈検印省略〉

定価はカバーに
表示しています

著　者　古　田　武　彦
発行者　杉　田　啓　三
印刷者　江　戸　宏　介

発行所　株式会社　ミネルヴァ書房
607-8494 京都市山科区日ノ岡堤谷町1
電話代表 (075)581-5191
振替口座 01020-0-8076

共同印刷工業・兼文堂

ISBN978-4-623-06492-2
Printed in Japan

《著者紹介》

古田武彦（ふるた・たけひこ）

1926年　福島県生まれ。

旧制広島高校を経て，東北大学法文学部日本思想史科において村岡典嗣に学ぶ。

長野県立松本深志高校教諭，神戸森高校講師，神戸市立湊川高校，京都市立洛陽高校教諭を経て，

1980年　龍谷大学講師。

1984～96年　昭和薬科大学教授。

著　作　『「邪馬台国」はなかった――解読された倭人伝の謎』朝日新聞社，1971年（朝日文庫，1992年）。

『失われた九州王朝――天皇家以前の古代史』朝日新聞社，1973年（朝日文庫，1993年）。

『盗まれた神話――記・紀神話の秘密』朝日新聞社，1975年（朝日文庫，1993年）（角川文庫，所収）。

『古田武彦著作集　親鸞・思想史研究編』全3巻，明石書店，2002年。

『古田武彦・古代史コレクション』ミネルヴァ書房，2010年～。

『俾弥呼――鬼道に事え，見る有る者少なし』ミネルヴァ書房，2011年，ほか多数。

《編者紹介》

古田武彦と古代史を研究する会（略称・東京古田会）

1982年　発足。初代会長西谷日出夫（1982～83年），二代会長山本真之助（1984～93年），三代会長藤沢徹（1993年～現在）。

主な活動　会報隔月発行（1985年に第1号，2013年1月現在第148号）。
研究会（月1回）・読書会（月1回）・研修旅行（年2回程度）。
ホームページ：http://tokyo-furutakai.jp/

書籍発行等　『まぼろしの祝詞誕生』編集（新泉社，1988年）。

十周年記念論文集『神武歌謡は生きかえった』編集（新泉社，1992年）。

『古田武彦と「百問百答」』編集・発行（2006年）。

『東京古田会ニュース』第1号から第125号までDVDとして収録頒布（2009年）。

人名索引

あ 行

か 行

さ　行

た　行

な　行

は　行

ま　行

や　行

ら　行

わ　行

事項索引

あ行

か行

さ行

ま　行

や　行

ら・わ行

地名索引

あ　行

か　行

さ　行

た　行

な　行

は　行

ま　行

や　行

ら・わ行